코 인 론

19세 소년이 바라본 코인 세상

코인론

글 **김주진**   그림 **김예영**

글로벌
소설
프로젝트

이 내용은
작가의 상상과 창작으로
100% 만들어진 소설입니다.

코인론 알고가기

코인+"론"

= 생각하다, 알고자하다

™

빨강사탕

양봉, 캔들, 출구, 탈출,
익절, 수익, 사탕값,
그림자, 세력,
FOMO, FUD, SNS
...

파랑사탕

음봉, 캔들, 출구, 탈출,
손절, 손실, 사탕값,
그림자, 세력,
FOMO, FUD, SNS
...

이 내용은 작가의 상상과 창작으로 100% 만들어진 소설입니다.

코인론 생각정리

" 독자님은 이 곳에 "
다시 오시게 될 겁니다.

WHY? 코인:론과 메타인지 때문에요.

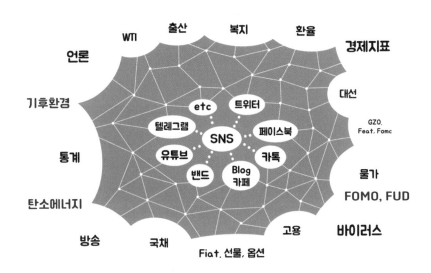

"코인론" 책을 읽다가 쉬고 싶다면? 이곳으로 다시 오세요!

이곳에 오셔서 코인:"론" 생각을 정리하고 다시 진입하시죠. ^^

차 한잔 하시고!! 본인이 지금 누구에게 의지하는지 차분히 생각해 보시죠.

여러분의 생각, 뇌, 마음 속에는 위의 관계망(연결) 지점에 누가 누가 있는지요?

머리글

2017년 불장이 끝난 이후, 3~4년 만에 다시 비트코인 열풍이 불기 시작했다. 너도 나도 주변에서 흔치 않게 코인투자한 사람들을 볼 수 있다. 잃었다는 사람, 벌었다는 사람…. 주관적이지만 필자는 잃었다는 사람을 더 많이 본 것 같기도 하다. 사실 필자도 많이 잃어보았다. 그렇게 잃어가면서 첫번째로 깨달은 것은 이 판은 그냥 '섰다판'이라는 것이다. 두 번 째로 깨달은 것은 이 판은 이미 다 짜여진 시나리오이고, 개미들은 이 코인판에 '먹잇감'이라는 것이다.

물론 지금 이미 스스로 깨닫고 매매하신다고 생각하신 분들은 그냥 책을 놓으셔도 됩니다. 하지만 아직 깨닫지 못한 독자분들이 있다면 몇 만원부터 시작해서 수백, 수 천, 수 억…. 아니? 그 이상을 잃고 나서야 깨달을 수도 있다. 하지만 이 책을 제작함으로써 더 이상 수많은 돈을 잃고 나서야 깨닫는 일이 발생하지 않도록 돈을 잃은 사람들의 사연이 더 이상 나오지 않도록 하고 싶다. 물론 이 코인판 자체가 누군가는 벌으면 누군가는 잃을 수밖에 없는 구조이다. 하지만 이 책을 읽는 독자만큼은 잃는 사람들에 해당하지 않도록 이 책을 통해 스스로 공부하는 방법을 알아가길 바란다. 물론 그 과정이 그리 쉽지는 않을 것이다.

이런 말을 들어 보신 적이 있는가? '실패는 성공의 어머니이다.' 그렇다면 이 코인 시장에서의 '성공'과 '실패'는 어떤 의미일까? 아니? 애초에 굳이 실패를 경험해야 하는가? 음… 맞는 것 같다. 실패는 경험해야 한다. 하지만 현재는 과거와 바뀐 점이 있다. 바로 수많은 유튜브, 책, 강사 등 많은 멘토들이 생겼다는 것이다. 지금 당장 찾아보아도, 이미 실패를 경험하고, 깨달은 뒤 성공을 이룬 이야기가 많이 나와있다. 한마디로 찾아보기만 한다면, 우리가 살아가는 지금 세상은 이미 다른 사람이 겪었던 실패를 또 경험하지 않을 수 있다. 실패를 겪더라도 적어도 실패의 빈도와 강도를 줄일 수는 있다. 우리가 한 곳을 보고 나아가는데 만약 그 방향이 180도 반대로 가고 있다면? 그게 만약 지구였다면 바로 앞 거리가 지구 한 바퀴를 돌아야 나온다. 그 방향을 잡아주는 것이 바로 멘토이다. "언젠가는 그 멘토가 코인론을 통해 나올 수도 있지 않을까?" 생각해본다.

필자는 책을 정보를 주는 수단으로도 생각할 수 있지만 책의 근본적인 이유는 독자에게 묻는 것이라고 생각한다. 참고로 이 책은 '주진' 이라는 소년의 1인칭 시점이다. 필자는 책으로 주진이라는 인물이 독자분들에게 '왜?'라는 질문을 계속 던질 것이다. 왜냐하면 독자들이 어떠한 주제에 대한 내용의 생각을 스스로 기를 수 있기를 원하기 때문이다. 이 책에 나오는 내용을 독자들만의 생각으로 다시 정리해 자기 것으로 만들어 보기를 바란다.

독자들 중에 유튜버나 블로그 글 같은 곳에서 코인이 좋다고 바로 사는 독자는 없을 것이라고 생각한다. 만약 그러는 분들이 있다면, 당장 그런 매매를 그만 두라고 말하고 싶다. 누군가의 추천으로 인해 진행된 매매는 오로지 자신의 의견이 아니며 운이 좋게 수익을 벌 수 있겠지만 만약 잃게 된다면 추후, 본인이 왜 망했는지 그 이유를 알 수 없기 때문에 좋은 매매는 아니다. 적어도 이 책을 읽는 독자분들 만큼은 방금 말한 매매가 아닌 스스로 찾아보고 매매할 수 있는 독자가 되기를 소망한다. 이 책도 그런 필자의 소망을 돕기 위해 만든 것이다.

이 책 '코인론'이 총 몇 편이 될지는 모르겠지만 총 1~100편까지 나올 수 있다고 필자는 생각한다. 그만큼 하고 싶은 말도 많고 다뤄야 할 생각과 이야기들도 많으며 공부할 내용도 적지 않기 때문일 것이다. 이 책에서 주진이에게 부족한 부분들이 있을 수 있다. 만약 그런 부분이 있는 것 같다면 피드백은 언제나 환영합니다. 주진이가 피드백들을 해결하는 과정들도 모두 코인론이라는 책의 일부가 될 수 있을 것이다.

이 책에서는 주진이와 순서 등 다양한 등장인물이 등장할 것이다. 참고로 독자분들도 등장인물이다. 이야기의 흐름은 주진이가 독자라는 인물과 함께 공부하고, 토론하면서 흘러간다. 주진이는 코인 유튜브를 우연히 시청하다가 구독자가 100명도 안되는 '순서'라는 유튜버를 만난다. 주진이는 19살 평범한 고등학생이고, 순서는 33살 아저씨에 불과하다. 나이부터 많이 다른 이 둘… 단 하나, 특별한 것이 있다. 아니? 특별해지게 되었다. 바로 '미래를 볼 수 있게 되었다는 것.' 말이 안 된다고 생각할 수 있다. 필자도 그렇게 생각한다.

하지만 이 책을 읽고 나서 훈련과 공부를 하게 된다면….
왜? 잃고, 왜? 손절하는지? 왜? 수익인지? 왜? 익절인지?
왜? 매도해야 하는지? 왜? 매집해야 하는지?

근본적인 이유를 해결하는 스스로 학습이
일정 수준에 도달하길 바랄 뿐이다.

1단계 Plan

Key : ㉠ 세력 = ㉡ 매집 = ㉢ 과정 = ㉣ 매도 = 과정   **L1**

- ■ ㉠ : 언론, 방송, SNS, 유명인 … 영향력을 끼치는 **그들** 뜻한다.
- ■ ㉡ : 기술, 기본, 지표, 온체인… 영향력을 끼치는 **데이터**의 뜻.
- ■ ㉢ : 시장을 메이킹(만드는) 상승, 하락 **과정** (㉠+㉡, ㉠-㉣).
- ■ ㉣ : 매도는 분할**매도** 과정처럼, ㉣ → ㉢ → ㉡ → ㉠ 종합예술.

코인론_주진 19살 코인"론" (생각하다=메타인지)
이게 필자가 20대를 맞이할 시간의 순서이다!

차례

19세 소년이 바라본 코인 세상 **코인론**

19살 소년이
바라본
"코인"의 세상

MZ세대 코인 입문기

비인기 유튜버 '순서'와의 만남

시간의 순서와 마주하다

이 모든 걸 믿어야 할까?

19살 소년이 바라본 "코인"의 세상

[필독사항] 이 책은 소설이자 픽션(Fiction)이며, 작가의 상상으로 창작된 내용입니다.
등장하는 인물, 사건, 조직 및 배경은 실제와 어떠한 관련도 없음을 밝힙니다.

MZ세대 코인 입문기

나는 대한민국의 평범하지만 평범하지 않은 고등학생 '김주진'이다. 나는 이 책을 통해서 내가 코인 시장에서 어떻게 공부하게 되었는지 알려주고 싶어, 이 글을 쓰고 있다. 나는 고등학교 1학년 때 까지만 해도 대학교에 가기 위해 기숙사 생활을 하며 오전 6시40분 기상 오후 10시 학교 끝 10시 반 ~ 11시 30분 기숙사 자습 새벽 2시까지 공부만 하던 학생이었다. 열심히 해도 요령이 없어서 그럴까? 성적은 항상 목표하는 1등급이 아닌 3등급 후반 4등급 초반이었다.

나는 이 시기에는 인테리어 디자이너가 꿈이었다. 이때는 정말 이 꿈이 좋았다. 진로발표대회도 나가서 전교생 앞에서 내 꿈에 대해 자신 있게 설명도 할 정도였다. 하지만 이렇게 자신 있게 말하면서도 한편으로 느껴지는 이 알 수 없는 공허함은 채워지지 않았다. 여기서 갑자기 내 꿈의 변화에 대해서 말해보자면 유치원 때 슈퍼맨이 꿈이었다가, 초등학교 저학년 때는 과학자가 꿈이었다가, 고학년 때는 꿈이 없었다. 하지만 꿈이 바뀌는 와중에 어머니께서는 나에게 "안전한 공무원이 좋지 않겠니?"라고 물으면 "나는 공무원은 하고 싶은 것도 못하고 나랑 안 맞아…. 나는 사업가가 되고 싶어!" 이렇게 말했었다. 아버지는 내가 사업가가 되는 것을 많이 좋아하셨다.

그렇게 중학생이 된 후 '사업은 힘들다. 빚이 1억이나 생길 수도 있다.' 이런 소리를 듣고 접했고, 어느정도 현실에 부딪혀서 그럴까 언젠가부터 나는 고등학교 수학 선생님이 꿈이 되어있었다. 이렇게 고등학교 1학년 생활을 마무리하고 겨울 방학이 다가왔다. 이후 시간이 3개월 정도 흘러 설날이 오게 되었는데, 그때 나는 외갓집이 있는 서울에 있었다. 홍대에도 놀러갔는데 중국사람들이 약국 앞에 줄을 길게 서있었다. 처음에는 "에이 저번 메르스처럼 금방 끝나겠지~"라고 생각하고 있었다. 하지만 점점 사태의 심각성이 뉴스에 나오기 시작했고 점점 무서워지기 시작했다. 이후 방학도 연기되면서 인생 처음으로 나는 기나긴 방학을 보내야했다.

집에 오고 난 후 처음에는 고등학교 2학년부터는 1등급 맞아보자 라는 다짐으로 엄청 열심히했다. 하지만 집에만 있다 보니 나는 점점 초췌 해져 갔고 활활 타오르던 열정은 사라지고 하루 종일 유튜브나 게임에 빠져 매일 같은 생활을 하고 있었다. 그렇게 얼마나 시간이 지났을까? 나는 유튜브 광고에서 아마존 셀링이라는 일을 알게 되었다. 아마존 셀링… 중학교 1학년 때 한 번 봤었다. 하지만 그땐 어려서 그랬을까? 있다는 정도만 알고 별로 할 생각은 없었다. 그런데 이제 와서 보니 집이 이사를 하고 빚이 생겨서 그런 건지…. 첫째라서 빨리 돈을 벌어오겠다는 책임감이 있어서 그런 건지…. 아니면 내 마음속 한 구석에서 사업을 하고 싶다고 말한 건지…. 다시 보니 다르게 느껴졌다. 마치 마음속에서 꼭 해야 한다는 생각이 들었다. 그렇게 내 인생의 첫 사업인 아마존 사업을 준비하기 시작했다.

거의 한 달 동안은 사업자등록증을 만들고, 인생 첫 주민등록증을 만들고, 내 명의 회사 체크카드도 만들고, 내 회사 이름이 적힌 도장도 만들어보았다. 만드는 동안 주변의 시선은 미성년자가 사업을 한다고 저러니 신기해 하는 사람과 걱정하는 사람으로 나뉘었던 것 같다. 그렇게 잘 흘러가나 싶었는데 아마존 셀러 계정을 만드는 과정에서 미성년자의 나이로는 다 되지만 마지막에 돈을 넣고 빼는 카드를 입력하는 과정에서 막혔다. 여기서 더 큰 문제는 모든 정보 입력하는 사람의 명의가 같아야 한다는 것이다. 그래서 1달동안 준비한 사업자 등록증을 다시 취소했다. 그렇게 야심 차게 준비한 내 명의의 첫 사업이 막을 내렸다.

그렇게 아버지 명의로 다시 준비를 마친 후 첫 물품으로 무엇을 팔아야 할지 고민했다. 고민하던 중 TV에서 나오는 미국 시민의 인터뷰를 보는데 손에 비닐 장갑을 끼고 있는 것을 보고 무작정 비닐장갑을 40개정도 사서 미국으로 보냈다. 아쉽게도 하나도 팔지 못했다. 그렇게 다시 공부를 해야겠다고 마음을 먹고 일단 안 팔리는 재고를 기부했다.

이후 몇 개월이 흘렀을까···. 길고 길었던 겨울방학이 끝나니 2021년 6월. 어느새 여름이 다가오고 있었다. 학교에 다시 오니 새로운 마음으로 학교 공부에 매진하기로 했다. 어느새 1학기가 거의 다 지나갔고, 기말고사를 본 후 어느새 여름방학이 다가왔다. 평소 같았으면 여름 방학 보충 수업을 신청했겠지만 이번엔 신청하지 않았다. 왜냐하면 이번에 이사를 하면서 아버지께서 생활비를 버시기 위해 밤 호박 농사를 소소하게 시작하셨다. 나는 이것을 계기로 아버지께 부탁하여 내가 한번 팔아보겠다고 했다. 하지만 이것도 생각대로 잘 되지는 못했다···

그렇게 다시 시간이 조금 흘러 유튜브에서 한 아마존 셀링 유튜버를 알게 되었고 '해외 소싱 마스터'라는 책을 접하게 되었다. 왜 그랬는지는 모르겠지만 다시 의욕이 솟아오르면서 책을 두 번 독파하고 유튜브도 공부하며 아마존을 다시 공부하기 시작했다. 그렇게 공부하다 보니 다음에 유행할 물건이 무엇이 있을지 고민하게 되었다. 이 후 우리나라에서 마스크 끈을 파는 것을 보고 아직 유행하지 않은 것을 보았다. 혹시나 해서 내가 파는 미국에서도 유행하는지 조사해봤는데 아직 쓰는 사람이 없었다. 나는 빨리 마스크 끈을 독점하기 위해 알리바바에서 팬찮은 마스크 끈을 파는 중국 공장을 찾아 연락하고 2주동안의 조정을 통해 계약을 맺고 미국으로 보내는데 30일이 걸렸다. 이 과정에서도 문제는 셀 수 없이 많았다···. 어찌어찌 하다가 물건 리스팅도 겨우겨우 끝내고 아마존에 광고도 시작했다.

그렇게 학교를 다니다가 담임 선생님께서 전남에서 인재를 뽑아 장학금을 주는 사업을 하는데 나보고 신청해보라고 권유했었다. 1년에 500만원을 지원해준다는···. 일단 한 번 해보는 것도 나쁘지 않겠다는 생각이 들어 신청했다. 첫 서류 면접은 800명중에 200명을 뽑았는데 공부를 잘하는 학생들도 많이 지원했다고 한다.

나는 처음에 기가 죽었다. 내가 하는 일이 너무 초라한 것은 아닐까.? 그렇게 운이 좋게도 1차 서류 면접은 통과했다. 문제는 2차 대면 면접이었다. 인생 첫 대면 면접이라 엄청 긴장했다. 그 때 면접을 진행하시는 사회자 분께서 내가 하는 일을 듣고 엄청 놀라 하시면서 이렇게 말했다, "주진 님이 왜 1차 면접에 붙은 것 같아요?" 나는 대답했다. "모르겠어요…. 저는 공부를 그렇게 잘하는 것도 아니고 그냥 이런 쪽에 관심이 있어서 있는 그대로 해왔던 것들을 적은 것뿐인데요." 진행자 분이 다시 말했다. "진짜 공부 잘하는 애들도 많이 신청했어요. 물론 그 중에서도 특이한 케이스로 신박한 일을 하는 애들도 있지만 자신이 공부만 잘하는 친구들은 탈락했더라고요. 면접 잘하고 와요~" 나는 진행자 분의 말씀을 듣고 면접을 보았다. 3분의 교수 님처럼 보이는 분들과 1분의 진행자가 있었다. 코로나였기 때문에 방 두 개를 두고 화상 캠을 킨 후 모니터로 면접을 보았다. 하고 싶은 말이 많았지만 다 할 수는 없어서 아쉬웠다. 그렇게 운이 좋게 합격을 하고 내가 하고 싶은 일을 위한 노트북과 인강 등 다양한 것들을 부모님께 죄송하지 않고 살 수 있게 되었다.

이후 물건을 아마존 창고로 옮기고 광고를 시작한지 2주정도 지났을까? 첫 판매가 이루어졌다!! 정말 기뻤다!! 앞으로도 꽃 길만 걸을 것 같았다!! 하지만 현실은 달랐다. 나와 비슷하게 마스크 끈을 생각해서 시작한 셀러들도 있었고 다들 경험이 많았을까? 내가 먼저 시작했는데도 불구하고 리뷰 수와 판매량이 뒤처지기 시작했다. 그렇게 계속 팔다가 리뷰도 받게 되었는데 불만이 담긴 리뷰를 하나 보았다. 그 불만은 바로 마스크 끈을 5개를 한 묶음 해서 팔았는데 정작 받은 것은 한 개 뿐이었다는 내용이었다. 그 외에도 다른 색이 왔다는 등 문제가 속출했다. 나는 다시 곰곰이 생각했다. 무슨 문제가 있었을까? 물건을 소싱하던 중 빨리 독점하고 싶다는 마음이 급한 것 때문일까? 중국 공장을 잠깐이라도 믿었기 때문일까? '인스펙션'이라는 물건이 잘 만들어졌는지 대신 확인해주는 대행업체를 구해 보고해주는 서비스를 거치지 않았던 것이 큰 나비효과가 되어 돌아왔다. 결국 나쁜 리뷰로 인해서 물건은 더 안 팔리기 시작했고 이번 경험을 통해 많은 것을 배웠다. 그리고 광고에 관련해서도 브랜드를 만들면 따로 브랜드 페이지를 만들게 해줘서 광고를 해주는 서비스를 아마존에서 운영하고 있었는데 브랜드를 만들어서 하는 광고비와 그냥 개인 광고하는 광고비는 하늘 과 땅 차이었다. 그래서 2021 년이 되어 고3이 되고 난 후 일단은 학업에 매진하자는 마음으로 남은 재고를 기 부하고 아마존 사업을 잠시나마 접어두기로 했다.

이렇게 살아가다 보니 어느새 내 인생 목표는 자면서도 돈이 들어오는 구조를 만들어 보자였다. 그렇게 하나 둘…. 계획을 세워 나가기 시작했다. 블로그 꾸준히 쓰면서 구글 애드센스를 활용해 수익 벌기, 앱 개발을 위한 코딩 공부, 과일 에이 드 만드는 과정을 틱톡으로 찍어서 올려보려는 계획, 영상 촬영을 위한 영상 촬영 공부, 인스타 팔로워 늘리기 등 다 이것들을 연결을 시켜 자면서도 돈이 들어오는 구조를 만들고 어느 정도 실행에 옮기면서 학업에 열중하고 있었다.

그림 1-1

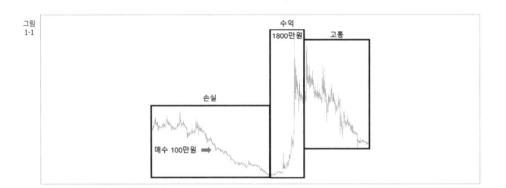

그런데 2020년 하반기에 부모님께서 아는 사람이 레이븐코인이라는 것을 빚 갚아보자는 마음으로 100만원만 사셨다고 했다. 나는 이때 까지만 해도 "암호화 폐 그거 다 도박이나 사기 아니야? 그런 걸 왜 해?" 이러면서 뭐라고 타일렀다. 12 월 말 1월 초 까지만 해도 마이너스였다. 나는 지금이라도 팔았으면 좋겠다고 아 버지께 말했다. 아버지는 그래도 한 번 기다려보자고 하셨다. 나는 내키진 않았지 만 기다리기로 했다.

2021년 1월 중순쯤 이 되었을까 갑자기 100만원이 200만원이 되었다고 하셨 다. 그 다음 날에는 400만원이 되었다고 하셨다. 외국에서 게임스탑 사태가 벌어 졌다는 기사와 함께 조금 더 시간이 지나니 최대 1800만원이 되어있었다. 최고점을 찍은 다음 날 조정을 받았다. 코린이였던 나는 어떻게 팔아야 할지 아무것도 몰 랐다. 어차피 장기투자로 들어왔으니 그냥 들고 있어보자 생각했다. 몇일이 지났 을까 1800만원은 1200만원이 되어있었다. 1200만원도 100만원으로 시작한 것 치고는 많이 번 것이지만 몇일 사이에 600만원이 사라지니 엄청 후회스러웠다. 하지만 조금 공부해보니 원래 코인은 큰 상승이 있으면 어느정도 조정을 받고 다 시 오른다고 유튜브에서 보았다. "그래 기다려보자." 다시 몇일이 지났을까? 다시 크게 오르기 시작했다. 하지만 다음날에 다시 조정을 받고 마치 차트는 파도 모양 처럼 크게 오르고 조금씩…. 몇일간 떨어지기를 반복했다. 어디서 팔아야 할지 아 무것도 모르는 나는 희비가 계속 엇갈렸다. 그렇게 몇 달간 그것을 반복하다 결 국 하락장까지 오고 나니 레이븐코인 2만개에 600만원 하던 코인은 6월 말 최대 180만원의 가치로 떨어졌다.

이것을 계기로 어머니와 크게 싸웠다. 어머니께서는 화내시면서 말했다. "아니 그러니까 많이 올랐을 때 팔았어야지. 안 팔고 뭐했어!" 나는 대답했다. "그게 아 직 코린이 입장에서는 고점에 팔고 저점에 매집하는게 안되니까…. 어차피 장기 투자 목적으로 온거잖아? 이번 하락장을 더 추가로 사야하는 기회로 봐야해." 어 머니께서 다시 말씀하셨다. "그래도 계속 떨어질 동안 그걸 쳐다만 보고 있어? 장 기투자이더라도 이렇게 떨어질꺼라면 1800만 원이었을 때 팔았어야지." 아마도 대부분의 개미들은 차트가 떨어지면서도 반등을 기대하거나, 금방 다시 회복하겠 지 생각하면서 쉽게 팔지 못하다가 물린 개미들이 대부분일 것이다. 나는 다섯 분 의 유튜버들의 영상을 공부하면서 이번 하락장도 기회의 장으로 보고 더 투자하고 싶은 마음 뿐이었는데 어머니의 생각을 보니 대부분의 나 같은 개미들이 이번 패 닉 장에 얼마나 스트레스를 받고 힘들어하는지 느낄 수 있었다. 그러니 더더욱 세 력의 입장에서 시장을 바라보기 위해 공부의 필요성을 느꼈다. 그리고 결국 어머 니를 설득하지 못했다. 어머니는 현재 나오는 악재뉴스와 지칠 줄 모르고 떨어지 고 있는 비트를 근거로 제시하시면서 다시 올라가지 않을 것이라는 의견과 다시 오를 것이라는 내 의견이 충돌하였고 의견은 좁혀지지 않았다. 그래서 이 시장에 서 꼭 성공하여 결과로 보여줘야 하는 생각이 들었다.

나는 과거 2018년 때 비트코인 열풍을 봤었다. 그 때 내가 마지막으로 들었던 소식들은 '비트코인은 도박이나 다름이 없다.', '하면 돈 다 잃는다.'라는 소리들 뿐이었다. 그래서 나도 비트코인은 도박판이라고 생각했다. 그랬던 내가 2021년 현재 비트코인을 산 것도 모자라 공부도 하고 있다. 앞으로 나는 어떤 미래를 그려 나가게 될까?

비인기 유튜버 '순서' 와의 만남

2021년 3월 때는 한창 상승 장이었을 시기, 옆 동네 멍멍이 코인은 지칠 줄 모르고 상승하고 있다. 하지만 나는 가치가 있는 코인을 투자하고 싶었기 때문에 내가 세운 투자원칙과 어긋나 배가 아파도 투자하지 않았다. (하지만 시간이 지나고 보니 코인의 가치는 관심을 가지고 좋아하는 사람이 많은 것 그거 하나만으로도 가치가 부여될 수 있다는 것을 깨달았다.) 그렇게 레이븐을 조금 팔고 멍멍이 코인이 아닌 여러 가지 코인을 공부하고 투자해보았다. 그러다 보니 원화 마켓이 아닌 BTC마켓에 관심이 가게 되었는데…. 거기에 차트를 보니 오랫동안 조정을 받고 상승이 없던 코인들 위주로 즐겨 찾기를 한 후에 조사를 해보았다.

그림
1-2

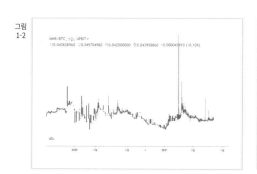 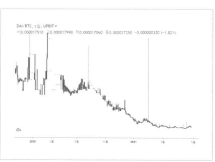

그중 두 개 코인이 메이커(MKR)와 다이(DAI)였다. 차트를 보니 오랫동안 매집한 것처럼 보여 구글에 검색해보고 코인 점수 사이트에서 어떤 지도 알아보았다. 그러다 유튜브에 '메이커'를 검색을 하게 되었는데 처음보는 유튜버가 '메이커, 다이 원화상장 하나요?'라는 제목의 영상을 보게 되었다.

 구독자도 별로 없고…. 약간 이상한 사람 같았다. 뜬금없이 원화상장 하네 마네…. 가격 예측하네 마네…. 누가 보더라도 이상한 사람이라 생각할 것이다. 그래서 그냥 '수많은 코인 유튜버 중 한 명이겠네' 생각을 하면서도. 왜 그런 생각을 할지 궁금해서 전에 올라왔던 영상을 보았다.

그림
1-3

 "뭘 깨달음? 리플이 10만원을가? 저건뭐야? 코인공부 vs 가족, 급등코인 vs 사랑?, 리플도지 vs 행복? 어? 코인유튜버 Best 5?? 저건 뭐지? 누구를 골랐을까?" 하며 들어가봤다. "어? 내가 보는 괜찮은 유튜버들이랑 몇몇 겹치네? 이 사람도 이 유튜버들 보고 공부했나보네?" 라고 생각하며 앞으로 이 사람이 나랑 같은 유튜버를보고 어떻게 공부하는지 궁금해지기 시작했다.

 그렇게 몰래 주변사람에게 알려주지도 않고 혼자 보았다. 왜냐고? 이런 영상을 보고있으면 왜 이런 영상을 보고 있냐고 물어볼 것 같았기 때문이다. 그렇게 올라오던 영상을 혼자 보던 중… 한 영상을 보게 되었다.

그림
1-4

순서 시즌2 예고와 메이커코
인,알고랜드,시스코인 3개 …

조회수 290회 • 3개월 전

이번에 올라온 영상을 보면서도 이해가 안갔지만 이번엔 정말 궁금한 내용이 있어서 용기내어 질문을 해보았다.

그림
1-5

 3302김주진 3개월 전

2:08초 부분에서 4단계의 000에 태워라 부분에서 막혔네요 ㅠㅠ 이해하기 위한 팁 주실 수 있나용?

👍 👎 답글

▲ 답글 숨기기

 **순서** 3개월 전

안녕하세요 ^^

비공개인데 전술이라 ㅋ

농담이구요. 내일 영상에서 함께 다뤄 드리도록 하겠습니다!

👍 👎 답글

답변이 왔다.

그림
1-6

알림 ⚙

 3302김주진님이 '2:08초 부분에서 4단계의 000에 태워라 부분에서 막혔네요 ㅠㅠ 이해하기 위한 팁 주실 수 있나용?' 댓글을 달았습니다.

13시간 전

→자만심

자만심?? 일단 이해가 안갔지만…. 신기했다.

퀴즈를 푸는 느낌이라고 해야하나…?

그렇게 시간이 조금 흘렀을까…?

오른쪽 썸네일의 영상을 보게 되었다. 이번에도 그냥 '한 번 봐보자….' 하는 마음으로 시청했다. 그렇게 보고있는데 갑자기 뭔가 핑하고 지나가더니 막힌 머릿속이 뚫린듯한 기분이 들면서 나도 모르게 손은 댓글을 적고 있었다.

그림
1-7

3302김주진 3개월 전
1
세상의모든지식 유튜브 채널에서 일론머스크 소개 영상을 보며 페이팔 마피아를 알게 되었는데 저번 영상에서도 그렇고 찰리브라운님 영상이랑 홍익회 교수님 관련 영상에서도 보면서 유대인관한 이야기가 나오길래 일론머스크와 페이팔 마피아랑 연관을 시켜보려고 했는데 이번 영상에서 나오네요 소름.. 역시 순서님.. 대단하십니다..!! 유대인 네트워크를 통해 막대한 부를 가지고 있는 유대인의 자본이 이 코인시장에 몰려온다면... ㅎㅎ 또 그 유대인들
자세히 보기

👍 2 👎 답글

▲ 답글 5개 숨기기

yes **순서** 3개월 전(수정됨)
결론은 100% 단정은 금물요.   님 채널에 가셔서. 검색에 로스차일드. 영상들 줍더 다양한 관점이 요구.

시장의 변수 고려하시고
좀더 차분히 정리해주세요...
자세히 보기

👍 1 👎 답글

3302김주진 3개월 전
@순서 넵 변수 고려하면서 천천히..ㅎㅎ 제가 생각했던게 영상으로 나오는 것을 보고 잠시나마 흥분했나 봅니다ㅋㅋ 항상 감사합니다~!

👍 👎 답글

yes **순서** 3개월 전
@3302김주진 이제 그 흥분과 좌절이 99번 남았습니다. ^^ 파이팅!!

긴 마라톤이에요.
42.195만km ^^ 파이팅!...
자세히 보기

👍 1 👎 답글

yes **순서** 2개월 전
... 숙제 올라왔습니다. ^^
... 유튜브에서 숙제 받기는 차음이죠? .. 저도 처음 내봐요 ㅋㅋ
... 제가 올린 코인혼 요약해서 올려주세요~ ((근데, 영상이 도움이 될실지 모르겠어요. ^^))

👍 1 👎 답글

3302김주진 2개월 전
공부해보겠습니닷~!

👍 👎 답글

세상에~! 유튜브로 숙제를 받았다. 숙제라면 학교에서도 수도 없이 받아보았고, 받을 때마다 엄청 싫어하던 것인데… 이상하게도 싫지 않았다.

그렇게 댓글을 달다보니… 수기님, 유한님, 로건님, 눈꽃님과 함께 소통도 하게 되었다. 혼자 공부할 때는 막혀서 한참 고민해야했던 것들이 대화를 하면서 해결이 되고, 내가 생각해보지 못한 부분도 생각해볼 수 있었다. 이게 "코인론" 거버넌스의 첫 시작이었다. 이걸 훗날 순서는 이 상황을? "메타인지" = 코인"론" 생각하다 "론"이라고 말해주었다.

유튜브 댓글로만 대화하던 이들이 메일로 소통하게 되었고, 카톡방이 만들어졌다. 엄청나게 수많은 카톡이 오갔다. 그렇게 평생 갈 것 같던 거버넌스 1기였는데, 만남이 있으면 헤어짐이 있다고하지 않았던가. 우리가 함께 책을 쓰려던 찰나 수

기님과 유한님의 개인사정으로 인해 나와 순서 둘이서 책을 쓰게 되었다. 그렇다고 수기님과 유한님을 원망하거나 그런건 아니다. 절대 아니다. 원래도 혼자서 써보려고 했던 책이고, 엄청 긴 시간은 아니지만 수기님과 유한님의 시간과 함께 함으로써 그 시간동안 엄청나게 많은 것을 보고 배웠다. 오히려 혼자서 한달동안 공부했던 것보다 더 많은 것을 배웠다. 아직도 그 두 분에게는 감사하다. 거버넌스는 여기서 끝나지 않는다! 개인사정으로 함께하기 힘든 것이지 아예 떠난 것이 아니다. 그들도 그들만의 시간으로 공부하며 배움은 끝나지 않을 것이다.

그리고 '일론 VS 순서' 유튜브 영상을 계기로 일O마스크와 유대인의 존재에 대해서 인식하고 공부하게 되었다. 간단하게 이야기 해보자면 유대인의 존재는 현재 연준에 깊숙히 연관되어 있다는 것이고, 일론이 왜 이슈가 될만한 행동들을 하는지에 대한 궁금증을 상상을 통해 다루게 되었다.

이에 대한 구체적인 내용은 유튜브 강의에서 차후 컨텐츠로 제작하여 라이브 스트리밍 및 영상제작으로 만나볼 예정이다. 유튜브에 대한 링크는 부록에 있는 '코인론 유튜브 QR코드'를 통해 들어오시면 만나보실 수 있다.

시간의 순서와 마주하다

나는 7개월 된 코린이에 불과하다. 순서도 코인 시장에 제대로 발을 들인지 7개월된 코린이이다. 시간이란 무엇일까? 과거? 현재? 미래? 우리는 시간의 순서에 살고 있다. 왜 순서가 닉네임을 순서로 지었을까? 순서와 함께 공부하다 보면 차차 알게 될 것 같다. (2021년.6월 작성시점 체크바랍니다)

나는 왜?'라는 질문을 계속 던질 것이다. 위에서 방금 말한 첫 번째 '왜?'가 바로 '순서는 왜 닉네임을 순서로 지었을까?'이다. 아마 책을 끝까지 읽어본다면, 감은 잡히지 않을까? 이 책은 시리즈이니 말이다.

'에이~ 코린이라며? 전문가도 아니면서 뭘 가르치겠다고 책을 써?'라고 생각하시는 분들도 계실 수도 있을 것 같다. 맞다. 나는 코린이가 맞고, 전문가도 아니다. 그래서 더 코린이의 입장을 이해할 수 있다고 생각하고 이 시장에서 느끼는 것들 그리고 생각, 공부했던 과정 있는 그대로 독자들과 나누고 싶다.

내가 과거에 비트코인은 '도박'이라고만 생각했던 시간, 나의 부모님이 코인을 산 시간, 내가 단타를 하다가 잃은 시간, 순서를 만난 시간 등 모든 시간은 다 연결되어있다. 그리고 그 시간들을 차트에 담아보자. 손실, 본전, 이익 이 모든 것들을 경험할 때 느끼는 감정도 차트에 담아보자. 그 후에 드는 생각이나 느낀 점을 정리해보자. (책을 다 읽고 나서 위의 이미지에 한 번 시간을 담아보면 좋겠지만, 시간이 없다! 당장 행동으로 옮기자!!)

함께 풀어보는 **"코인론"** 숙제

Q1 **"코인론" 첫번째 과제입니다.**

위의 BTC 차트에 년/월/일 기입해 주세요.
그리고, 차트를 당겨서 현재/미래를 그려 보세요.

Q2 **독자님은 언제 첫 매매일 인가요?**

본인 매매의 년.월.일 몇 시에 일어났나요?
차트 또는 본인 매매 코인에 출력해서 적어보세요.

Q3 **왜? 거래소 계좌개설 하고 얼마를 매매했나요?**

단기매매 였나요? 장투매매 였나요? 스스로 100% 매매를 했나요?
누군가를 의지하고 매매 했나요?

Q4 **누가 코인을 권유 했을까요?**

누군가의 권유? 스스로? 전문가 추천? 유튜브? 알고리즘? 뉴스? 방
송? 지인? …누굴 원망한 적 없나요?

코인론독자 사연접수 : kjj040122@naver.com
독자님의 사연을 보내주세요. 이게 바로 "코인론"의 시작점입니다.

이 모든 걸 믿어야 할까?

여기서 소설의 의미를 되짚어보자. 소설이란? '사실 또는 작가의 상상력에 바탕을 두고 허구적으로 이야기를 꾸며 나간 산문체의 문학 양식.'이다. 이 '코인론'이라는 책은 나의 상상력을 토대로 만들어졌다. 예를 들어 "나는 이러한 사실을 바탕으로 이렇게 상상해봐서 이렇게 한 번 해봤는데 이런 결과가 나왔어." 이 말처럼 꼭 결과가 좋다고 오해하시지 마시길 바란다. 만약 내가 "이런 사실을 가지고 이렇게 해봤는데 좋은 결과가 나왔네?" 또는 "나쁜 결과가 나왔네?" 사실 '좋다'&'나쁘다'를 구분 짓기도 애매하지만 어떤 결과가 나왔든지 간에 그냥 '이런 방식으로 공부했더니 이런 결과가 나왔다.' 느낌으로 봐줬으면 좋겠다.

나는 나의 생각이 100% 맞다고 생각하지 않는다. 내가 생각하다가 깨달은 것들도 있을 수 있지만 아직 깨닫지 못한 것도 수두룩하다고 생각한다. 머리말에서는 책의 기능을 '독자에게 묻는 것'이라고 소개한 바 있다. 거기에 덧붙이자면 독자들에게 묻기도 하고, 내가 깨닫지 못한 부분을 독자들에게 물어 이 책을 읽는 독자들만의 다른 관점과 시점으로 새롭게 깨닫게 된다면? 그것이 코인론을 완성시켜 나가는 퍼즐이 될 것이라고 생각한다.

나는 원래 상상을 그리 좋아했던 학생은 아니다. 왜냐하면 현재를 살아가기도 벅찼다고 생각했기 때문이다. 물론 학생의 신분이기 때문에 직장을 다녔거나, 대학을 다녔거나, 군대를 간 것은 아니지만, 모의고사를 보면…. 그 다음 다가오는 중간고사 또 모의고사, 기말고사, 그 사이에 수많은 수행평가들…. 나의 입장에서는 아무튼 미래를 생각할 시간이 없었던 것 같다. 앞으로 내가 무엇을 해야 할지 생각을 해보면 그냥 의사, 경찰, 검사 등 이런 식으로 직업만 얘기하고, 일단 대학교를 가고나서 생각해야겠다. 이런 마인드였다. 하지만 코로나가 터지고 사업에 발을 들이기 시작하면서 학업에는 조금 소홀해졌지만, 하루마다 내가 미래에 무엇을 해야 할지 단순히 직업을 결정하는 것이 아닌 내가 어떤 사람이 되어야 할지 무엇을 좋아하는지 고민하는 시간이 많아지기 시작했다. 과장 조금 보태서, 자는 시간 말고는 거의 다 미래에 내가 무엇을 해야 할지에 대한 고민을 했던 것 같다. 그러다 보니 바로 앞 만을 바라본다는 것은 무척이나 힘들고, 미래가 없다고 느껴지고, 큰 계획이 없기 때문에 하루하루 발전하기 힘들다는 것을 깨 달았다. 왜냐하면 세상을 넓게 바라보고 10년 후, 20년 후를 계획하다 보면 지금 당장은 엄청 괴롭고 힘들겠지만 미래를 위한 한 걸음이라는 것을 느낄 수 있었기 때문이다.

그렇게 미래를 상상하며 계획하며 하나 하나씩 미래를 실천해 나아가보면 미래를 계획한다는 것은 상당히 즐겁고 현재의 삶을 버티게 해줄 뿐만이 아니라 현재의 삶에서 발전해 나가는 경험을 할 수 있을 것이다.

나와 독자들이 이 책을 읽고 상상하거나 아님 그냥 살아가면서 미래를 상상하다 보면 우리들의 상상이 현실이 될 것인지 아닌지는 '시간의 순서'가 알려주지 않을까? 물론 상상만 하지 말고 실천도 해야 한다.

'순서'의 유튜브 영상을 보다 보면 이런 말이 있다. '위험하고, 파괴력 있는 글들이 상당히 많이 있습니다. 저희는? 그걸… 그냥 간과하죠~ 그런데, 세력은? 매우 치밀합니다! 여러분의 상상과 현실을 이용하죠! 여러분이 손절 할 때까지! 그날이 펌핑의 첫날이니까요!' 나는 이 말에 공감한다. 세력이 실제로 있을지 없을지는 모르겠지만 있다고 상상하며 세력과 '섰다'라는 게임을 한다고 생각하는 것이다. 그렇게 생각하는 과정도 다 '코인론'의 일부가 될 것이다.

만약 책을 읽다가 내가 깨달은 것과 다른 생각을 가지고 있다면 그 관점을 공유해주기를 바란다. 언제나 환영이다. 그렇게 하나, 둘… 코인론을 만들어가는 사람들이 늘어나게 되고 퍼즐을 맞추어 나아가다 결국 그 퍼즐을 완성하게 된다면…. 그 때의 결과는 독자들의 상상에 맡기고 싶다. 독자들의 상상이 곧 '코인론'이 될 테니….

100% 정확한 것은 아니지만 대개의 경우 우리들이 말하는 일명 '세력'과 개미들의 생각은 전혀 다르다. 그런 사고방식이 그들의 행동을 결정하고 결과도 결정한다. 우리도 세력들처럼 생각하고 행동한다면 세력들과 함께 돈을 벌 수 있지 않을까?

코인론 : 시간의 순서

거버넌스: 이 모든 '시간의 순서' 기록하자

나는 왜? '순서'를 추적하고 있을까? (비인기 유튜버)

순서의 비밀을 알게 되었다 그는 우리들의 '탐욕'과 '자만심'이다!

순서가 도박인 '섰다'룰과 '심리'를 배운 이유

코인론 : 시간의 순서

거버넌스 : 이 모든 "시간의 순서" 기록하자.

　나는 거버넌스를 통해 이 책을 쓰게 되었다. 여기서 말하는 거버넌스는 순서, 유튜브 영상을 함께 공부하며 토론했던 구독자 또는 멤버이다. 나는 거버넌스와 소통하던 중 어쩌다 유한이형이 어떻게 우리와 만나게 되었는지, 헤어지기 전 그의 이야기를 들을 수 있게 되었다.

💬 "유한이형"의 이야기

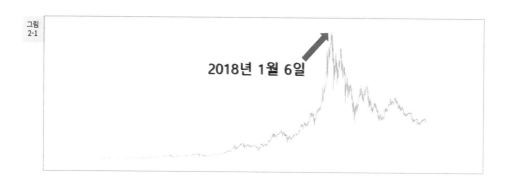

그림 2-1

2018년 1월 6일

　나는 군입대 전에 2018년 코인 붐을 보고 '이거 돈이 될까? 결국엔 세력의 장난질이 아닐까?'라는 생각으로 코인 시장에 접근했어. 주변에서 들려오는 '돈을 벌었다, 코인을 하지 않으면 바보다.' 소리를 듣고 나니 나도 해야겠다는 생각이 든 거야. 그래서 나도 2018년 1월 이더리움 클래식 평균단가 45,000원 정도에 100만원을 넣었지.

매수한 이유는 무조건 오르는 차트를 보고, 종목분석 따위 없었어. 사자마자 조금씩 올라가기 시작하더니 '아 됐다.' 나도 친구들한테 자랑할 생각으로 저절로 오르고 있기에 놔두고 있으면 알아서 500만원, 1000만원이 찍힐 줄 알았지.

당시 일하고 있었던 내게 차트를 볼 신경도 못 썼어. 뭐… 돈이 항상 찍혀 있는데 안 봐도 오를 줄 알았지…. 어느 날 업비트를 켜보니 -15% 찍혀 있더라. 마지막으로 본 게 이더리움 클래식이 60,000원이었는데 큰 망치로 내 머리를 찍은 듯한 느낌을 받았어. 바로 매도를 해야 했는데….

사람 심리상 수익률이 마이너스인데 어떻게 팔겠니? 존버만이 답이라 생각해서 계속 들고 있었지만, 결국 계속되는 하락장에 -44%의 처참한 손실을 맛봤어.

이 후 코인이란 전쟁을 하는데 맨몸으로 할 수 없으니 총과 칼을 준비해야겠다고 생각하고, 주식 책도 사보고, 관련 유튜브도 찾아봤어. 하지만 마땅한 해결책도 안 나오고, 지지부진한 시장 속에 결국 '코인은 사기라니깐' 하며 다신 코인을 쳐다도 보지 않게 되었어.

그림
2-2

내가 군대를 전역하고 코로나가 곧바로 터졌어. 시기는 2020년 2월쯤? 전역하고 나서는 꽃 길만 걸을 줄 알았던 나는 "코로나? 신종플루, 메르스도 이겨낸 우리인데, 금방 저물어가겠지?" 생각했어. 하지만, 장기간이 될 줄 누가 알았을까?

나는 곧바로 돈이 될 만한 알바를 시작했어. 배달대행, 에어컨 보조기사, 코O이

영업사원, 평택 고덕에 내려가서 안전감시단까지… 쌀쌀맞은 성격으로 일하는 데는 불편하지 않았지만, 항상 고민인 것은 돈. 돈이 문제였어.

돈을 많이 벌 수단을 생각해 봤는데, 평범한 서민이 부자가 되기 위한 3가지 길이 있다고 해. 바로 주식, 부동산, 사업이라고 하는데, 부동산과 사업은 자본금이 있어야 시작할 수 있다고 생각해서 주식으로 발을 돌렸어. 하지만 주식으로는 큰 재미를 얻지 못했고, 당시 '비트맥스'라고 100배 마진까지 이용할 수 있는 거래소로 눈을 돌리게 되었어.

근데 정말 신기하게 차트상으로 반등을 줘야 될 자리인데 세력들은 내가 매수한 것을 기가 막히게 아는지 음봉을 더 만들면서 하락하더라. 청산을 몇 번 당한 후가 되고 나서야 나는 단타에 소질이 없다는 것을 알게 되었지.

그림 2-3

마침 장투로 들어갈 코인을 보게 되었는데, 마침 리플은 10만원간다, 비트코인이 언젠가 10억간다는 어느 정신나간 유튜버가 3분, 4분 영상을 보여주는 거야.

나는 처음엔 믿지 않았지만 그의 확고함과 차트의 디테일을 보면서 또 과거영상에 도지코인과 보라코인을 맞춘 것을 보고 '어? 뭐지??' 란 생각에 더 신선하게 다가왔어. 그래서 그에게 더 배우고자 댓글과 좋아요를 미친듯이 누르며 다음엔 어떤 영상이 올라올지 매일매일 기대했지.

그는 도움이 되는 유튜버를 소개 시켜주고, 좋은 마음으로 나누는 좋은 사람인

34

것을 알게 되었을 때 나는 그에게 더 매료되게 되었지. 그렇게 공부하다 보니 거버넌스에서 토론하고 있더라고.

To. **순서**

당신은 어디까지 보고 있을지 궁금해. 난 당신 덕분에 세계가 어떻게 움직이는지, 어떤 판을 깔고 있는지 조금이나마 알게 되었어. 글로벌 "섰다판"에서 승자와 패자가 나뉘는데 승자가 되는 순서 당신의 모습이 나름 기대가 된다.

나는 유튜브 댓글&토론 동기인 유한이형의 이야기를 들으면서 나와 살아온 경험이 다른 사람임에도 불구하고, 이상하게 나와 비슷하다는 느낌을 많이 받았다. 코로나 이후의 삶과 순서를 만나게 된 계기… 등 이 모든 과정은 다 어쩌면 운명이 아니었을까?

그렇게 유한이형의 이야기가 여운이 남아 머릿속에 맴돌고 있었을 즈음. 거버넌스 카톡 방 안에 나와 순서가 남게 된 그날 수기님이 순서에게 남기고 간 글을 볼 수 있었다.

💬 "수기님"의 이야기

코로나로부터 생각이 제법 무뎌 질 무렵, 밖에도 못 나가는 휴일에 소파에 널 부러져 시뮬레이션 우주와 다중우주, 특이점이 온다 등 과학 유튜브에 빠져 있을 때 관련 영상으로 메타버스에 관련된 흥미로운 주제거리가 눈에 들어왔다.

구글의 알고리즘은 나의 이런 반응을 바로 캐치하여 또 다른 코인 유튜버를 불러 띄워주었다. 이게 코인의 시작이었다.

그림
2-4

-50% 코로나

차트로 보니 2021년 상승장이 시작되고 첫번째 왼쪽 어깨 헤드앤숄더를 막 그리고 있을 즈음 인 것 같다. 어찌 되었건 그들은 매집을 하고 어느 정도 올려 놨으니 유튜브에 노출을 자주하는 건 기획자의 의도였을 텐데⋯. 나는 제대로 거기에 낚여 줄기차게 영상을 돌려가며 부자 되는 상상을 하고 있었다.

누구와 상의는 해야 할 것 같았기에 갑자기 한밤중에 편하게 자고 있는 아들을 깨웠다. "훈아~일어나봐~ 야 대단해 리플이라는 거가 수수료가 제일 싸게 먹힌데 그걸 사서 바이낸스로 옮겨서 킵해뒀다가 이렇게 저렇게 하면 된데⋯" 아들이 대답했다. "아이~ 엄마 그거 하지 마 큰일나! 리플? 그거 안 좋다고 소문났어~!" 나는 놀라며, "그렇구나⋯.그렇게 안좋은거야?" 라고 말했다. 그때는 리플인지 밥풀인지 분간도 못할 코린이 중에 코린이였다.

그래도 우리민족이 어떤 민족인가 도박 좋아하는 민족 아닌가 어려서부터 문방구 뽑기와 구슬 홀짝 따먹기, 으찌두비쌈 동전따먹기 등 자연스럽게 도박인지도 모르고 도박을 가깝게 접하며 자라오지 않았던가 내면의 도박 심리가 꿈틀거렸다.

화면 속 그 유튜버는 이거는 꼭 사라 마치 유혹하듯 나를 홀려 댔다. 뭐 어때 조금만 해보자. 20만원 입금. 시험삼아 4만원어치만 사보자, 빨갛게 반짝거리는 무언지도 모르는 기억도 잘 나지 않는다 스트라티스라는 종목을 샀다. 어~! 하는 순간 +100% 수익! 와 이거 돈 되네? 몇 날 몇일 들고 있어야 되는 주식이랑 다르네?

코인론

거기에 24시간 매매할 수 있다니 신세계였다! 절대 바닥으로 내려갈 일 없는 듯 승승장구하며 꼭대기 헤드를 향해가고 있었다

　그때부터 나는 중독되었다. 돈이 복사되고 있다는 것도 그때 알았다 손안에 움켜 쥔 모래알처럼 잠깐 동안의 환희를 맛 보여주곤 스르르 흘러내려갔다. 밤낮 핸드폰을 열어 보며 업비트에, 유튜브에, 코인에 그런 중독을 이용하는 것은 세력이다 라는 것을 한참 시간이 지나 정신이 든 후였다. 그때 왜 그 코인영상이 내 핸드폰까지 올 수 있었던 가를 지금 다시금 곰곰이 되짚어본다. 근래 들어 코인 유튜버는 폭발적인 성장을 했고 세력들은 원하는 방향으로 삽시간에 재료를 뿌리고 호재와 공포를 번갈아 주면서 유튜브나 단톡방에 날라주었다. 또한 그것뿐이랴 업비트에서는 빨간색을 마치 나 잡아봐라 하는듯 반짝거리고 있었다. 중독이다!

　이것을 끊고 세상을 봐야한다 차트를 보지 말고 세상을 봐라 구독과 좋아요는 함정이다 라고 내 자신에게 타일렀다. 그들은 내가 보는 그것들로 확률을 계산할 것이고 내가 얼마동안 접속을 했는지가 그들의 데이터로 쌓일 것이다. 올려야 할지 내려야 할지 떠넘겨야 할지 계산하고 있을 테니까…

　최종적으로 도박의 민족, 성격 급한 한국인을 끌여 들여 좋은 뉴스 몇 개 던져주면 배고팠던 개미들처럼 달려든다는 것을 그 들은 철저히 이용한다. 그들은 김프라는 이름 아래 던져주고 유유히 걸어 나갈 테니까 뉴스의 제목에만 쉽게 흥분하지 말아야겠다.

　비트 도미넌스도 함정이라 느꼈다 비트도미넌스를 올림으로 해서 알트는 바닥일테고 비트를 팔고 바닥에 떨어진 알트들을 줍는 건 그들에겐 매우 쉬운 일 것이다. 너무도 조작의 가능성이 높아 보였다. 이미 그들로부터 짜인 미로에 도면 없이 들어가면 길 잃고 나올 수밖에 없는 것이다.

　현재 거래소의 코인 구조조정이나 현존하고 있는 국내거래소를 대폭 줄여 우량 거래소만 남겨두겠다 하는 이런 것들을 볼 때 그런 생각이 든다. 결과적으로는 그들은 권위 있는 플랫폼으로 간주될 것이고 더 많은 언론의 관심을 받을 수도 있겠

단 생각, 그리고 흩어져 있는 자기네 물량들을 정해진 거래소에 잔뜩 집어넣고 펄 펄 끓게 한 다음 올라타 있는 개미들에게 뜨거운 물을 부으려고 그러는 거라고, 가격에 현혹되지 말아야한다 가격은 의미 없다. 내가 가진 종목을 더 연구하고 공부해야 한다.

그들처럼 매집 할 때 함께 하고 손절은 금물, 그들과 같은 생각을 해야 한다. 자신에게 내면에는 관대하지 않는 공명정대한 관찰자가 되어야 한다. 우선 이들을 움직이는 거대한 손은 어떤 것일까 다음은 그것에 관해 더 깊이 생각해 보아야겠다.

To. 미래의 순서에게

내가 미래라는 낱말을 입에 올리는 순간
그 단어의 첫째 음절은 이미 과거를 향해 출발한다.
내가 '고요'라는 단어를 발음하는 순간
나는 이미 정적을 깨고 있다.
내가 '아무것도'라고 말하는 순간
나는 이미 무언가를 창조하게 된다.
결코 無에 귀속될 수 없는
실재하는 그 무엇인가를

- 비스와바 쉼보르스카의 <가장 이상한 세 단어>

순서님 10년뒤 거긴 어때? 여기 2021년은 전염병으로 아무데도 못 나가게하고 못 모이게 해서 답답해 그래서 볼 것도 없고 할 것도 없어서 넷O릭스랑 유O브를 보며 지내고 있어 근데 이것도 점점 시시해진다. 금방 싫증 내는 게 사람인가 봐. 자꾸 뇌를 자극할 만한 것을 찾게 되네 좀 스릴 좀 있는 것 좀 해 보면 어떨까 하고 코로나 재난 지원금도 받았겠다 쪽 집게 유튜버래나 뭐래나 도지를 사래 자꾸 사라는 거야, 그래서 나도 코인판에 뛰어 들었었잖아.

전기 자동차 만든다고 하고 화성에 이주민 정착시키겠다 유대인 따까리하던 일론은 어떻게 됐어? 도지가지고 화성 가겠다고 자기가 도지파더 라나 뭐라나 트윗으로 한참 코인판에 사람 몰아오더니…. 화성은 잘 갔는지 모르겠다.

근데 얘네들 유대인들이라 그런지 자기들끼리 똘똘 뭉쳐서 자기들끼리 다 해 먹는거같애. 전세계를 탈중앙화시켜서 사람들에게 아이디부여하고 그 아이디로 일거수일투족을 데이터로 뽑아서 상품화할 수 있는 시스템 구축하려는 거 같아 보여 예전에 피터틸이라는 애가 일론이랑 페이팔 만들더니 이베이에 팔고 그 돈으로 마크저커버그가 고안해낸 페이스북에 투자하더니 대박이 났잖아 그러더니 머 손 안 대는 데가 없다야. 또 손 대는 데로 잘 되기도 하고 경쟁하지 말고 독점하라나 뭐라나 그 마인드로 창업하니까 잘됐나 봐 또 유대인들은 어려 서부터 그 마인드로 교육도 받았나봐 모두 네 형제다 서로 도와라 우리도 서로 도와서 잘되야 할 텐데 말이야.

아 맞다 마블 시리즈는 그동안 밖에도 못 나가고 답답했던 사람들에게 큰 선물을 줬잖아. 한마디로 붐 이었어~ 그래서 코인 시장도 활황이었었지~ 난 네가 알려준 코인론 바탕으로 진짜 잘하고 있거든. 공명정대한 관찰자가 돼서 그 뒤론 코인판에선 잃은 적 없었고, 다 네 덕분이야~

아직도 거기 코인거래소는 지들끼리 짜고 치고 그래? 얼마전엔 업비트에서 순서님이 좋아했던 코인 있잖아. 그래 그 코인 거래 중지 시켰잖아 여긴 정부랑 거래소랑 한 통속인가 봐, 아님 유대인들 이랑 한 통속인가? 누가 기획했는지 모르겠지만 추적해봐야 될 것 같아. 하… 지금 생각해도 열 받네….

그 코인 잘 되야 되 난 순서님이 열심히 공부한 거에 숟가락만 얹었지만 미래 리플처럼 전세계인들이 꼭 다 쓰는 코인이 됐으면 좋겠거든 순서야 너가 새롭게 해 본다던 거 그건 잘 됐어?

머? 대박이라고?

독자님은 어떻게 보셨나요? 나는 수기님의 글을 보고 너무 재미있게 봐서. 독자분들도 보면 재미있겠다 싶어서, 꼭 보여주고 싶었다. 이야기를 들어보니 혹시 자신의 상황과 비슷하게 코인시장에 들어왔든지 또는 새로운 생각을 볼 수 있지 않았을까? 이렇게 다른 사람의 이야기를 듣다 보니 나의 경험 말고도 다양한 경험을 듣는 것의 중요성을 깨달을 수 있었던 것 같다.

그렇게 전부 자신들이 어떻게 이 시장에 들어왔는지 얘기를 하다 보니 눈꽃 님의 이야기도 들어볼 수 있었다. 이 글에 나오는 '랑님'은 신랑님을 의미하는 것 같다.

💬 "눈꽃님"의 이야기

지금으로부터 10년 전인 2011년경 지인중에 주식으로 100억대 자산을 일군 분이 나를 포함만 몇명에게 돈을 벌 수 있는 주식을 추천해주기로 했었다. 지금이 2021년 6월. 10년전 2011년 경의 이야기이다. 최근, 일어나는 일들이 마치 어제의 과거. 지금의 현실. 그리고 앞으로 일어날 미래. 무엇인가? 끊임없는 시간과 마주하는 기분이다.

주위에 주식으로 돈을 벌었다는 분보다는 잃었다는 분이 많았기에 주식은 도박이라고 생각했던 나는 주식에 투자를 하지 않았었다. 그후 저를 뺀 나머지 분들은 소소하게 돈을 벌었다고 했었다. 나도 투자했더라면 하고 후회는 했지만 잃었던 분들을 위안삼아 돈은 열심히 일을 해서 벌어야 해⋯. 그런 마인드로 일을 하고 살았다. 과거도. 현재도. 앞으로도 말이다.

그리고, 10년이라는 시간을 달려오면서 남들과 똑같은 일상의 시간과 마주한 것 같다.

코인론

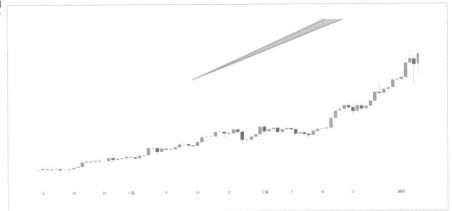

그림
2-5

2020년 11월. 12월쯤 부터 갑자기 월급날도 아닌데 랑님이 계좌로 돈을 보냈다. 30만 원, 100만 원, 300만 원, 천 만 원을 주길래 이건 뭐야~~? 나는 자연스럽게 물었다. 딴 주머니 찼나? 이런 생각을 하면서 자연스럽게 물었다. 그리고, 그 돈이 코인으로 수익을 내면서 돈을 준 것이라는 것을 알았다. 돈을 주니 안 좋아라 할 사람은 없지만 코인도 왠지 주식처럼 도박 같은 느낌이 들었었다. 따는 사람보다는 잃는 사람이 많은 것처럼…. 랑님은 주식으로 많은 걸 잃어본 사람이라 잘 알아보고 투자 하라고 당부 또 당부를 했다.

얼마가 지나고 핸드폰을 보여줬을 때 투자한 금액보다 수십 배 높은 금액을 보유하고 있었고 은행에 돈 넣어 놓지 말고 돈 있으면 투자 하라고 자꾸 설득을 하기 시작했다.

현금을 계속 조금씩 만져보게 되니 귀가 쫑긋 고민이 많아졌다. 돈을 벌면 은행에 적금을 하는 스타일인데….은행에서는 이자는 없지만 매일 늘어가는 통장의 숫자를 보며 만족하는 스타일이 였기 때문에…. 고민이 이만저만 아니었다. 주변지인과 뉴스도 한 몫 했다.

월급을 타고 나면 생활비를 제외한 은행의 적금을 제외한 나머지를 투자하기 시작하고기존에 자영업을 관두긴 했지만 통장에 잔고를 최소 오백만 원씩 항상 고정으로 가지고 있어야 심적으로 마음이 편한 스타일인데 잔고도 소량만 가지고 있고 통장에 있는 돈도, 만기 된 적금과, 아이들 주택청약, 최소한의 적금만두고 모두 현재는 코인에 올인 상태이다.

(밤잠 안자고 열심히 공부하는 랑님을 믿고 투자를 결심)

코린이가 코인에 도전! 큰돈은 랑님이 난 소소하게 해보고 싶었다. 묻고 물어 사고 파는 법을 배웠지만 도통 어떤 걸 사야 하는지… 얼마에 사야 정답인지….

"이거 살까~?" 코인에 대해 물으면 신랑님은 "그 코인은 1원에 산 거라면서 400원 500원 된 걸 왜 사냐구"
타박이고 다시, 이건 어때~? 라고 물으면? 랑님은?
"그건 지금 별루 안좋은거야 언제 사라질지 모르는….
친구와는 잘 소통하더니 내가 묻는 거는 매번 내가 원하는 답을 주지 않았다.

결론은 나의 아침에 눈뜨면 업O트, 화장실에서, 삼실에서 틈만 나면, 퇴근후에도 밥 먹는 시간을 제외한 잠들기 전까지 업O트가 제일 친한 친구가 되어버렸다. 조금씩 샀던 게 오르면 얼마까지 오를려나 언제 팔까 걱정하고 내리면 입에서 한숨만 나올 뿐이었다. 21년.6월 40대 중반의 코린이 줌마의 탄생이다. 헛 웃음만 나온다.

2020년 연말부터 2021년 6월말 현재 랑님은 프리랜서 일과 동시에 새벽마다 공부를 하고 있다. 그런데 갑자기 유튜버를 한다는 둥 코인 유튜버 중에 누가 누가 인성이 좋다. 착하다. 심리가 좋다. 겸손하다. 이런 노인네 같은 소리만 자주 들었던 터라 그냥 나오는 딴 세상 이야기 인줄 알았다. 그런데…. 이건 뭐지? 갑자기 유튜버를 하더니, 유튜버를 소개하고, 영상이 하나씩 올라와서 나는 이미 랑님의 1호 구독자까지 되어버렸다. 이제 출, 퇴근하면서 영상으로도 만나고 있다. 하하하. 그러더니 4월 초 어느 날 장기로 가자고 결정하고 업비트를 자주 안 보게 되었다.

안 보게 된 이유 중 또 다른 하나는? 랑님이 관리하는 ㅇㅇ코인을 잠깐 보는데 월차트의 줄이 거짓말 조금 보태서 수십 게~ 뭔 짓을 한건지, 랑님의 답변은? "분할매도" 푸하하 지하철에서 혼자 빵 터졌다. 코린이인 나도 그 말을 알아들었기 때문일까? 아니면? 내가 경험하지 못한 걸 랑님은 알고 있는 걸까? 도대체 랑님은 내가 모르는 무얼 알고 있을까? 어느 순간부터 궁금하지도 않던 이 모든 상황이 단지 가격의 오르면 기분 좋고, 내리면 진짜 기분 최악이던 내가 이제 무언가 생각이 조금씩 바뀌는 기분은 무엇일까? 운전도 부부 간에 싸움이 일어날 까봐. 서로 못 가르쳐 주는데…

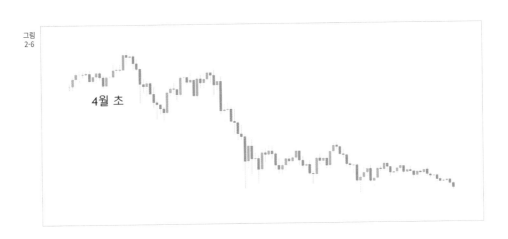

그림
2-6

도박판과 같은 이 코인 시장에 내가 왜 관심을 갖는지 나 역시 궁금하다. 그리고 생각해보았다. 21년 4월 초쯤 인가? 신랑님을 따라서 소소하게 사둔 코인들을 나 또한 기본 2배 이상에서 10배 이상으로 매도를 다 걸어 놨다. 이러면? 언젠가 나도 팔리겠지? 그리고 내 선택이 옳았다는 걸 보여줘야 겠다는 것도 텀 이였다. 그런데, 랑님은 그걸 보구서는 매도 걸어둔걸 보고서 깔깔거렸다. 열 받는다. 누구한테 지는 것을 싫어하는 나로서는? 물어보는 것도 자존심이 상하지만, 내가 스스로 공부해서 알아가고 수익도 내고 싶었다. 나 나름대로 코인들을 보고, 무슨 회사인지부터 공부했다 생각했기 때문에 투자를 한 것이다. 그런데, 랑님이 이야기를 한다. 처음으로 이야기하는 것 같다. 기본적인 내용이 아닌 이제 투자에 대한 생각을 말이다.

자세하게 이야기해도 잘 모르지만, 이 뜻으로 정리가 되었다. 랑님은 "기본적으로 어느 정도까지 올라갔다가 내려 간 차트인지" 통계를 보고 투자 코인에 매도를 걸어 놨다는 뜻이다. 그리고, 같은 내용을 반대로도 이야기했다. 이게 도대체 무슨 말일까? 다시 물어봤다. 랑님은 무언가 결심한듯 이야기를 했다.

자신에 머리속에 그림이 열 장이 있다고 했다.
백원 / 천원 / 만원 / 십만원 / 백만원 / 천만원 / 일억 / 십억 / 백억 / 천억 …

하나는 전부 순수익을 냈었다는 이야기와 그 돈이 모두 내 돈이 아니었다 라는 이야기이다. 그리고, 이 모든 숫자를 차트에 대입해서 훈련한다고 한다. 이게 무슨 말인지…. 아무래도 딴 우주에서 온 사람 같은 말만 한다. 즉, 공상과학 만화 이야기 같은 이야기이다. 하하… 나 역시 이야기가 길어진다. 결론은? 공부를 해야 한다는 뜻이었다.

뉴스에 현혹되지 말고 관심있는 코인이 어떻게 실생활에 쓰일 건지, 회사는 탄탄한 곳인지…. 미국, 캐나다, 일본, 중국… 과학자, 엔지니어 등등 에게 전화와, 이메일을 했다고 한다. 이 사람 도대체 뭐지?

암튼 단타로 돈을 벌기엔 너무나도 시간이 많이 걸리므로 백수가 아닌 나로선 그림의 떡 같다는 생각이다. 신랑님은 이 글을 읽으면 뭐라고 할까? 나의 시간을 이해해줄까? 요새, 맨날 시간 어쩌고 저쩌고 한다. 소개해준 유튜버 분들이 생각난다. 왜? 랑님은 유튜브 해서 돈을 안 벌고 남 좋은 일만 할까? 이런 생각도 든다.

우리가 부자라면? 그렇게 해도 되겠지만, 그들에게 돈을 받는 것도 아닌데, 알지도 못하는데 왜 다른 유튜버를 줄기차게 소개해 주고 거기 가서 공부하라고 할까? 찰리OO웅, 에버OO 처음에는 이렇게 2명을 출/퇴근하면서 보라고 했다. 그런데 지금은 더 많아졌다.

신랑님은 왜 그럴까? 그리고 둘째와 동갑인 19살 구독자분과 책을 쓴다고 한다. 이건 꿈 일거야. 현실이 아닐 꺼야. 나는 그렇게 믿고 있다. 그런데, 랑님은 나를 속였다. 랑님은 과거에 무슨 일을 해왔고, 결과는 어떻게 되었는지를 설명하기 시작했다.

…<중략>…

나는 사실 만만하지 않다. 나를 납득시키지 못한다면? 거의 나한테 반 죽음이다! 하하 그런 내가 이제, 랑님의 시간에 올인했다. 책을 단 1권도 읽지 않았다는 랑님이…

그 이유는? 단 한가지! 무엇이든 기획/실행/공부/노력하는 기획자라는 것을 알게 되었다. 그의 영상에 PDCA, 성동격서, 속임수, 타짜 등 많은 내용이 나온다. 어쩐지, 21년 올 초에 고스톱 못 치는 사람이, 갑자기 섰다를 가르쳐 달라고 해서 가르쳐 주었더니 혼자 섰다를 공부하고 있지 않던가. 그걸 유튜브 영상으로 보면서…

내가 모르는 신랑님을 지금 보고 있다. 신랑님과 함께 평생을 할 것이다. 사랑한다. 하늘만큼 더 사랑할 게. 내 선택이 틀려도, 맞아도 상관은 없다. 이번 생은 너에게 올인! 응원할게! 걱정 말고! 몸 잘 챙기고 고(Go) 해!!!

P.S   알지? 생활비 없으면? 쿠O팡 알바라도 해서 책임져야해!! 진심이야!! 농담 없어. 하하

🔖 **코인론독자 사연접수 : kjj040122@naver.com**
독자님의 사연을 보내주세요. 이게 바로 "코인론"의 시작점입니다.

이젠 "사연을 보내줄 마음"이 생길 거라 "순서"가 예측했다. 왜냐하면? 여기까지 읽었다면? 이미 마음의 동요가 생기고도 남았을 거라 이야기 해줬다. 그게 아니라면? 무언가 지금 계속 의심을 하고 있다고 까지 말이다.

나도 그렇고 거버넌스도 그렇고 이 책을 읽고 있는 독자 분 모두 각자의 사정이 있기에 이 시장에서 살아남으려, 돈을 벌으려 간절함을 가지고 있지 않은가? 제 각각 이유가 다른 간절함 이지만 결론은 우리는 다 같은 곳을 바라보고 이 시장에 투자한다고 생각한다. 전부가 살아남지는 못하더라도 이 책을 읽는 독자분들 만큼 은 살아남는 능력을 같이 길러 나갈 수 있기를 소망한다. 다음은 거버넌스가 어떤 방식으로 토론하고 공부했는지를 볼 수 있는 사진들이다.

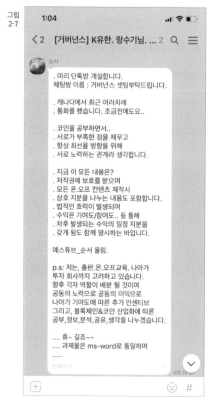

그림
2-7

각자 자기만의 '시간의 순서'를 통해 만난 거버넌스가 카톡 방으로 만나게 된 첫 날이다.

🔖 참고해 주세요!

참고 이미지. 코인론은 소설이며
독자의 이해를 돕기 위해 100% 창작되었습니다.

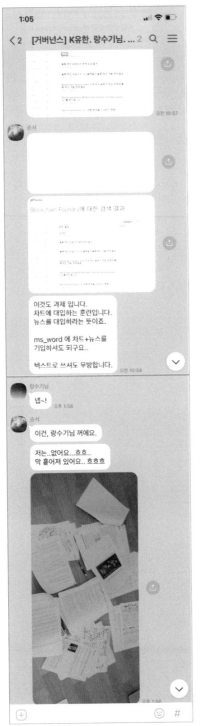

그림
2-8

차트에 뉴스를 대입해보는 훈련도 해보고, 자신이 공부하고 있는 내용을 공유하며 한 코인을 주제로해서 직접 뉴스와 관련회사 등을 조사하고 차트에 대입하거나 서로의 생각을 토론하기도 했다. 구체적으로 어떻게 조사해서 대입해보고 가격은 어떻게 되었는지 공부는 잘 되었는지는 2편에서 자세히 다뤄보도록 하겠다.

🔖 참고해 주세요!
참고 이미지, 코인론은 소설이며
독자의 이해를 돕기 위해 100% 창작되었습니다.

자신들이 조사한 내용들을 과제로 제출하기
도 했다.

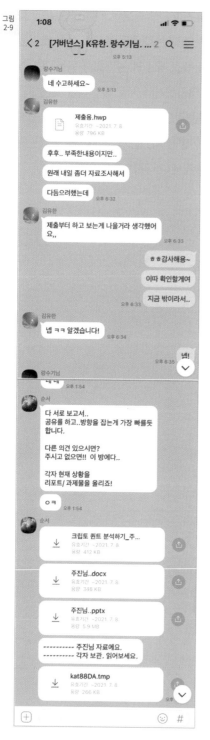

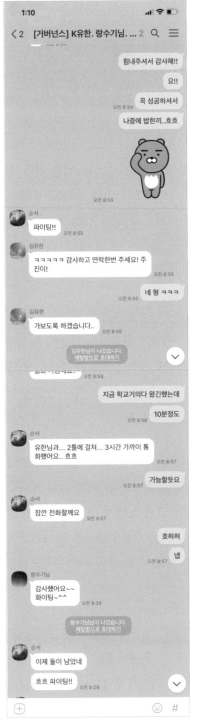

그림
2-10

결국은 각자의 사정으로 인해 나와 순서 둘이 남게 되었지만 전혀 기죽은 기색 없이 더 파이팅 찬 모습으로 달려 나갔다.

우리 거버넌스는 어떤 한 정신나간 유튜버 '순서'를 통해 만나게 되었다. 나는 운명이라는 말을 믿지는 않지만 이 인연은 어쩌면 운명이 아닐까? 생각해본다.

📗 참고해 주세요!
   참고 이미지, 코인론은 소설이며
   독자의 이해를 돕기 위해 100% 창작되었습니다.

나는 왜? "순서"를 추적하고 있을까?

나는 왜? 순서를 추적하는 것일까? 드라마에서 왜?? 이 장면이 나오게 되었는지. 19세 소년이 어떻게 드라마의 기.승.전.결을 쥐고 있는지. 사건을 해결하고 고민하는 가운데, 도대체 수많은 코인 유튜버 중에서 왜? 하필? 내가 검색해서 만난 유튜브가 순서 유튜브였을까? 순서도 무언가를 고민하고 공부하던 중이 아니었을까?

순서와 나는 무슨 인연이길래… 여기까지 왔을까?? 나는 순서를 처음 봤을 땐 순서가 세력인 줄 알았다. 그의 정체가 궁금했다. 속으로는 이런 생각도 해봤다. '순서라는 사람은 세력인데, 심심하니까 문제를 내면서 간접적으로 정보를 주고 있는 사람이 아닐까?' 코인론 1편을 다 쓰고 나서는 조금은 알 것 같다. 순서 그는 코인론의 표본이었다는 것을… 그는 그저 관찰자의 입장으로 시장을 바라보던 것 뿐인데 개미들의 눈에는 그가 세력처럼 보였을 것이다.

나는 처음에 그에게 의존하고 싶었다. 아무것도 몰랐기 때문에… 확신이 없었기 때문에… 그의 첫 영상인 메이커 영상을 보고 그가 오른다니까 오를 것이라고 믿었다. 당시엔 정말 불안하고 무서웠나 보다… 얼마나 그랬으면, 코인 시장에 들어온지 6개월밖에 안된 코린이의 말을 믿고 싶어 했던 것일까?

처음에는 그의 영상을 자주보지는 않았던 것 같다. 영상이 그렇게 많지도 않았고, 리플 등 괜찮은 가치를 지닌 코인들, 내가 보던 유튜버들 등 이미 알고 있다고 생각했기 때문일까? 새롭게 알게 된 것이 있었지만 그게 도대체 뭘 의미하는지 몰라서 그랬을까? 분명한 것은 그가 공부하던 유튜버들이 내가 순서를 만나기전에 알던 유튜버들이기 때문에 필자와 같은 유튜버를 보고 어떻게 공부하는지 궁금했던 것이었다. 처음엔 그렇게 관심을 가졌다.

그렇게 계속 그와 함께 공부하다 보니 나 스스로가 변하고 있었다는 것을 느끼기 시작했다. 없던 확신에 확신이 생기지를 않나… 누구에게 의지하기 보다는 스스로 공부해보려고 하질 않나… 신기했다. 내가 내 의지대로 움직이려고 한다니 그렇게 무서웠던 이 시장이 무섭지 않게 느껴 지다니… 이게 다 순서를 만나서 바뀌게 된 것일까? 아님 코인론 그 자체가 완성되어 나가면서 스스로가 변한 것일까? 아마도 둘 다 일 것 같다.

순서 그는 알고 있을까? 유튜버들을 보거나 스스로 공부하면서 그의 경험과 인생이 섞여 순서만의 색깔이 만들어지고 있다는 것을. 주변 사람들은 알 것이다. 관찰자의 시점이기 때문이다. 그가 과거를 되돌아보며 단타를 했던 자신의 시절을 반성했듯이. 앞으로도 스스로가 관찰자가 되어 스스로를 보며 발전하게 된다면 더욱 더 발전할 것이라고 생각한다. 물론 순서만 해당되는 이야기가 아니다. 이 책을 읽는 독자분들도 그렇게 더 발전할 수 있을 것이라 믿는다. 이 이야기를 체험하고 싶다면? 순서의 1편 영상 보라코인을 시청하길 바란다.

순서의 비밀을 알게 되었다.
그는 우리들의 '탐욕'과 '자만심'이다!!

순서, 그는 누구였을까? 나는 과연 우연히 그를 만나게 된 것일까? 만약 그를 만나지 않았더라면?? 나는 과연 지금처럼 이렇게 생각할 수 있었을까? 아마 5년은 더 트레이딩에만 몰두하다가 그 때쯤 깨닫지 않았을까? 나는 유튜브라는 컨텐츠 안에서 인연이 생길 거라고 유튜버와 구독자가 실제로 만나게 될 것이라고 상상해본 적도 없었다.

그는 참 비밀이 많은 사람이다. 그의 말 한 마디 한 마디에 모든 의미가 포함이 되어 있을 것 같지만 그 모든 것을 알기 전까지는 그가 비밀이 많은 사람처럼 보인다. 사실 실제로 그에 대해 내가 모르고 있는 것이 많아서 비밀이 많은 것처럼 보일 수가 있다. 그것 이외에도 순서 그가 부족한 것이 많을 수도 있다. 그를 알아가다 보면 그 안에서 찾을 수 있는 것이 많다.

순서는 말했다. "솔직히 말해서, 알려주기 싫다고! 어떤 사람은 종목추천만 알려주면서도 엄청 많은 돈을 받는 사람들도 있는데!!" 나는 "대가 없이 주기만 하니

억울하다는 입장이다. 즉, 봉사하는 사람이 아니라면 그렇게 생각할 수 없겠지.”라고 생각하며 그 마음을 이해한다고 생각했다. 하지만 그런 경험을 해본 경험이 없는 필자로서는 잘 이해하고 있는지는 모르겠다.

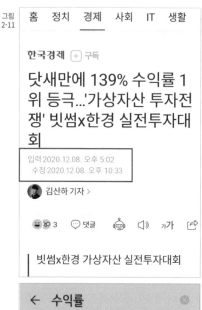

그림 2-11

순서 그는 코인을 가지고 돈 벌고자 하는 사람들이 보기에는 완벽한 사람이다.

그는 과거 코인을 하기 전에 주식에 발을 담그고 있었고, 실제로 주식을 독학으로 공부한지 6개월만에 주식 방송에 나간 적이 있는 사람이다.

실력이 있어서 그랬을까? 6개월 배운 사람이?? 실제 그에게 배우겠다고 주식에 들어온 초보부터 10년 배운 사람들까지 그의 강연에 참석했다고 한다. 그가 운영하던 인터넷 카페에는 사람들이 몰려들었다.

왜 그랬는지는 알 것 같다. 그의 단타 실력은 솔직히 왠만한 사람 그 이상 이기 때문이다. 그를 만나기전 선물매매를 공부하고 있던 필자도 많이 놀랄 만한 실력이다. 그런데 결국 그는 망했다. 왜 일까? 바로 그의 ‘탐욕’과 ‘자만심’ 때문이다.

쉽게 말해, 그는 단타 실력이 엄청 좋았지만 결국 그 단타 실력으로 인해 망하게 된 것이다. 예측하는 족족 다 맞추니 그는 신이 된 기분을 느꼈을 것이다. 순서는 얘기하길 그때부터 내리막의 시작이라고 그랬다.

그림
2-12

🛡 참고해 주세요! 참고 이미지. 코인론은 소설이며 독자의 이해를 돕기 위해 100% 창작되었습니다.

2020년 12월 1일. 리퍼리움 끝내고. 엠블 1원대 홀딩해서 12월5~6일 마무리. 이게 바로 코인론_순서의 단타 실력이다.대한민국 상위 0.1% 라는 전국 최상위의 단타실력이다.그런데, 순서는 이야기했다. 이래서 망했다고 말이다!

이 책을 읽는 독자들은 '순서가 단타로 망하게 된 이유가 '탐욕', '자만심'하고 도대체 무슨 상관인데?'라고 생각할 수 있다. 그 중간 과정이 실제로 어떤 일이 있었는지는 한 번 상상해보자 필자가 상상하기에는 어느 정도의 돈을 가지고 단타를 했는데 계속 맞추게 되니 그 순간 '탐욕'이 올라오게 되고 '어차피 이번에도 맞추겠지'라는 생각으로 감당하기 힘든 큰 돈을 굴리다가 그 때 자신의 예측과 반대로 가서 그가 망하게 되지 않았을까? 또 필자는 그의 옆에 있으면서 단타에 관해 많은 이야기를 들었다. 자주 나온 이야기 중 하나가 단타로 인해 몸이 힘들었다는 것인데, 순서는 단타로 인해 하루 종일 차트만 보았다고 했다. 나는 이 이야기에 깊게 공감했다.

나는 단타를 잘했던 것은 아니지만 그냥 거의 누구나 할 수 있는 단타를 해봤던 적이 있다. 내가 했던 기억에 남는 단타는 메이커MKR 단타인데…. 다음 사진에서 볼 수 있듯이 업비트의 BTC차트는 거래량이 많지 않아서 오르고 내리는 폭이 크다. 저 때는 한 7%정도 왔다 갔다 했었다. 나는 이것을 이용하여 폭 아래에 매수 지정가를 걸고 위에 매도 지정가를 걸어서 계속 이익을 봤었다. 너무나도 쉽게 돈을 벌다 보니, 이대로 라면 단숨에 부자가 될 수 있겠다는 생각이 들었다. 그렇게 필자는 단타에 자신도 모르게 빠지고 있었다. 밤을 지새고 하루 종일 차트만 보고 있으니 나의 삶은 무너져 가고 있었다. 아마 순서도 그러지 않았을까?

그림
2-13

이 경험을 쓸지 말지 정말 많은 고민을 했다. 왜냐하면 혹시나 이러한 방법을 통해서 따라 하는 독자가 생겨 그 독자분의 삶이 망가질 수도 있기 때문이다. 나는 이러한 경험을 통해 단타는 주식과 코인판에서 생존확률을 떨어뜨린다는 것을 느꼈다. 그리고 이 습관들이 나도 모르게 습관이 되어있었고, 고치는데 많은 시간이 걸렸다. 이것은 내가 힘들었다는 주관적인 생각을 알려주기 위해서 든 예시라는 것을 다시 한번 인지 해주시길 바란다.

코인론

단타에 대해 더 많은 생각을 들어보던 중 나의 아버지도 단타를 했었다는 것을 알게 되었고, 아버지의 단타이야기를 듣게 되었다.

아버지는 매일 꾸준히 큰돈은 아니지만 몇 만 원씩 버셨다. 하지만 그 단타로 인해 하루 종일 차트를 봐서 많이 힘들었다고 하셨다. 그리고 힘들게 번 그 돈들이 욕심으로 인해 한 번에 사라지는 것을 경험했을 때 정신적으로도 많이 힘들다는 것을 느끼고 난 이 후로부터 단타를 접으셨다고 했다.

나는 순서가 '탐욕'과 '자만심'으로 망했다는 것을 듣고, 여기서 나는 '자만심'은 언제부터 오는 것일지 궁금했다. 왜냐하면 자만심에 빠져 있다는 것을 스스로 인지하고 자만심과 겸손 그 사이를 자유롭게 드나들 수 있다면 자만심으로 인해서 망하는 일은 없지 않을까? 라는 생각 때문이다. 나는 19년이라는 인생 동안의 경험으로 스스로 자만을 얼마나 해봤을 지 생각해보고 어떨 때 스스로가 자만을 했는지 그 결과는 어땠는지도 기억해보며 자만심을 컨트롤 할 수 있도록 깨달으려고 노력 중이다.

그리고 이미 그 자만심으로 인해 망해봐서 잘 아는 순서가 옆에 있기 때문에 나 스스로도 모르게 자만심에 빠진다면 순서가 옆에서 잡아주지 않을지 생각도 해본다. 가장 쉬운 방법은 주변사람의 시선을 활용하는 것이다.

앞장에서 말했던 것 중에 관찰자에 관해서 많이 이야기했다. 그렇다면, 스스로가 스스로에게 관찰자가 된다면 스스로가 자만심에 빠졌는지도 확인해볼 수 있지 않을까? 자만심에 관련한 글은 정말 많다. 독자분들도 자만심과 관련된 책은 시간이 되신다면 한 번쯤 읽어 보시기를 추천 드린다.

순서가 도박인 '섰다'룰과 '심리'를 배운 이유

이 책을 읽는 독자분들은 '섰다'라는 말을 처음 들어 보신 분들도 있을 것 같다. 하지만 섰다는 몰라도 '화투'는 아실 것이라고 생각한다. ('섰다': 화투 노름의 하나. 두 장씩 나누어 가진 화투장을 남과 견주어 가장 높은 끗 수를 가진 사람이 판돈을 가져 간다. 돈을 더 태우며 버틸 때 '섰다'라고 외친다.) (출처: 네이버 지식백과)

그렇다면 순서는 왜 섰다 룰을 배웠을까? 다음에 설명할 파트를 보면 '공명 정대한 관찰자(the real and impartial spectator)'를 설명하며 타짜의 한 장면을 상기시킬 것이다. 도박은 욕망, 이기, 탐욕, 공포⋯. 그리고 칼날⋯ 화투를 칠 때 이 모든 감정을 얼마나 잘 다루느냐가 게임의 승패를 결정하지 않는가? 화투가 아니더라도 다양한 시합이나 심리게임에서는 감정컨트롤의 중요성을 잘 아실 것이다.

나는 이 코인 시장에서 살아남는 다는 것은 섰다 판에서 승리하는 것이라고 생각한다. 앞에 파트에서 이 시장에는 세력, 개미, 관찰자 이렇게 등장인물이 있다고 했을 것이고 우리는 관찰자가 되어야한다고 했을 것이다. 이 시장을 화투를 치는 상황이라고 생각해보자 세력과 개미가 화투를 치고 있고 관찰자는 그 옆에서 서로의 패를 다 볼 수 있는 훈수두는 사람이다. 세력은 패가 많다. 개미는 패가 적다. 하지만 관찰자는 서로의 패를 다 볼 수 있기 때문에 가장 합리적인 판단을 할 수 있다.

나는 원화마켓에서 btc마켓으로 눈을 돌리고 메이커와 다이라는 코인을 공부하게 되어 순서를 만나게 되었다. 그렇게 메이커와 다이라는 코인을 공부하던 중 다이라는 코인을 조사하는데 이 때 처음으로 '스테이블 코인' 이라는 말을 알게 되었다. (스테이블 코인이란? 가격 변동성을 최소화하도록 설계된 암호 화폐. 보통 1코인이 1달러의 가치를 갖도록 설계된다.) (출처: 네이버 지식백과) 그럼 BTC마켓에 있는 다이라는 코인을 알기 전에 먼저 BTC마켓의 성질을 알아야 하는데

그림
2-14

[그림 2-14]를 보면 0.08189003BTC옆에 KRW가격이 있다. 이 KRW의 가격은 비트코인 가격이 떨어지면 떨어지고 오르면 오른다. 이 성질 때문에 내가 분명 바닥에서 샀는데 비트코인이 엄청 떨어지면 차트상으로는 수익인데 실제로 원화 가치가 떨어져 마이너스인 경우가 생긴다.

나는 어느 때처럼 BTC마켓의 다이 DAI라는 코인을 공부하고 있었는데

그림
2-15

2021년 04월 18일 12시쯤 비트코인이 엄청 하락했다. "아 또 떨어지네…. 어디까지 떨어지는 거야. 그냥 다이DAI공부나 계속 해야겠다."하던 중 비트코인이 하락함과 동시에 다이는 스테이블 코인임에도 가격이 엄청 오르기 시작했다. 그리고 몇 분이 지나 언제 올랐냐는 듯 차트상으로는 조금 오르고 원화 가치는 거의 비슷했다.

그림
2-16

나는 생각했다. "뭐지? 스테이블 코인이 무슨 원리가 있나? 오늘 비트 한 번 더 하락할 것 같은데 다이DAI 한 번 사봐야겠다." 하고 샀었다.

그림
2-17

코인론

시간이 조금 지났을까···. 비트가 다시 엄청 하락하기 시작했다.

필자는 두근거리는 마음으로 다이 차트를 보았는데 처음에는 비트는 떨어지는데 오르지 않길래 '에이 그냥 우연인가?' 생각하던 찰나 몇 분이 지나고 갑자기 엄청 오르기 시작했다. "와 뭐야? 진짜 오르네 어디까지 오르려나? 계속 오르네??"라고 생각하며 엄청 흥분하고 수익은 10%.. 20%... 30%.... 40%.... 엄청 빠르게 오르기 시작했다.

이때부터 나의 탐욕이 올라오기 시작했다. '계속 오르겠지?'라고 생각하던 그 순간 어머니께서 내 화면을 보시더니 "빨리 팔아!! 안 팔고 뭐해!"라고 하셨다. 하지만 욕심을 부리던 나는 처음에는 "안돼! 어디까지 오를 줄 알고??"라고 했지만 어머니께서 재촉하시니 "하는 수 없지···."하는 마음으로 팔았다. 그런데 왠일? 상승한지 단 5분만에 다시 엄청 떨어지기 시작했다. 천만 다행이었다. 여기서 나는 깨달았다. "아! 어머니가 관찰자구나!" 다음장에서 타짜의 한 장면을 다룰 것이다. 그 부분을 보시면, 그 시간의 코인 시장을 바라보던 나의 시선과 제3자의 입장에서 바라보던 어머니의 시선은 달랐다는 것을 알 수 있다. 이때부터 깨달았다. 공명정대한 관찰자가 되어야 이 시장에서 살아남을 수 있다는 것을···.

개미, 세력,
그리고
"관찰자"

개미, 세력, 그리고 "관찰자"

국부론&자본론 그리고 코인론

우리는 살아가면서 국부론과 자본론에 대해서 많이 들었을 것이다. 애덤 스미스와 칼 마르크스 현재 경제학 이론을 만들었다고 해도 과언이 아닐 두 인물의 이론을 말이다. 나는 고등학교 1학년 사회 수업 때 처음 접했던 것 같다. 애덤 스미스의 '보이지 않는 손' 이라는 말만 들어봤지, 국부론과 자본론은 크게 관심이 없었고 그냥 시험보기 위해 형식적으로만 외웠었다.

그림 3-1

그런데 이번에 순서의 영상을 보면서 오른쪽 썸네일의 영상을 시청하게 되었다. 이 영상을 보면서 국부론과 자본론을 다시 생각해보게 되었고 애덤 스미스와 칼 마르크스에 대해 다시 공부해보게 되었다.

애덤 스미스는 '도덕 감정론'과 '국부론'을 저술한 인물이다. 먼저 도덕 감정론 중 '인간은 이기적인 존재, 이기적인 인간이 어떻게 도덕적인 판단을 할 수 있는가? 기본적으로 인간은 사회적 존재로서 도덕적인 행동을 해야 한다. 그리고 그것이 가능한 것은 마음속에 우리의 행동을 지켜보고 있는 공명정대한 관찰자(the real and impartial spectator)가 있기 때문'이라고 했다. '그 관찰자가 이기심을 잘 조절해서 도덕적으로 행동하게 해준다는 것'이다. 나는 이 부분이 우리가 코린이었을 당시에 이 시장에서 하는 행동과 깊은 연관이 되어있다고 생각했다.

우리는 코인을 사기전에 무슨 행동들을 하는가? 무슨 코인인지? 개발은 잘 되고 있는지? 관련 기사는 무엇이 있는지? 보조지표를 대입하기? 등 여러가지 그 코인을 사기 위한 근거들을 끌어 모아 최대한 모을 수 있는 만큼 모으고 살지 말지 판단하지 않는가? 보통의 현명한 우리 코린이라면 이러한 과정을 거칠 것이라고 생각한다. 하지만 이러한 과정을 거치지 않고 그냥 누가 '이 코인 오를 거예요.', '이 코인 좋은 코인이에요.'라는 말을 듣고 사는 독자는 없을 것이라고 믿는다.

그런데 왠일? 순서가 나의 이 이야기를 듣고 말했다. "나는 묻지도 따지지도 않고 급등주에 따라탔어. 왜냐? 돈만 벌면 되기 때문이지. 이기심, 자만심, 욕심으로 가득 찼던 삶인 거 같아. 즉, 자기 반성이 없는 삶이었지."

순서의 이야기를 듣고 앞으로는 과거처럼 하지 않으려고 하는 모습을 순서의 모습을 보면서, 적어도 과거부터 현재까지 그러고 있는 독자들이 계시다면 이 책을 읽고 그런 습관은 버릴 수 있도록 도와주고 싶어졌다.

본론으로 다시 돌아와서 위에 말한 현명한 코린이의 투자방법이라고 소개한 행동들을 하며 투자한 코린이도 있을 거라고 생각한다. 만약 자신만의 그런 투자방법을 만들어서 수익을 보고 계신 분들이라면 그 방법이 틀린 방법은 아니다. 하지만 그런 행동을 해서 확신을 가지고 투자하더라도 손실을 보는 사람들이 있을 것이라고 생각한다. 내가 그랬듯이 말이다.

열심히 이것저것 찾아보고 확신을 가졌는데도 불구하고 손해를 보는 사람들이 있다면 이런 생각을 가질지도 모른다. "그러면 어떻게 투자하라는 거예요? 기사도 찾아봤고, 개발자들이 연구가 활발한 것도 봤고 근거들을 끌어 모았는데도 안 되는 데요?"라고. 사실 필자가 그렇게 하고 손실을 봤을 때 아무에게나 하소연 하고 싶은 필자의 속마음이었다. 나는 이러한 문제를 위 애덤 스미스의 도덕 감정론 중 나온 '공명 정대한 관찰자(the real and impartial spectator)'에 집중해서 생각해 보았다.

이 코인 시장에는 크게 두 가지의 등장인물이 있다고 생각한다. 바로 정부, 기관, 초반에 비트를 산 사람들 등을 모두 통틀어서 '세력', 슈퍼개미, 일반개미 등을 모두 통틀어서 '개미' 구체적으로 구분하면 엄청 많겠지만 크게 나눠보자면 보통은 이렇게 세력과 개미로 나누어지는 것 같다. 나는 여기서 하나의 등장인물을 추가하고자 한다. 바로 '관찰자'이다. 왜 나는 '관찰자'라는 새로운 등장인물을 추가한다고 한 것일까? 순서의 영상 중 타짜의 한 장면을 본다면 대략 감이 잡히지 않을까?

유튜브 '순서' 채널

QR코드에 들어가 3:43초 부분의 장면을 보시면은 타짜 중 두명의 도박꾼이 손목을 걸고 내기를 하는 장면이다. 이 사진을 보면 순서와 세력이 손목을 걸고 있고 그 주변에는 욕망, 이기, 탐욕, 공포… 그리고 '칼날'이 있다. 사진을 보면 칼날은 혼자 멀리서 지켜보고 있는 것을 볼 수 있다. 그렇다. 칼날은 관찰자이다. 그렇다면 순서는 왜 관찰자를 칼날이라고 했을까? 그 부분은 독자들의 상상에 맡기도록 하겠다.

우리는 이 시장에 발을 들이다 보면 매우 많은 심리가 오간다. 그 심리에 대한 부분은 뒤에서 다루도록 하겠다. 그 다양한 심리들은 누가 주도하는 것일까? 세력이 일부러 개미들의 심리를 이용해서 언론을 조작하고 차트를 조작하여 지치게 하지 않을까? 물론 추측에 불과하다. 하지만 세력이라는 등장인물과 개미라는 등장인물이 만들어 나가는 이야기가 있을 것이다. 여기서 관찰자 라는 등장인물은 그 과정을 지켜보는 역할인 것이다. '세력의 의도대로 손절하여 좌절하는 개미, 개미들의 물량을 받아먹는 세력, 그걸 지켜보는 관찰자.', '갑자기 100% 200% 오르는 가격, 올라타는 개미들, 그걸 지켜보는 관찰자'…. 이게 관찰자의 역할이다.

이렇게 하다 보면 '세력이 이번엔 개미들을 털기 위해서 이렇게 행동하네?', '어? 세력이 개미들 물리게 하려고 가격 올리는 건데 저기 올라타는 개미들이 보이네?' 이게 보이게 된다는 것이다. 그래서 우리는 관찰자가 되어야 하는 것이고, 이 책을 통하여 나와 독자들이 그 방법을 연구하고 학습하는 것이다.

그리고 애덤 스미스의 국부론을 들여다보면 가장 대표적인 '보이지 않는 손'이 나온다. 스미스는 "우리가 빵을 먹을 수 있는 것을 빵집 주인의 자비심 때문이 아니라 돈을 벌고 싶은 이기심 때문"이라고 말했다. 하지만 결국 가격을 결정하는 보이지 않는 손이 있어서 시장경제를 잘 돌아가게 한다고 했다. 즉, 자유로운 시장만이 개인과 국가를 부자로 만들 수 있다고 한 것이다. 과연 현재 금융시장은 애덤 스미스의 '보이지 않는 손'대로 흘러가고 있을까? 나는 물론 맞는 부분도 있다고 생각하지만 아니라고 생각하는 부분이 큰 것 같다. 왜냐하면 현재 통화시장은 중앙집권을 가지고 있는 이들에 의해 시장에 개입되거나 관리되기 때문이다. 개입이나 관리로 좋아지는 경우도 있었겠지만 상황이 나빠지는 경우가 더 많았던 것 같다. 또한 그런 수많은 나빠지는 상황 속에서도 빈부격차는 늘어나기만 했고 가진 자들의 부는 오히려 늘어났기만 했기 때문이다. 나는 암호화폐의 많은 기능 중 탈중앙화 시스템인 부분을 생각해 만약 암호화폐가 안정적으로 정착하게 된다면 애덤 스미스의 '보이지 않는 손'의 의도대로 관리가 되지 않을까? 안정적으로 정착한다는 기준이 뭘 까? 이 부분도 독자들만의 생각으로 다시 한번 생각 해보길 바란다.

나는 위에서 말한 듯이 '보이지 않는 손'으로 관리되는 암호화폐 시장을 원하지만 아직까지 암호화폐 시장은 방금 말한 이상과는 아직 거리가 있다고 생각한다. 왜냐하면 나는 현재 암호화폐 시장은 금융시장의 중앙권력으로 인해 시장이 조작된다는 상상을 하고 있기 때문이다. 중앙권력을 갖고 있는 정부, 유대인, 기관 등이 모든 게 다 세력이 아닐까? 세력은 미래에 곧 금융 시스템이 바뀔 것이라는 것을 알고 있지 않을까? 바뀌는 시스템에 중심에는 암호화폐가 있지 않을까? 그에 맞게 권력을 이동시키기 위해 현재 악착같이 모든 수단을 동원해 암호화폐의 비중을 늘리려고 하지 않을까? 상식은 누가 만들어낸 것일까? 현재 존재하는 상식들은 다 의심해봐야 하지 않을까? 나는 상식을 상식으로 받아들이지 않고 의심하려고 한다. 그러다 보면 상식을 뛰어넘는 상상을 하게 된다. 세력은 항상 우리의 상식을 뛰어 넘으려고 한다. 만약 우리가 상식을 뛰어넘어 상상을 하게 된다면 그게 바로 세력이 가장 두려워하는 것이 아닐까?

애덤 스미스의 명언 중 '한 사람의 부자가 있기 위해서는 5백 명의 가난뱅이가 있지 않으면 안 된다.'라는 명언이 있다. 이 명언의 '부자'는 세력이고? 가난뱅이가 우리인가? 그렇다. 우리는 가난뱅이다. 다만, 이 시장에서 깨닫기 전 까지는… 깨닫고 나면 어떻게 될까? 이 시장에서 살아남을 수 있게 된다면? 입장이 바뀌지 않을까? 물론 다 상상이지만 이 책을 읽으면서 상상이 현실이 될 수 있기를 바란다.

나는 소설책 최초(?)로 독자들에게 숙제를 내주려고 한다. 순서가 제시한 코인론 1~6장을 제시하고 각 장에 담긴 의미를 생각해보는 것이다. 정답은 독자분들이 생각하는 것이 정답이 될 수도 있고, 나의 생각 그 이상의 답이 나올 수도 있다. 책에서도 찾아보며 자신만의 의미로 해석해 보길 바란다. 일단, 나의 생각도 정리해 보겠다.(* 위의, QR 코드의 영상을 보고, 아래 필자가 정리한 것처럼 스스로 Q&A 답을 정리해 보길 바랍니다.)

함께 풀어보는 "코인론" 숙제

1장 인간의 중독을 이용하라

지금 우리들의 중독은 무엇인가? 도박? 술? 유O브? 업O트??? 순서는 수도 없이 사고 팔고를 반복했다. (단타) 즉, 큰 수익은 없었다. 여기서 세력의 PDCA를 깨닫게 되어 세력의 의도를 깨우친다. 세력의 PDCA를 깨닫지 못한다면? 현재의 순서가 되돌리고 싶어하는 과거의 순서에서 벗어날 수 없을 것이다. 우리는 '관찰자'이기 때문에 그 중독을 이용하는 세력을 이용해야 한다.

2장 중독 타겟이 되지 말아라

2장은 1장의 연장선이라고 생각하시면 편할 것 같다. 세력은 너무나도 쉽게 개미들을 시장에 끌어들인다. 앞장에서 보았던 수기님의 이야기의 한 부분을 가져와보자면 '그때 왜 그 코인영상이 내 핸드폰까지 올 수 있었던 가를 지금 다시금 곰곰이 되짚어본다. 근래 들어 코인 유튜버는 폭발적인 성장을 했고 세력들은 원하는 방향으로 삽시간에 재료를 뿌리고 호재와 공포를 번갈아 주면서 유튜브나 단톡 방에 날라주었다. 또한 그것뿐이랴 업비트에서는 빨간색을 마치 나 잡아봐라 하는 듯 반짝거리고 있었다. 중독이다!' 즉, 누구든지 이 시장에서 중독이 되기 쉽다는 말이다. 세력은 우리가 알게 모르게 중독이 되게끔 유혹한다. 이제 부터라도 우리는 그 중독에서 벗어나야 한다. 쉽게 말해 우리는 세력의 중독 타겟이 되지 말아야 한다는 것이다.

3장 낯선 자의 친절을 조심하라

나는 '낯선 자의 친절'의 의미를 '펌핑&급등'코인이라고 생각한다. 우리는 세력의 입장을 생각하고 공부한다. 세력과 같이 매집하고 준비해야 하는데 세력은 이미 준비가 끝나고 가격은 급등하는데 그 위에 올라타주면 2장의 중독 타겟이 되는 것이다. 엄청난 타짜가 아닌 이상은 조심해야하는 부분이다.

4장 '성동격서' 속여라 반드시!!

세력의 입장에서 생각해보면 자기들이 싸게 매집할 때 개미들이 그 종목에 쉽게 올라타게 해줄까? 내가 세력이라면 못 올라타게 최대한 개미들을 속일 것 같다. '성동격서'란 '동쪽을 칠 것처럼 굴다가 서쪽을 친다는 뜻'이다. 즉, 우리는 개미를 속이는 세력을 속여야 한다.

5장 상대의 강점을 이용하라

'상대'가 누굴까? 나는 '세력'이라고 생각한다. 그럼 '세력의 강점'은 뭘까? 아마도 거대 기업들의 네트워크, 가족, 많은 자본, 영향력 등이 아닐까? 그렇게 우리는 그들의 강점을 이용하여 앞으로 돈이 흘러 들어갈 메타 또는 코인 또는 대체재(금, 은, 원자재 등) 등을 찾아가는 시야를 길러 같이 매집할 수 있도록 준비해야 한다고 생각한다.

6장 '코인판' 생존할 확률을 분석하라

생존할 확률을 분석한다는 의미를 생각해보자. 나의 생각에는 아마도 '내가 매매하려는 코인이 어떤 코인인지 알아보는 것', '내가 지금 들어가려는 자리가 저점인지 알아보는 것' 등이 있을 것 같다. 이 모든 것들을 종합하여 내가 살 수 있는 확률이 얼마나 될지 분석하고 매매에 들어가는 것이다.

이렇게 코인론의 1~6장을 한번 나의 생각대로 분석해보았다. 분명 독자분들의 경험을 녹여 독자분들의 생각대로 더 다양하고 풍부하게 해석할 수도 있을 것 같다. 또한 그 모든 이야기들이 코인론이 될 것이라고 생각한다.

🔖 코인론독자 사연접수 : **kjj040122@naver.com**

이제 독자분의 차례이다. 용기를 낼 시간이란 뜻이다.
시간이 지나면 독자분은 순서의 시간과 마주하게 될 것이다.

순서가 그랬다. 사연접수를 순서가 아닌 필자가 받으라고 말이다.
왜 그랬을까? 순서가 직접 받아도 무방하지 않을까?
왜? 나에게 독자분들의 사연을 직접 받으라 했던 것일까? 도대체 왜?

훗날 알게 되었다.
순서는 이미 코인론 2편, 3편, 4편의 시점에
살아가고 있다는 것을 말이다.

왜냐하면?
그는 지금 인생의 통 편집된 20, 30대 전체를 복기중이라고 했다.
무엇이, 어디서, 어떻게, 왜.
잘못 되어져서 인생의 가장 소중했던 시간을 고통받는지를….
그리고, 과거·미래를 넘나들면서 잘못된 것들을 모두 바로잡고 있다고 했다.
그래서, 현재 시간에 벌어질 독자분을 19세 소년인 필자에게 맡긴다는 뜻이었다.

"코인론"이 왜? 재테크 책이 아니고
소설인지 이제 필자도 이해가 되고 있다.

암호화폐 가치를 묻다

우리는 암호화폐에 투자하는 이유가 무엇인가? 음…. 필자는 돈을 벌기 위해서이다. 대부분은 필자와 비슷할 것이라고 생각한다. 주식에서 투자란? 그 회사에 비전을 보고 돈을 주고 그 회사에 수익이 나면 수익이 발생한 만큼 수익이 들어오는 것이 아닌가? 그렇다면 우리는 암호화폐라는 회사에 투자를 하고 있는 것일까? 이러한 관점은 어떠한 기준으로 보느냐 에 따라 달라질 것이다.

블록체인? 스마트 컨트랙트(계약)? 탈중앙화? 매우 대단하게 느껴진다. 실제로 그 기술들을 파헤쳐봐도 정말 대단한 기술이다. 방금 말한 기술들 말고도 엄청나게 많은 기술들이 암호화폐에 활용되고 암호화폐 뿐만 아니라 다양한 곳에서도 적용되고 있다. 필자가 생각하기에는 지금의 암호화폐는 이제 막 걸음마를 시작한 아기라고 생각한다. 아기가 나중에 커서 누가 될지는 아무도 모른다. 쉽게 말해 미래의 결과는 '시간의 순서'가 알려줄 것이다.

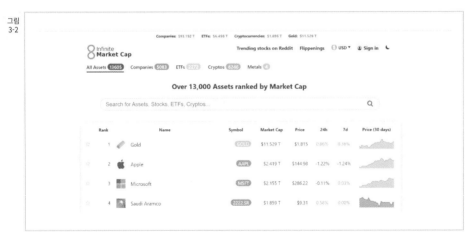

그림
3-2

출처: 8marketcap.com

[그림 3-2]는 'Infinite Market Cap'이라는 세계에 존재하는 모든 자산의 순위를 나열해 놓은 사이트이다.

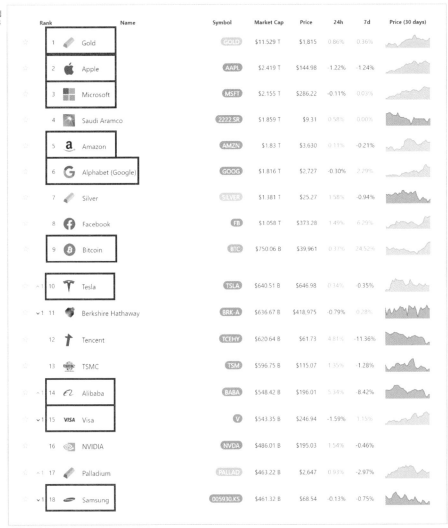

그림
3-3

Rank	Name	Symbol	Market Cap	Price	24h	7d	Price (30 days)
1	Gold	GOLD	$11.529 T	$1,815	0.86%	0.36%	
2	Apple	AAPL	$2.419 T	$144.98	-1.22%	-1.24%	
3	Microsoft	MSFT	$2.155 T	$286.22	-0.11%	0.03%	
4	Saudi Aramco	2222.SR	$1.859 T	$9.31	0.58%	0.00%	
5	Amazon	AMZN	$1.83 T	$3,630	0.11%	-0.21%	
6	Alphabet (Google)	GOOG	$1.816 T	$2,727	-0.30%	2.29%	
7	Silver	SILVER	$1.381 T	$25.27	1.58%	-0.94%	
8	Facebook	FB	$1.058 T	$373.28	1.49%	6.29%	
9	Bitcoin	BTC	$750.06 B	$39,961	0.37%	24.52%	
10	Tesla	TSLA	$640.51 B	$646.98	0.34%	-0.35%	
11	Berkshire Hathaway	BRK-A	$636.67 B	$418,975	-0.79%	0.28%	
12	Tencent	TCEHY	$620.64 B	$61.73	4.81%	-11.36%	
13	TSMC	TSM	$596.75 B	$115.07	1.35%	-1.28%	
14	Alibaba	BABA	$548.42 B	$196.01	5.34%	-8.42%	
15	Visa	V	$543.35 B	$246.94	-1.59%	1.15%	
16	NVIDIA	NVDA	$486.01 B	$195.03	1.54%	-0.46%	
17	Palladium	PALLAD	$463.22 B	$2,647	0.93%	-2.97%	
18	Samsung	005930.KS	$461.32 B	$68.54	-0.13%	-0.75%	

　금이 1등, 애플이 2등, 그 외에 마이크로소프트와 아마존, 구글 등이 보이고 9등을 보시면 비트코인을 볼 수 있다. 9등 밑으로는 테슬라, 알리바바, visa 등이 있다. 그 외에 37등 이더리움 그 밑에는 코카콜라, 넷플릭스, 토요타, 인텔 등이 있었다. (2021년7월29일 기준)

　그렇다면 과연 비트코인과 이더리움이 삼성, 테슬라 같은 회사와 비교할 수 있는 그만한 가치가 있는 것일까? 예를 들어 이더리움은 우리들이 잡을 수 있는 그러한 가치를 만들어 내고 있는 것은 아니다.

구글과 페이스북은 엄청 큰 성공한 기업이 맞는지 누구에게 라도 물어본다면 대부분은 성공한 기업이라고 말할 것 같다. 하지만 구글과 페이스북이 처음 만들어졌을 때에는 그냥 "인터넷을 이용해서 사업하나 보네?" 이정도로만 생각했었다. 하지만 그런 회사가 지금의 엄청난 세계적인 회사가 될지는 상상하지 못했을 것이다. 그렇다면 구글과 페이스북이 우리에게 주는 가치는 무엇일까? 맥도날드처럼 햄버거를 만들어주는 것도 아니고, 삼성에서 만드는 핸드폰처럼 뭔가를 만들어 내는 것은 아니다. 그럼에도 불구하고, 검색엔진 하나만으로 이들의 시가총액을 훨씬 뛰어 넘는다.

(시가총액: 주식 가격 X 주식 발행 량) 그렇다면 주식 가격이 과연 그 회사가 돈을 많이 번다고 오르는 것일까? 아니다. 주식 가격은 그 회사의 미래와 가능성을 판단하여 반영한다. 예를 들어 테슬라의 주식의 적정가가 20$라고 한다면 실제 주식 가격은 600$가 된다. 그 이유는 미래에는 자동차의 연료를 전기가 대체할 것이라는 생각들이 있기 때문이다.

그림 3-4

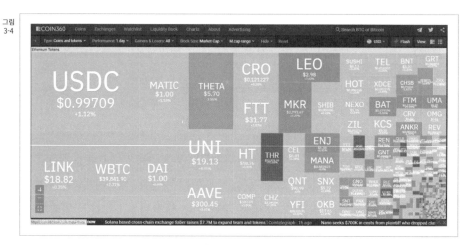

출처: coin360.com

[그림 3-4]는 '코인 360'이라는 사이트에서 가져온 사진이다. [그림 3-4]에는 이더리움 생태계 안에 들어있는 코인들의 비중이 크기별로 나열되어 있다. 이더리움의 생태계 안에는 Dfei, NFT 같은 기능성 코인들이 있는데, 이 코인들이 우리의 삶을 바꿔 놓을 지도 모른다. 구체적으로 Dfei나 NFT를 통해서 대출 중간 업체들을 다 없애거나 대출 중간업체가 필요 없게 될지도 모른다. 이더리움이 가져올 앞으로의 미래와 가능성을 생각하여 감안한다면 미래의 이더리움의 시가총액이 구글의 시가총액을 앞지를지도 모른다. 하지만 반대로 생각해보면, 인터넷 초창기에 잘나가던 회사들도 여럿 있었지만 도태된 회사들도 많이 있다. 즉, 이더리움도 다른 경쟁 블록체인에 밀릴 수도 있다는 뜻이다. 하지만 분명한 것은 이런 블록체인을 통해서 우리들이 살아가는 방법이 크게 바뀌게 될 것이고 어떻게든 혁신은 이루어진다는 것이다.

그렇다면 한 때 밈이 생길 정도로 열풍이 불었던 도지 코인에게도 그러한 가치가 있는지 물어볼까?

1 도지 코인이 어디에서 결제수단으로 쓰인다고 한다. 과연 그 가치가 구글, 페이스북 등 세계적 기업들의 시가총액을 뛰어넘을 수 있을까?
2 과연 이 도지 코인이 인간의 삶을 윤택하게 만들어 줄 수 있을까?
3 꼭 우리의 삶에 필요할까?
4 도지 코인이 없다면 사회에 악영향을 미치는가?

이러한 부분들이 제대로 설명되지 않는다고 한다면 실제로 과대 평가된 회사의 주식들이 제자리를 찾아가듯이 도지 코인도 그에 대한 가치에 맞게 제자리를 찾아갈 수밖에 없다고 생각한다. 또한 위에서 했던 질문들을 다른 코인에게도 적용시켜서 위 질문에 대한 대답을 할 수 있는지 찾아보시기 바란다.

사실 이 코인의 가치를 따지는 이야기들은 암호화폐 시장의 변동성이 금처럼 안정적으로 변할 정도로 성장했을 때 이야기 일 수도 있다. 모든 코인들은 그 코인마다의 장점과 가치가 있다. 하지만 코인들은 그에 가치에 맞게 끔 가격이 오르는지는 모르겠다. 왜 이러한 생각을 하냐면 아직 암호화폐 시장은 초기 단계이기 때문이다. 이 암호화폐 시장이 안정을 찾고 그에 맞는 가치에 맞게 성장한다면 그 때는 모두가 그 가치를 알게 되는 마지막 단계이기 때문에 솔직히 말하면 이미 늦은 것이다. 그래서 우리는 이 불안정하다는 미래를 믿고 공부하는 것이다.

정부나 기관에서 도박이다. 투기다. 하지마라. 하든 말든 간에 그런 말들에 얽매이지 말고 자신 스스로 공부하고 판단하여 투자를 하기를 소망한다. 코인과 관련된 기사를 보면 모순되는 이야기들이 참 많다. 제목만 보고는 판단할 수 없다. 그 실체를 파악하다 보면 모순되고 있는 기사를 종종 볼 수 있다. 세상에 돌아다니는 수만 가지 거짓뉴스에 속아 넘어가지 말자. 차트는 이미 이야기하고 있다. 언론에서 나오는 기사는 10개 중 8개는 보통 차후에 나온다. 예를 들어 기관에서 수억 달러어치의 비트를 매집했다는 기사가 나오면 매집을 이미 끝냈다고 보면 된다. 왜냐하면 그 기사가 나오고 나서 개미들이 따라서 살 텐데 미리 매집을 하지 않았다면 개미를 바닥에 깔고 그 위에 매집을 하게 되는 것이기 때문이다. 여기서 깨닫는 독자분들도 몇몇 있을 것이다. 그렇다. 기사가 후행이라는 이유 중 하나는 방금 같은 예시이다. 차트에는 이미 기관이 매수를 했기 때문에 차트는 이미 이야기가 나온 상태이고 기사에서 나온 내용은 이미 된 이야기를 그냥 세력의 입맛에 맞게 때에 맞춰서 띄우기만 하면 되는 것이기 때문이다.

코인론 핵심사항

독자분들은 지금까지 책을 읽으셨다면 앞부분에서 PDCA(plan-do-check-act)라는 말을 보셨을 것이다. 나는 순서와 함께 공부하면서 PDCA라는 말을 처음 들었었는데 간단하게 설명하자면 대충 경영인들이 성과를 올리기 위해 돌리는 사이클 정도라고 이해하면 될 것 같다.

독자 여러분들은 살면서 무슨 일들을 실행하기 전, 목표 달성을 위해 계획을 구상한 경험이 있는가? 나는 보통 계획을 짜본다고 한다면 시험기간 공부 계획을 자주 짰었던 것 같다. 하지만 계획을 짜고 항상 실행에 힘들게 옮겨 놓았지만 점수에 대한 불안감 때문인지는 몰라도 체크를 하지 않았던 것 같다. 때문에 나에 대한 체크를 하지 못하니 나의 문제점을 깨닫지 못하고 계속 계획 실행만 반복하며 앞으로 나아가지 못했던 것 같다.

우리는 이 코인 시장에 들어오면서 이상한 점이 한 둘이 아니었을 것이라고 생각한다. 예를 들어 왜 내가 팔면 오르고!!!, 왜 내가 사면 떨어지고!!!, 왜 내가 많이 산 건 안 오르고!!!, 왜 내가 조금 산 건 오르는지!!! "진짜 누가 나를 보고 있는 건가??" 이생각이 들 정도다. 이 말을 듣고 공감되는 사람은 몇 명이나 될까? 내 생각엔 코린이라면 대부분 공감할 것 같다. 현재 이 말을 듣고 '나는 아닌 거 같다.'라는 생각이 드신 독자님은 레벨이 높다고 생각한다.

우리는 다음 단계로 나아가기 위해서 어떻게 해야 할까? 우선 앞에서 말한 왜? 라는 것을 이해해야 하지 않을까? 모두가 그 답을 안다면 다 돈을 벌 수 있을 텐데… 답이 뭘 까? 엄청 오랜 기간 동안의 고민 끝에 나온 결론은 너무 간단했다. 바로 '반대로 하는 것.' 지금 이 글을 보고 '뭐?'라며 너무 성의 없다고 생각하실 수 있다고 생각한다. 스스로가 봐도 성의가 너무 없었다. 사실 내가 이 생각을 처음 했을 때에도 어이없는 웃음이 나왔다. 지금까지 코인을 공부하면서 그런 어이없는 웃음을 셀 수 없이 지어봤지만 앞으로도 계속 나올 것 같다. 그 말은 즉 알고 나면 별거 아니지만 그것을 깨닫는 과정이 고통스러운 것이다. 내가 팔 때 오르니까 그 때 팔면 되고, 내가 살 때 떨어지니까 그 때 팔면 되는 거. 다시 말하지만 나는 코인 시장에 들어 온지 6개월, 경제에 관심을 갖게 된지 5개월 정도 밖에 되지 않은 코린이이다.

방금 한 말을 읽으시면서 이런 궁금증이 생길 수도 있을 것 같다. 나처럼 반대로 생각하면서 이익을 보는 사람이 '세력' 즉, 거인의 어깨에 올라타는 것이 아닐까? 거인의 어깨에 올라타기 위해서는 어떻게 해야 할까? 이 부분은 지금 읽고 계신 독자분들 모두가 알 것이다. 앞부분에서 길게 다뤘던 것 같다. '공명 정대한 관찰자'가 되어야 한다는 것.

우리는 이 시장에서 살아남기 위해 많은 공부를 할 것이다. 공부와 노력을 하지 않고 살아남을 수 없는 시장이다. 어쩌다 보니 운이 좋아서 살아남았다고 해도 오래가지 못할 것이다. 그렇다면 세력은 과연 놀기만 하면서 그렇게 막대한 돈을 벌어들이려고 하는 걸까? 당연히 아니다. 세력은 엄청나게 많은 공부를 하며 그들의 부를 늘리기 위해 갖가지 생각과 수를 둘 것이다. 여기서 주목해야 할 점은 '그들도 사람이라는 점'과 '우리가 공부를 하지 않는다면 그들의 어깨에 올라타기가 힘들다는 점'이다.

세력들도 한 번 털어먹기 위해 계획을 세우고 매집을 한 뒤에 고점이 다가오면서 서서히 팔고 다시 조정을 거치는 이 PDCA의 과정을 거치지 않을까? 세력들은 계획이 끝난 다음에 매집을 다하고 나서 호재 기사 하나 딱! 띄우면서 개미들 올라타게 하고, 세력들은 몰래 개미들한테 물량 떠넘기고 자연스럽게 악재 딱! 띄우면서 가격 떨구고 가격 떨구면서 조정하고 개미들이 던지는 물량 서서히 받으면서 다시 매집하고 기사 띄우고… 뭐… 다 상상이지만 말이다.

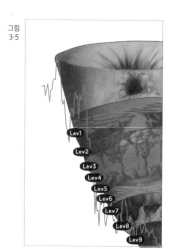

그림
3-5

하락 1~9Lev_코인론

나는 순서와 자주 연락하고 통화하면서 매일매일 생각을 공유하며 공부했다. 어느 날 순서와 이야기하던 중 지금 코인 시장의 차트를 단테의 코인에 비유하면서 이야기를 해줬던 기억이 난다. 단테의 신곡? 처음 들었을 땐 무슨 노래 제목인 줄 알았다. "나랑 세대 차이가 나기 때문에 내가 모르는 노래가 있나 보네…??" 생각하며 단테의 신곡을 검색해보니 노래는 아니고 책이었다.

"코인론" 하락은 총 9단계로 나뉘어지는데 FUD, FOMO로 인하여 코린이의 지옥행을 경험한다는 이

코인론

야기이다. [그림 3-5]를 보면서 2021년 4월 비트코인이 하락할 때의 모습하고 닮지 않았는가? Lev1~Lev9까지 매 하락 구간 마다 비트코인이 계속 폭락하는 그 과정과 본인들의 심리 상태를 대입해보면 어떻게 될까? 그리고 스스로 자신은 지금 어느 단계에 있는지 차트에 대입하면서 판단해 보길 권한다. 이 지점을 스스로 정확히 깨닫고 스스로 학습을 통해 코인론을 접근한다면? 매우 좋은 "메타인지" 능력이 있는 것이라 "순서"가 이야기 해줬다.

그림
3-6

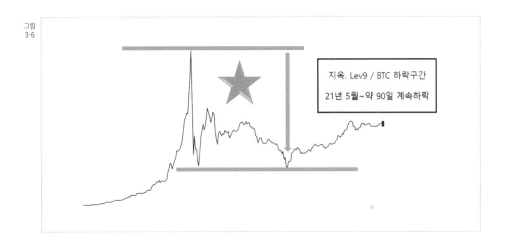

지옥. Lev9 / BTC 하락구간
21년 5월~약 90일 계속하락

나는 차트를 대입해보면서 탐욕, 분노 그리고 마지막 단계인 이기심. Lev9 이상황들과 잘 맞다는 생각이 들어 가장 기억에 남았던 것 같다. 우선 탐욕은 나의 이야기인데, 나는 비트코인이 한 창 올라갈 때 들어온 코린이라서 비트코인은 계속 오르는 코인 인줄로만 알았고, 조정을 겪을 거라는 상상을 하지도 않은 상태였다. 그래서 비트코인이 4월달에 떨어질 때도 전처럼 조금 떨어지다가 오르겠지 생각하며 폭락할 때마다 사 모으라는 말을 들은 적이 있어서 그 때도 다시 샀던 기억이 난다. 그렇게 가격은 계속 폭락했고 나는 결국 분노하면서 손절을 했던 기억이 난다. 신기했던 건 분노에 손절했던 구간이 '분노' Lev5~6단계이지 않을까?라는 생각과 말이다.

비트코인 가격이 폭락하기 시작할 때 호재만 가득했던 기사들이 갑자기 중국 채굴 장 악재, 일O마스크 트윗 등 악재 뉴스들이 우후죽순 생겨나며 언제 올랐냐는 듯 가격은 곤두박질쳤다. 그러다가 결국 바닥(저점)까지 오게 되고 세력이라는 녀석들은 자기들이 언제 비트코인을 깠냐는 등 태도를 갑자기 우호적으로 바꾸거나 호재를 띄우면서 개미들을 배신하고 다시 가격을 띄우는데 그러면서 하락은 상승으로 바뀌게 된다.

하락이 어느정도 마무리 된다면? [그림 3-6]과 [그림 3-7]을 비교하면서 생각해보자. 차트는 우리가 볼 줄 알고 지금 이 도박판에서 "코인론" 게임을 하고 있는건지 생각해 볼 필요가 있다.

그림
3-7

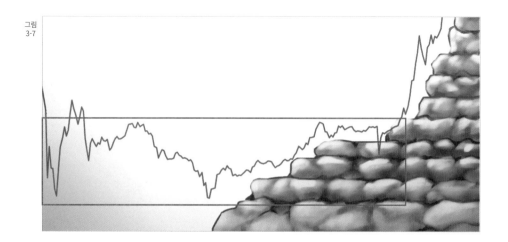

비트코인이 큰 조정을 거치고 난 후에 가격이 다시 오르고, 다시 조정 받는 모습을 주식에서는 보통기간과 가격조정이라는 표현을 자주 하는 것 같다. 이를 굳이 게임에 비유하자면?? 줄다리기 게임과 같다는생각과 매우 유사할 수 있다. 양쪽에서 잡아당기는 힘으로 인해, 수익/손실이 나눠진다는 원리처럼 말이다.즉, 위의 빨간색 띠 박스 부근을 보면? 상당기간 바닥을 잡는 모양새이다. 그렇다면? 전고점이 있다는 원리다.타짜들은 이 차트만 보면? 수익을 이미 계산해서 대형 투자자들과 이미 판을 짰다고 생각하면 된다. 거기에서, 서로 자기편에 서달라고 사인과 신호를 보낸다고 보면 될 것이다. 자. 개인은 여기서 제외다.왜냐하면? 유리한 거 몇 가지 빼곤 모두 불리 하기 때문이다. 특히, 단합이 안되며 돈이 적기 때문이다.

그림
3-8

대량 조정 구간

전 고점 1차

단하나!! 개인이 필요한 구간이 있다!!

물량을 떠넘겨야 할 때 그때 뿐이라고….

"순서"는 이야기 해줬다.

그래서, 친절한자? 개인.기업.전문가.

당신에게 친절한자를 조심 또 조심하라는 뜻이었다!!

당신의 영혼을 하나씩 희망의 숫자로 바꾸는 걸 조심하라고!! 말이다.

그림
3-9

코인론 지금까지 읽고 정독한 독자분에게!! [그림 3-9]가 BTC 전고를 돌파한 2022년 1Q 일어날 이라면?독자님은 지금 매매를 어떻게 할 예정이실 까요? . 반대로, 위에서 언급한 대폭락 하락 시그널이라면요?? 꿈, 희망, 미래, 비전… 등은 본인이 보유한 코인이 몇 배~ 수백배까지 상승했을 때 이야기 일테구요. 반대로 포기, 좌절, 고민, 불행, 낙오 등은 본인이 보유한 코인이 마이너스 -10, -30, -50, -70, -90%까지 하락할 때 바로 천국과 지옥을 비유해서 설명을 드린 내용입니다. 지금까지 차트는 지표중에 하나 인점 체크바랍니다.

✍️ **순서메모**

Lev1…Lev2… 보다보면 100억 번사람, 1000억 번사람, 1조 번사람, Lev8 & Lev9 그 이상은…

10조…1000조 번사람 뭐? 일O머스크?? 5000억 벌었다며? 5000억이면 저기 Lev2, Lev3 정도 되지 않나??

아마도, 순서는 S2F(Stock-to-flow) 모델을 머리속으로 외워서 저 그림 보고 바로 연계했을 가능성이 높다.

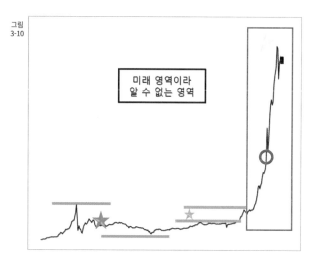

그림 3-10

하락 9단계를 거쳤을지는 몰라도 결국 본전근처 올라와 모든 익절자를 털어내고 빨강 동그라미 위치의 사진처럼 전고점과 신고가는 나중에 다시 보면 당장은 힘들었지만 시간이 흐르고 나서 보게 된다면 아무것도 아니게 느껴지지 않을까?

코인론

지금까지 코인"론" 생각하고 알고자하는 "론"을 통해 메타인지와 관찰자 입장으로 상상해본 내용이었다. 이걸 읽는 독자분들의 생각은 어떨까? 더 많은 새로운 상상을 할 수 있지 않을까? 이게 바로 '코인+론 = 스스로 생각하고 스스로 문제를 해결해가는 과정'이라 생각하면 된다. 다만, 이 과정에는 꾸준한 소통과 학습이 필요하다. 즉, 2시간 공부하고? 일주일 공부하고 서울대를 나와 판검사를 할 수 없듯이 전문가가 되기 위한 과정과 소통 즉, 단계를 밟아 나가는 과정이 필요하다는 뜻이다. 매우 중요한 부분이다. 본인이 공부한 걸 모두 뜯어 고쳐 내야 가능할 수도 있고. 반면에 스펀지처럼 흡수해서 응용하고 활용한다면? 3개월~6개월 이내에 놀랄 만한 일들이 생겨 날 수 있는 이치와 같다. 즉, 필자가 19세에 "코인론" 메인 작가가 될 줄 알았다? 몰랐다? 자녀가 있는 독자분이 계신다면? 당장, 이 책을 선물하라!! 그리고, 자녀의 미래를 위해 투자하고 공부를 하자!! 필자는 이 책으로 대학진입이 바로 목전이다. 왜? 이미, 설계가 되어 있는 책이라고 순서가 처음부터 이야기를 해줬기 때문이다. 앞으로 하락, 대폭락이든, 상승, 전고점 부근, 대상승이 오든, 그런 건 숫자에 불과하다 했다. 나이도 숫자에 불과하다고 하지 않았던가? 다만, 흔들리는 건 우리들 마음뿐이라고 했다.

코인론은 누구와 경쟁하고 있을까?

그럼 세력의 PDCA는 어떻게 진행될까? 그전에 피O틸이라는 사람에 대해 짧게 설명해보고자 한다. 'T사, L사, P사, S사, Y사, F사' 이 회사들의 공통점이 뭘까? 바로 실리콘벨리 회사 이자, 2000년대 창업한 스타트업 이라는 점. 그리고! 피O틸의 영향을 받은 기업이라는 점이다. 과거 일O마스크와 공동 P사의 창업자이기도 한 그는 2002년에 ebay 에서 15억$에 P사를 인수하여 천문학적인 돈을 거머쥐게 된다. 그리고 주O버그를 만나 F사의 첫번째 외부 투자자가 된다.

P사

데이터 분석 기업, 실리콘 벨리 인재들도 가고 싶어하는 회사, 군수 기업, 금융 기업, 미국 정부 등은 모두 이 소프트웨어 회사의 정보를 활용한다.

한편 P사가 인수되고 난 후 P사의 멤버들은 각자의 길을 가서 짧은 시간 내에 기업가치가 10억 달러가 넘은 회사들을 만들어낸다. 훗날 세상은 이들을 '페이팔 마피아'라고 한다.

이렇게 엄청난 업적을 만들고 있는 피O틸에게도 철학이 있는데 그건 바로 'ZERO TO ONE'이다. 그 뜻은 '다른 사람의 길을 걷지 말고, 새로운 길을 가야만 성공한다.'이다. 즉, 레드오션보다는 블루오션을 찾아서 공략해보자 라는 뜻으로 생각해볼 수 있다.

그럼 코인론은 과연 누구와 경쟁하고 있을까? 코인 시장을 하나의 게임이라고 보고 우리들이 유저라고 생각하고 각자의 레벨을 스스로 매겨보아라 그리고 스스로 자신이 이 시장에서 경쟁을 하고 있는지에 대해서 생각해보아라.

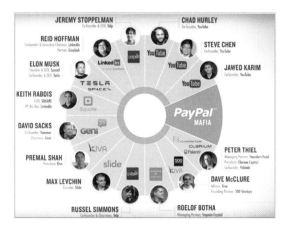

왼쪽 사진이,
10억달러 이상의
기업가치를 만든
표이다.

출처 :
구글→페이팔 마피아 검색

뭐… 사람마다 스스로가 경쟁을 하고 있다. 안하고 있다. 갈릴 수는 있겠지만 이 코인론을 읽고 스스로 공부를 한 사람이라면 경쟁하지 않고 있다고 생각할 것이라 생각한다. 누구는 물어볼 수 있다. "섰다판이라면서요? 게임이라면서요? 이 시장은 우리가 경쟁해서 살아남아야하는 시장 아닌가요?" 음… 어떻게 보면 맞는 말이다. 하지만 나는 이렇게 대답하고 싶다. 섰다판이라는 이 게임에 등장인물이 누구누구가 있었는지 생각해보아라 그 등장인물 중에 자신은 어떤 등장인물에 속하는지 생각해보아라 만약 나의 생각과 같은 등장인물이라 생각이 든다면 그 독자분은 경쟁하지 않고 피0털의 철학 처럼 코인 시장에서 'ZERO TO ONE'의 길을 걸어가기에 충분한 자격이 있다고 생각한다.

순서 유튜브의 가장 첫번째 영상인 '카카오게임즈에서 투자한 보라(BORA)코인을 공부해보자!' 영상을 보면 순서는 보라코인의 뉴스,공시를 기다리고 있는 모습이 나온다. 그는 과연 'ZERO TO ONE'의 길을 걷고 있을까? 나는 아직 그를 알아가는 과정이다. 그리고 지금 적고 있는 글들은 다 예고편에 불과하다. 코인론이 2편으로 이어진다면 필자는 왜? 비인기 유튜버인 "순서"가 보라코인의 뉴스 또는 공시를 왜? 기다리는지…. 순서 vs 주진의 대결로 2편에서 다뤄볼 예정이다.

인간지표

독자분들은 이 코인 시장에 들어올 때 어떻게 들어왔는가? 필자가 생각하기엔 주변에서 누가 벌었다는 소리를 듣고 일확천금을 꿈꾸고 오지 않았을까? 하는 생각이 든다. 누가 잃었다는 소리를 듣고 오지는 않을 것이니… 누가 벌었다는 것을 듣고 온 순간 물론 수익을 본 사람도 있겠지만 대부분의 사람들이 2021년 4월 하락장에 마이너스를 기록했을 것 같다.

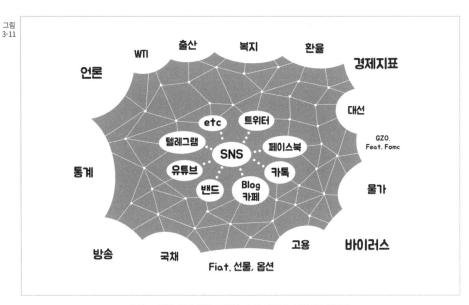

그림 3-11

출처: 코인론_주진 옮김. 코인론_순서 머리 속 인간지표 이미지

2021년 3월~4월 시장을 보면 대부분 환희에 넘치는 상황이었던 것 같다. 정말 어느 기사나, 유튜브, 주변 사람들의 이야기들이 대부분 긍정적인 소리들 뿐이었다. 물론 그 상황에도 우려의 목소리는 나오고 있던 중이었다. 나는 당시 그런 글이나 뉴스가 나오면 속으로 이런 이야기는 악재로 작용할 것이라고 생각하며 그만 올리라고 생각하면서 우려의 이야기들은 귀에 들어오지 않고 좋은 이야기만 듣고 싶어서 스스로 걸러 들었던 것 같다.

그렇다면 '인간지표'란 무엇일까? 나는 사람들의 '반응' 또는 '시장과 관련된 것들의 흐름' 정도로 정의해보고 싶다. 반응은 위에서 말했듯이 주변 사람들의 시장에 대한 긍정적 또는 부정적인 심리 상태이다. 하나의 예를 들어보자면 '주식, 코인 이것들 다 위험한 거야 돈 다 잃을 수도 있어'라고 말했던 시간이 있었고, 언제는 '지금 코인하면 무조건 돈 벌어'라고 했던 시간, 심지어 '안 하면 바보'라고 했던 시간이 있었던 것 같다. 시장과 관련된 것들의 흐름을 예를 들어보면 그래픽카드가 있다. 최근에 그래픽카드의 수요가 급격히 늘어났다는 것을 볼 수 있다. 그리고 필자의 친구들이 그래픽카드를 사려고 하는데 너무 비싸 졌다고 말하는 친구들이 있었다. 이러한 것들을 보고 코인의 열풍이 불면서 채굴하려고 하는 사람이 늘었다는 것을 짐작해볼 수 있었다.

이 시장에서 공부를 하다 보면 이런 말을 들어본 적이 있지 않은가? '주변에서 다 수익 봤다.' 또는 '이 시장 거의 모든 사람이 벌었다고 했을 때가 고점이다.' 가혹하게도 이 코인 시장은 호락호락 하지 않다. 사람들이 환희에 넘칠 때, 그때부터 하락이 시작된다. 아쉽지만 모두가 이 시장에서 살아 남는다는 것은 소망에 불과하다. 하지만 적어도 이 책을 읽는 독자분들이 함께 코인론을 만들어 나가고 같

공포와 탐욕 지수를 그래프로 보여주는 지표이다.

출처: https://alternative.me/crypto/fear-and-greed-index/

이 공부하여 공명정대한 관찰자가 된다면 우리는 살아남는 것 그 이상으로 승리할 것이라고 생각한다.

주변 사람들이 부정적이라면 어떤 기회일까? 바로 싸게 살 수 있는 기회가 아닐까?

그림
3-13
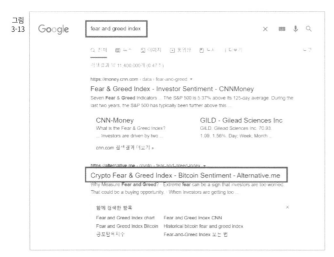

그림
3-14

[그림 3-13] 지표는 'Fear and greed index'라고 검색한 뒤에 빨간 박스를 클릭하신 후에 스크롤해서 내리다 보면 쉽게 찾으실 수 있다.

이 사이트에서는 [그림 3-14] 같은 지표도 참고하실 수가 있는데 초록색에 가까울수록 시장은 '탐욕'에 가깝다는 것을 나타내고 빨간색에 가까울수록 '공포에'가 깝다는 것을 나타낸다. 위 지표는 이런 식으로 측정되며, 나는 이 지표를 통해 전

코인론

체 시장의 흐름이 '공포' 또는 '탐욕' 상태인지 판단하는데 활용하며 이를 통해 극도의 공포 상태가 나온다면 어느정도 싼 가격대라고 판단하고, 탐욕이 높을수록 시장이 고점이라는 판단을 하는데 이용한다.

다시 본론으로 돌아와서 [그림 3-12] 지표의 빨간 박스안에 있는 기간동안 시장의 심리는 엄청 위축되어 있었다는 것을 확인할 수 있다. 나는 코인 시장에 투자하면서 항상 느끼는 심리가 있었다. 바로 '불안감'이다. 내 생각에는 아마 '확신'이 없었기 때문에 이러한 감정이 계속 들었던 것 같다. 어디서 투자해야 하는지, 팔아야 하는지에 대한 확신이 없었다. 그래서 나도 한땐 누군가에게 의지하고 싶었었다. 하지만 코인론을 쓰면서 알게 된 것이 있다. 그건 바로, 누군가는 내가 느꼈던 '불안감'이라는 심리를 이용해 돈을 벌고 있다는 사실을 말이다.

정리해보면 평범한 개미들은 주변사람들이 안전하다고 하면, 그 때 안심하고 다시 시장에 들어온다. 하지만 관찰자는 오히려 불안해하고, 두려워하고, 공포에 휩싸인 상태였을 때가 기회라는 생각을 할 수 있을 것이다. 결국 '공포에 사라'라는 결론이 나올 수 있다. 맞는 말이다. 맞는 말이지만 주의해야할 점이 있다. 바로 '싸게 샀을 때'만 통한다는 것이다. 시장이 공포로 바뀌었다고 해서 바로 진입하는 게 아니라 기회는 기회이지만 천천히 준비하면서 바닥에서 사는 것이다. 그 방법은 코인론을 공부하면서 차차 배워 나가도록 하자.

독자분들은 '비트코인의 가격이 끝에 다다랐다.'라고 판단할 시기는 언재라고 생각하는가? 아마도 내 주변의 사람들이 한 명도 빠짐없이 정말 안 할 것 같던 사람들마저 비트코인을 살 때가 비트코인 가격의 정점이 아닐까?

코인론 기초공부 + 키워드

코인론 기초공부와 키워드

지분증명과 작업증명

이 파트는 지루한 파트일 수 있겠지만 꼭 알아야 하는 파트이다. 동시에 코인론의 기초+블록체인의 기초라고 할 수 있다. 코인 뉴스들을 보다 보면, 종종 블록체인 기술 관련 내용이 들어갈 때가 있다. 필자는 블록체인 기술을 이해하기 전 까지는 뉴스를 이해하는데 어려움이 있었다. 그래서 필자가 공부한 내용을 최대한 보기 쉽게 정리해 보았으니 이 파트를 공부하게 된다면, 차후 코인 관련 뉴스를 이해하는데 꼭 도움이 되길 바란다. 반드시!

작업 증명과 지분 증명은 합의 알고리즘이다.

합의 알고리즘	블록체인을 사용함에 있어 사용자들의 자발적인 참여로 인해 정보들의 정당성을 검증하는 과정. 즉, 블록에 있는 데이터들이 어떻게 '참'인지 합의에 이르는 알고리즘이다.

☑ **수많은 사람들이 장부를 공유하는 블록체인 시스템이 유지되기 위해서는?**

각각의 블록들을 끊임없이 생성하고 연결시켜야 한다.

즉, 컴퓨터를 이용하여 연산문제를 푸는 과정(채굴)에 자발적으로 참여함으로써 블록체인 네트워크 상의 거래 내역이나 블록의 유효성을 검사하여 거래내역의 정확성을 증명함으로써 유지시킨다는 것이다.

마치 금광에서 광부들이 금을 캐는 것과 유사하다고 해서 채굴(mining)이라고 한다.

☑ 블록을 생성하기 위해서는?

컴퓨터 계산을 통하여 이전 블록의 유효성을 검증해야 한다.

☑ 채굴자들이 보상을 받는 이유?

블록의 유효성을 검증해줘서 정확성을 증명해주었으니 네트워크 유지에 기여에 도움이 되었으므로 상으로 코인을 주는 것이다.

☑ 작업증명과 지분증명의 차이점

누가 블록을 형성하고, 어떤 트랜잭션(거래기록)을 그 블록안에 넣고, 어떻게 그 블록을 검증할 것인지에 대한 합의를 실행하는데 차이가 있다.

이러한 행동을 하는 사람들 :
- **작업증명** : 채굴자
- **지분증명**: 밸리데이터(validator)

💡 **작업증명** (POW, Proof of Work)

작업증명을 이해하기 위해서는 SHA-256 이라는 해시함수 프로그램을 이해해야 한다.

기본 함수의 이해

Y = X+1 이라는 함수가 있다고 가정하자.
우리는 Y가 X+1 이라는 것을 모르지만
X 값에 1,2,3 숫자를 넣어보면
Y=2, Y=3, Y=4 라는 값이 나오기 때문에
Y는 X+1 이라는 것을 알 수 있다.
따라서 Y가 5라면 X는 4라는 것을 예상할 수 있다.

◎ 해시 함수 프로그램을 이용한다면?

☑ **해시 함수 프로그램을 이용한다면,**

X값에 어떤 값을 넣더라도 랜덤 한 Y값이 나오기 때문에 Y값으로 X값을 추론할 수 없다.

EX) 예를 들어보자

크레파스를 스케치북에 여러가지 색을 한 곳에 칠하면 검정색 변함. 어떤 색들을 섞었는지 알 수 없다.

다시 그 검정색의 빛깔과 똑같은 빛깔을 만들기 위해서는 같은 비율의 색과 양으로 섞어야 한다.

(위 예시와 같이 비트코인의 작업증명도 정확한 비율의 색들을 찾아야하는 것과 비슷하다)

채굴자는 블록마다 목표 값이 주어지는데 채굴자들은 채굴기를 이용하여 해시 함수 프로그램에 무작위로 숫자를 X값에 대입한다. 무작위로 숫자를 대입하다가 나온 Y값이 목표 값보다 낮으면 해당 채굴자는 블록을 형성하고 비트코인을 보상 받게 된다.

논스	· Y값이 목표 값보다 낮게 만든 X값을 말한다.
	즉, 채굴자들은 논스 값을 찾아야 보상을 받을 수 있다.
	· 논스 값은 채굴자들이 10분마다 찾도록 프로그램화 되어있다.
	· 논스 값을 찾는 난이도는 얼마나 많은 채굴자들이 참여했는지에 따라 변한다.

☑ **얼마나 많은 채굴자들이 참여했는지 보고 싶다면?**

얼마나 많은 컴퓨터 파워가 제공되었는지 보면 된다.

그림
4-1

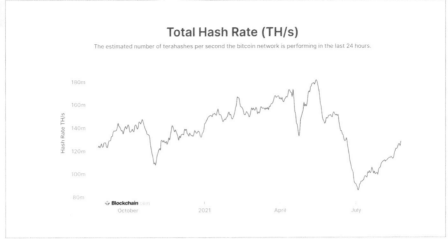

출처: https://www.blockchain.com/charts/hash-rate

✍️ **순서메모**

비트코인&해시율 관계를 알면? 코인이 오르거나 떨어질 때. 뉴스로 만나게
될 것이다!

[그림 4-1] 사이트에 가서서 나오는 000TH/S가 높을수록 채굴 난이도가 높은
것이다. 채굴 난이도가 높을수록 채굴은 어려워지는데 때문에 채굴자들이 떠나가
지 않을까? 하는 생각을 하실 수도 있다. 실제로 비트코인은 '반감기'라는 시스템
이 있어 약 4년 주기로 채굴 보상을 반으로 줄인다. 보통은 보상을 반으로 줄이면
수익이 줄어들 수 있겠지만 반감기로 인한 '희소성'으로 인해 가격이 오르면서 채
굴자들은 수익을 계속 볼 수 있게 된다. 채굴자들이 현재 수익 중인지 손해를 보는
중인지 확인하고 싶다면 트레이딩 뷰 파트에 'bitcoin production cost' 지표를
확인해보시기를 추천드린다.

⬢ 비트코인은 해킹 할 수 있을까?

SHA256/Bitcoin Miners

출처: https://shop.bitmain.com

Antminer S19j Pro 100TH/s

Shipping in 10 working days after fully paid

$10000.00

ASIC

비트코인을 채굴할 때 자주 쓰는 채굴 기계

- 해시함수 프로그램에서 X값을 엄청 빠르게 대입하는데 사용한다.
- 비트코인, 도지코인, 지캐시 같이 해시함수 프로그램을 사용하는 암호화폐를 채굴할 때만 사용
- 초당 100TH/S의 연산능력을 가지고 있다.
- 1TH/S는 1초당 1조번의 연산능력을 가지고 있다.
  즉, ASIC은 1초당 100조번의 연산능력을 가지고 있다.

2021년 8월 25일 기준 비트코인에 참여한 총 컴퓨터 파워는 '127.263m'이다. 만약 비트코인을 해킹하기 위해서는?? 총 컴퓨터 파워의 반을 넘게 가지고 있으면 할 수 있다. (즉, 8/25 기준으로 63.6315m의 컴퓨터 파워가 있어야 해킹이 가능한 것이다.)

컴퓨터 파워가 높아질수록 해킹은 더욱 어렵다. 계산해보면 ASIC기계를 대략 7조원어치 정도 산다면 비트코인을 해킹 할 수 있다. (물론 이정도를 사기는 쉽지 않다. 만들 수 있는 물량의 한계 등.)

⬢ 작업증명의 문제점?

채굴시스템은 보상을 얻는 사람들이 독식하는 구조이다.

즉, 채굴하는 사람들이 100명이라고 하고 만약 그 사람들 중 연산문제를 푼 컴퓨터가 1개라고 한다면 그 컴퓨터의 주인만 보상을 받게 되는 것이다. 10분마다

보상이 나눠지지만 계속해서 보상을 받지 못하는 나머지 99명의 사람들은 ASIC 기계를 운영하는데 드는 비용들을 감당할 수가 없기 때문이다.

☑ **해결방법?**

위와 같은 문제로 인해서 채굴자들은 그룹화(풀(Pool))를 한다. 그 그룹화를 한 채굴자들 안에서 논스 값이 나오게 된다면 얻게 되는 보상을 그룹안에 있는 채굴자들이 나눠 갖는다.

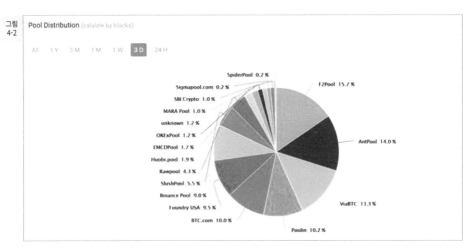

그림 4-2

출처: https://www.blockchain.com/charts/hash-rate

✍ **순서메모**

땅을 파서 금을 캐내는 역할이다! 2031년 실제 '금' vs '비트코인'의 가격은 어떻게 될까??

현재 비트코인 채굴자들의 그룹을 보면 비트코인 기준 4월에는 상위 5개의 풀이 70%의 컴퓨터를 가지고 있었고, 위 이미지로 7월 기준 상위 5개의 풀이 약 60%의 컴퓨터를 가지고 있다.

그 안의 채굴자들은 언제든지 채굴풀을 변경할 수 있기 때문에 큰 문제라고 할 수 없기도 하다.

하지만, 5개의 채굴풀들이 많은 힘을 가진 것은 문제이다.

예를 들어, 비트코인이 어떤 업데이트를 원하더라도 채굴풀들이 담합을 하고 반대를 하면 그 업데이트는 진행할 수가 없다. 그 업데이트가 채굴자들이 손해를 보는 업데이트라면? 더욱 더 반대할 것이다.

즉, 상위 채굴풀들의 비중이 계속 늘어난다면 위에서 보여준 예시와 같은 상황이 발생할 확률이 높아지기 때문에 그 코인의 가치는 낮아지게 될 수 있다.

그래도 조금씩 상위 풀들의 비중이 줄어들고 있는 추세라 비트코인의 가치에 대해서는 긍정적인 변화인 것 같다.

☑ 비트코인은 작업증명이 적합할까?

비트코인은 많은 업데이트를 하지 않기 때문에 작업증명이 알맞다.

그 반대로 많은 업데이트를 하는 블록체인에는 작업증명이 적합하지 않다.

☑ 이유는?

에너지 문제 때문이다.

비트코인의 에너지 소모가 금이나 은행에 비하면 매우 작다고 할 수 있지만

하나의 전송 당 에너지로 보면 비트코인이 더 높다.

때문에 비트코인은 분명 비효율적으로 에너지를 사용하고 있다.

또한 비트코인의 가격이 계속해서 높아져 난이도가 계속해서 올라가게 된다면 더 많은 컴퓨터 파워가 몰리게 된다. 즉, 비트코인의 블록을 생성하기 위해 더 많은 컴퓨터가 필요하다는 것이다.

이러한 문제로 전기세가 저렴한 지역으로 채굴자들이 모이기 시작하는데 이러한 현상이 중국 채굴장 같은 경우였다. 물론 지금은 중국 정부에서 강제로 철수하게 끔 해서 옮기긴 했지만 그래도 작업증명의 특성으로 인해 지역적인 분산을 효율적으로 하기에는 어느정도 한계가 있다. (그래도 지금 상황보다는 더 효율적으로 바뀔 수 있는 가능성은 많다.)

💡 **지분증명** (POW, Proof of Work) EX) 이더리움 2.0

가지고 있는 지분(코인)과 유지한 기간, 이 두가지 함수를 계산한 가중치로 채굴보상을 얻는 과정. 본인의 코인을 특정 지갑에 보내 채굴이 이루어진다.

쉽게 이해하기 위해서는 내가 이더리움2.0의 코인을 3% 가지고 있다면 다음 블록이 생성될 때 내가 증명하는 부분 또한 3% 인 것이다. 그렇게 블록이 생성된 다음에 내가 받는 보상 또한 3%가 된다.

연산문제를 풀어서 보상을 받는 작업 증명과는 달리 지분 증명은 탈 중앙적인 방식으로 밸리데이터에게 블록을 형성하는 권한을 랜덤으로 준다.

권한을 받은 밸리데이터들은 소수이다.

다수의 권한을 받지 못하는 밸리데이터들은 블록을 잘 만드는지, 정확한 트랜잭션을 추가하는지 검사한다. 검사하는 밸리데이터에게도 약간의 보상이 주어지기 때문에 풀이 만들어질 필요가 없다.

지분증명에는 연산 경쟁이 없다. 때문에 꼭 좋은 컴퓨터가 아니더라도 충분히 채굴할 수 있다.

따라서 지역적인 분산이나 비효율적 에너지에 관한 문제가 별로 없다.

지분증명은 코인의 개수가 투표의 권한과 같다.

위에서 말했듯이 지분증명에서 검증자, 채굴자가 되는 방법은 오직 해당 코인을 소유해야 한다고 했다.

사실 소유하는 것 만으로는 부족하다.

스테이킹(Staking) 즉, 네트워크에 고정적으로 맡겨야 한다.

☑ **코인을 스테이킹 하는 이유?**

만약에 그 코인을 나쁜 의도로 네트워크를 해치려고 한다면 동시에 네트워크를 해치려고 했던 그 사람의 자산도 해치게 되는 것이기 때문이다.

게다가 네트워크 공격 중 네트워크에 의해 발각된다면. 네트워크에 추방될 뿐만 아니라. 그 사람의 자산도 영원히 네트워크에 가둬지게 된다.

사실 네트워크에 자산을 맡긴다고 해도 보상을 받는 검증자로 무조건 선택되지는 않는다. 그 네트워크 안에 있는 사람의 지분에 비례하여 선택되게 된다. 만약 돈이 많아서 지분이 많다면? 지분이 많기 때문에 검증자로 자주 선택되게 될 것이다.

◯ 이더리움을 해킹할 수 있을까?

작업증명과 같이 지분증명도 한 개인이 총 코인 개수의 51%를 넘게 가지고 있으면 해킹을 할 수 있다.

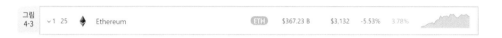

그림 4-3

이론적으로 이더리움의 시총이 $367.23 B이니 $186 B 정도 있으면 이더리움을 해킹할 수도 있다.

(물론 예외는 언제나 존재한다.)

블록체인은 노드(검증자)들이 합의해 정당한 거래를 증명하는데, 검증자들의 51%가 정당하다고 인정해야 블록이 생성된다. 만약 거대 자본이 담합해 지분의 51%를 장악하면 엉뚱한 블록을 정당하다고 결정짓고 자신들의 뜻대로 조절할 수 있게 된다.

가격이 더 높아지면 높아질수록 해킹은 어려워진다.

돈으로만 본다면, 비트코인은 7조정도, 이더리움은 215조 정도가 있어야 해킹이 가능하니 연산 능력의 51%를 장악하는 것이 코인지분 51%를 장악하는 것 보다 쉬우니, 지분증명 해킹이 더 어렵다고 볼 수 있다.

◯ 지분증명의 문제?

☑ 코인의 개수가 투표의 권한과 같으니 암호화폐가 잘 분산 되어있지 않다면?

그런 지분증명 블록체인은 중앙화 될 우려가 있다.

그림
4-4

'Etherscan'에 들어가보면 이더리움은 컨트랙트와 거래소에 묶여 있는 이더를 제외하면 1% 이상의 이더를 가지고 있는 주소가 1개 있다. 그 이후 주소를 보아도 어느 정도 잘 분산 되어있다.

그림
4-5

Bitcoin distribution

Balance, BTC	Addresses	% Addresses (Total)	Coins	USD	% Coins (Total)
(0 - 0.001)	19572941	50.96% (100%)	4,048 BTC	$193,037,586	0.02% (100%)
[0.001 - 0.01)	9757543	25.41% (49.04%)	36,761 BTC	$1,752,901,452	0.2% (99.98%)
[0.01 - 0.1)	5856556	15.25% (23.63%)	190,466 BTC	$9,082,100,004	1.01% (99.78%)
[0.1 - 1)	2414148	6.29% (8.39%)	753,799 BTC	$35,943,786,661	4.01% (98.77%)
[1 - 10)	659608	1.72% (2.1%)	1,693,293 BTC	$80,742,118,490	9.01% (94.76%)
[10 - 100)	131121	0.34% (0.38%)	4,259,949 BTC	$203,129,215,132	22.67% (85.75%)
[100 - 1,000)	13862	0.04% (0.04%)	3,933,594 BTC	$187,567,455,467	20.93% (63.08%)
[1,000 - 10,000)	2067	0.01% (0.01%)	5,242,514 BTC	$249,981,366,545	27.89% (42.15%)
[10,000 - 100,000)	82	0% (0%)	2,104,328 BTC	$100,341,711,901	11.2% (14.26%)
[100,000 - 1,000,000)	3	0% (0%)	575,479 BTC	$27,440,834,894	3.06% (3.06%)

출처: bitinfocharts.com

[그림 4-5] 지표를 보는 방법은 'Balance, BTC'는 '비트코인 보유 단위', (0 - 0.001)을 기준으로 'Addresses'는 (0 - 0.001)의 비트를 가지고 있는 '주소의 수', '%Addresses'는 전체주소 중 비트를 가지고 있는 (0 - 0.001)의 비트 '퍼센트 비율', 'coins'는 (0 - 0.001)을 갖고 있는 주소들의 비트코인 개수, 'USD'는 코인 개수의 달러가치, '%coins'는 총 비트의 양과 (0 - 0.001)의 주소에서 가지고 있는 비트의 비율이다. [그림 4-5]를 보면 지분증명은 아니지만 비트코인도 잘 분산되어 있다고 생각한다.

그림 4-6	Dogecoin distribution					
Balance, DOGE	**Addresses**	**% Addresses (Total)**	**Coins**	**USD**	**% Coins (Total)**	
(0 - 0.001)	297162	7.04% (100%)	3.67 DOGE	$1.05	0% (100%)	
[0.001 - 0.01)	7751	0.18% (92.96%)	33.98 DOGE	$9.69	0% (100%)	
[0.01 - 0.1)	36366	0.86% (92.77%)	1,436 DOGE	$409.54	0% (100%)	
[0.1 - 1)	57406	1.36% (91.91%)	27,510 DOGE	$7,848	0% (100%)	
[1 - 10)	1052383	24.94% (90.55%)	3,505,780 DOGE	$1,000,150	0% (100%)	
[10 - 100)	781132	18.51% (65.61%)	34,005,271 DOGE	$9,701,231	0.03% (100%)	
[100 - 1,000)	1084602	25.7% (47.1%)	399,625,102 DOGE	$114,007,488	0.31% (99.97%)	
[1,000 - 10,000)	640780	15.19% (21.4%)	2,090,402,713 DOGE	$596,362,845	1.6% (99.67%)	
[10,000 - 100,000)	224138	5.31% (6.21%)	6,332,315,052 DOGE	$1,806,521,489	4.84% (98.07%)	
[100,000 - 1,000,000)	33430	0.79% (0.9%)	8,887,487,056 DOGE	$2,535,476,555	6.79% (93.23%)	
[1,000,000 - 10,000,000)	3904	0.09% (0.11%)	9,650,793,044 DOGE	$2,753,237,146	7.37% (86.44%)	
[10,000,000 - 100,000,000)	636	0.02% (0.02%)	19,922,450,933 DOGE	$5,683,598,405	15.22% (79.07%)	
[100,000,000 - 1,000,000,000)	81	0% (0%)	23,278,393,362 DOGE	$6,641,002,145	17.78% (63.85%)	
[1,000,000,000 - 10,000,000,000)	10	0% (0%)	23,591,950,295 DOGE	$6,730,455,581	18.02% (46.07%)	
[10,000,000,000 - 100,000,000,000)	1	0% (0%)	36,711,946,765 DOGE	$10,473,408,256	28.05% (28.05%)	

하지만 도지는 보시다시피 다수의 주소에 비해 소수의 주소들이 많은 양의 도지를 가지고 있는 것을 보실 수가 있다. 92개의 주소에서 약 63%의 도지를 차지하고 있는 것이다.

이런 경우에 지분증명을 사용하면 중앙화될 우려가 있는 것이다. 다행이도 도지는 작업증명이다.

쉽게 이미지로 표현해보자면,

[그림 4-7]의 느낌인 것 같다. 하지만 어떻게 보느냐에 따라서 살짝 바뀔 수도 있다. 만약 지분증명을 사용하는 블록체인이 있다면 어떻게 암호화폐를 잘 분산시키면서 유지할지에 대한 고민을 해야 한다.

코인론

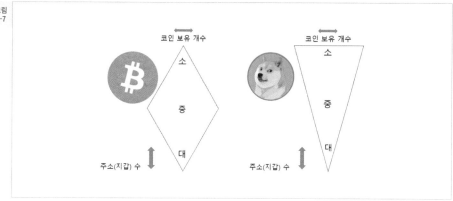

그림
4-7

☑ 지분증명은 100% 온라인이 아니다.

작업증명의 경우 논스 값을 찾았다는 것은 해당 채굴자가 온라인인 것이다.

지분증명의 경우 블록을 형성하는 권한을 받은 벨리데이터가 온라인이 아닌 경우가

있기 때문에 문제가 될 수 있다. (다수의 벨리데이터가 감시를 해야 하는데 못하기 때문이다.)

☑ 체인이 갈라지는 경우

작업증명은 체인이 갈라지면 하나를 선택해야한다.

지분증명은 체인이 갈라지면 두개 전부 이어 나갈 수 있다.

이더리움은 위처럼 생기는 문제들을 해결하기 위해 온라인이 아니거나 체인이 갈라질 때 누구를 선택한 벨리데이터의 이더를 차감하는 방식을 사용한다.

암호화폐 산업을 보면 2017년 보다 지분증명을 이용하는 코인이 계속 많아지고 있는 것으로 보아 앞으로도 지분증명관련 코인들이 더 생기지 않을까 생각해본다.

지분증명의 문제는 개인의 자본이 독점할 수 있다는 것.

작업증명도 채굴의 독점화가 일어날 수 있다.

하지만 작업증명의 채굴은 개인화가 가능하여 독점하기가 쉽지 않다.

또한 독점화된 POS나 POW 블록체인들의 가치는 개인들이 좋아하지 않기 때문에 많이 낮아질 것이다.

때문에 세력들도 자기가 가지고 있는 코인의 지분을 너무 늘리면 오히려 독이 되기(가치가 떨어짐)때문에 주의할 것이다.

실제로 독점화되고 있는지 확인할 수 있기 때문에 가치를 지키기 위해 독점화되지 않도록 노력할 것 같기도 하다.

쉽게 요약해보자면

작업증명은 컴퓨터를 이용하여 어려운 계산을 통해 블록생성권한을 획득하는 것이고, 지분증명은 기존에 소유하고 있는 보상의 양(코인개수)을 블록생성권한에 반영하는 것이다.

또 다르게 해석해보자 하면 작업증명은 열심히 일을 해서 일한 뒤에 보상을 받는 것이라고 보면 되고,

지분증명은 일을 하기 싫은데 보상은 받고 싶으니 돈을 내고 돈을 낸 만큼 보상을 받는 것이라 생각하시면 편할 것 같다. 무슨 방법이 더 좋은지는 주관적인 시선에 따라 다르다고 한다.

간혹 우리들이 보는 유튜버분들이 기사를 가지고 와서 위 같은 용어가 나왔을 때 잘 이해가 가지 않으셨을 수도 있었을 것이다. 또는 직접 관련 기사를 보더라도 이게 좋다는 건지 나쁘다는 건지 헷갈리신 적도 있을 것이다.

그래서 한 번 예시를 보여드리려고 한다.

[그림 4-8] 기사는 한 유튜버가 소개했던 베네수엘라의 20,000개 소매업체에서 비트코인을 허용한다는 기사이다.

그림
4-9

지난주 말, 암호화폐 결제 프로세서인 Cryptobuyer는 베네수엘라 전역의 20,000개 이상의 판매자에게 암호화 POS 기능을 제공하는 기존 결제 회사 Megasoft와 새로운 거래를 발표했습니다.

이 나라에서 가장 큰 이야기 중 하나인 상인들은 모두 Megasoft의 Merchant Server 플랫폼을 사용하여 Bitcoin, Ethereum, Dash, Litecoin, Binance Coin, Tether, DAI 및 Cryptobuyer의 기본 토큰인 XPT를 수락할 수 있는 옵션을 제공합니다. 지불. 새로운 결제 시스템은 6월에 출시될 예정입니다.

기사의 한 부분을 가져와보았다.

[그림 4-9] 기사에서 Cryptobuyer가 베네수엘라 전역의 20,000개 이상의 소매업체들에게 POS(지분증명) 기능을 제공하는 기존 결제 회사 Megasoft와 새로운 거래를 발표했다는 내용이 있다. 전반적인 내용은 이해하실 것이라 생각한다. 하지만 왜 굳이 POS 기능을 제공하는 M사와 거래를 발표했는지는 의문이 든다.

[그림 4-9] 기사는 2020년 05월 16일 기사이다. 필자는 위에서 말했다.

코인 시장에서 지분증명의 비중은 계속해서 늘어나고 있다고 했다.

이더리움이 2.0버전으로 업그레이드 하면서 작업증명에서 지분증명으로 바뀌었는데, 덕분에 에너지를 98% 이상 절약할 수 있었다고 한다.

미래 산업은 에너지를 얼마나 효율적으로 사용하냐에 따라 달려있기 때문에 아무리 기술이 좋다고 해도 에너지문제를 해결하지 못하면 상용화되기는 힘들다. 때문에 지분증명이 아직 완벽하지 않더라도 앞으로 더 발전할 수 있겠다는 것을 짐작할 수 있다. 그리고 환경오염을 줄일뿐 아니라 속도도 늘리고 일부 거대 업체의 네트워크를 장악을 막는데 유리한 것도 있다.

과거부터 암호화폐에 대한 환경오염문제 이야기는 꾸준히 등장하고 있다.

일O마스크도 여러가지 근거 중 탄소배출에 대한 문제도 근거로 삼으면서 비트코인을 깠었다. 최근 분위기를 보면 '크립토 기후 협약(CCA)'이라는 협회에 많은 곳들이 참여를 했는데 이 중 일O마스크와, 리플컨센시스 등이 있다. 크립토 기후 협약은 2040년까지 암호화폐 산업에서 발생하는 탄소 배출량을 0으로 만드는 것을 목표로 하고 있으며, 많은 크립토 기업들이 탈중앙정신을 지키면서 블록체인의 속도도 개선하기 위해 지분증명을 채택하고 있다. 참고로 리플은 리플프로토콜 합의 알고리즘을 사용하고 있다. 이는 리플만의 가치교환 알고리즘이다.

그림
4-10

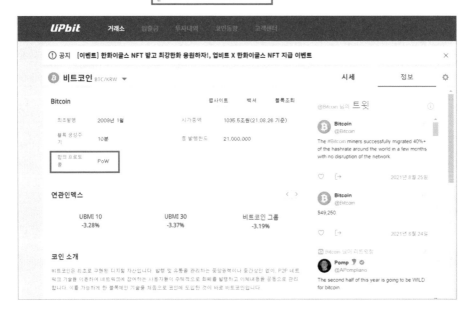

참고로 내가 가지고 있는 코인이 지분증명인지 작업증명인지 알고싶으신 분들은 업비트에 들어가셔서 코인 정보를 클릭하시면 내가 가진 코인이 POW인지 POS인지 확인하실 수 있다.

'합의 프로토콜'은 '합의 알고리즘'이라고 생각하시면 될 것 같다.

프로토콜과 알고리즘의 용어의 차이는 약간 있긴 하다. 프로토콜은 '블록체인 내의 규칙'이고, 알고리즘은 '이러한 규칙을 따르는 매커니즘'으로 필자는 POS와 POW는 알고리즘이라는 말이 더 어울리는게 아닐지 생각해본다.

라이트닝 네트워크란?

☑ **브로드캐스팅**(broadcasting)

비트코인은 누구도 믿지 않아도 되는 시스템을 만들기 위해 우리들이 주고받는 비트코인의 거래 내역을 비트코인 블록에 기록하고 그 블록을 비트코인 네트워크에 참여한 컴퓨터에 똑 같은 파일을 복사해서 뿌린다. 그러므로 누군가 거래기록을 조작해도 분산된 원본기록과 대조를 통해 조작이 불가능해지는 것이다.

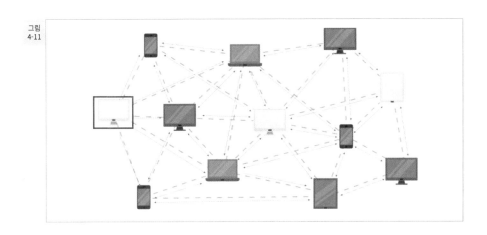

그림
4-11

[그림 4-11]에서 빨간색 기기에서 일어난 거래정보가 모든 전자기기에 퍼져 나가고 있는 것처럼 이렇게 네트워크로 모두가 알 수 있게 전송하는 것을 '브로드캐스팅'이라고 한다.

☑ **블록체인**(blockchain)

위 예시같이 이런 거래기록들을 블록에 담아서 연결하기 때문에 '블록체인'이라고 한다.

☑ **제네시스블록**(genesis block)

블록체인에서 생성된 '첫 번째 블록'을 말한다.

☑ **노드**(node)

브로드캐스팅 설명 부분 이미지에서 보이는 전자기기 하나하나가 노드라고 생각하시면 편하다. 즉, '네트워크 참여자들'이 노드이다.

☑ **하드포크**(hard fork)

일종의 블록체인 업그레이드 작업.
기존 블록체인에서 다른 블록체인으로 넘어가려고 할 때 사용되는 방식이다. 기술적 문제 등을 개선할 때 활용하기도 한다.

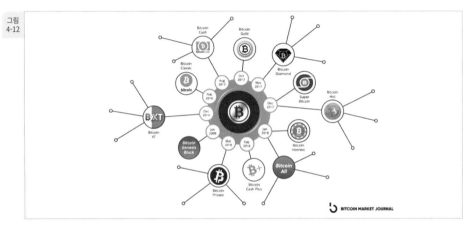

출처: https://www.bitcoinmarketjournal.com/wp-content/uploads/2018/09/BMJ_diagram2.jpg)

하드포크를 거치는 과정에서 '체인 분리'가 일어날 수도 있는데, 이때는 새로운 코인이 생겨나게 된다. 그렇게 생겨난 코인들이 우리가 아는 비트코인 캐시, 비트코인 SV, 비트코인 골드 등이다. 이 코인들은 일부 세력의 갈등이나 의견 차이를 이유로 비트코인에서 하드포크를 통해 분리해 나간 체인이다. 외부 세력들이 이를 변경하겠다고 나서서 이루어진 수많은 하드포크에도 불구하고 비트코인 네트워크는 유지되고 있다.

이더리움도 사실 하드포크를 통해 생겨난 코인이다. 초기 이더리움이 해킹 사태를 겪게 되면서 이를 해결하기 위해 하드포크를 진행해 분리된 블록체인이기 때문이다. 애초에 사용하던 오리지널 체인은 '이더리움 클래식'이라는 이름으로 아직도 존재하고 있다. 이더리움 클래식은 하드포크에 성공한 뒤 사라질 수도 있었지만 일부 지지자가 기존 블록체인 유지를 고수하면서 명맥을 이어가게 되었다.

그렇다고 하드포크를 할 때마다 새로운 코인과 체인이 생겨나는 것은 아니다. 기존 문제점을 개선하는 목적으로 하드포크를 진행하고, 하나의 블록체인을 계속해서 유지하는 경우도 많다.

☑ 스마트 컨트랙트(Smart Contract)

블록체인의 1.0세대가 비트코인이라면 2.0세대는 이더리움이라고 불리는데, 이 둘의 차이는 비트코인은 거래만 가능했다는 점이고 이더리움은 거래기능 뿐만 아니라 거기에 계약(contract)기능까지 들어간 것이다.

계약의 기능을 이해하기 쉽도록 예를 한가지 들어보자면, 1번 사람이 2번 사람에게 암호화폐를 보내려고 하는데 30년 뒤에 보내고 싶다. 그렇다면 전자 장부에 거래 과정과 30년 뒤에 보낸다는 것을 기록하고.

이렇게 스마트 컨트랙트로 인해 각각의 계약에 대해 정부 또는 특정 기관의 승인을 받거나 통제받을 일이 없어 거래는 더욱 빨라지고, 거래 방법도 편리해질 수 있다.

그리고 위의 예시 말고도 이더리움의 스마트 컨트랙트 기능을 이용하여 블록체인을 기반으로한 다양한 앱 개발들이 진행 중이다. 보통 그 앱들을 디앱(dapp)이라고 한다. 그 외에도 부동산 계약을 하기 위해서 부동산 소유권, 부동산을 구입하기 위한 대금이 필요한 반면에 스마트 계약을 이용하여 부동산 소유권, 조건이 맞는 암호화폐를 이용하여 거래를 할 수 있게 된다. 만약 이게 가능해지게 된다면 이런 기능들을 통해 모든 중개인 신뢰 기반의 계약 및 거래 산업에도 블록체인이 도입될 수 있다. 쉽게 말해, 블록체인을 통해 금융 서비스 산업 말고도 다양한 산업에서 거래(계약)를 할 수 있다는 것이다.

☑ **디앱**(dapp, Decentralized Application)

디앱이란 블록체인을 기반으로 돌아가는 애플리케이션을 말한다. 쉽게 말해서 이더리움 기반 디앱이면, 디앱에서 상호작용하는 데이터들이 이더리움 블록체인에 기록되고 불러내어지는 애플리케이션이라고 이해하면 된다. (출처: 해시넷) 또한 디앱의 플랫폼 위에서 움직이는 암호화폐는 코인 보다는 토큰이라고 구별하여 부르기도 한다.

디앱과 일반 앱의 차이점은 탈중앙화, 중앙화의 차이와 디앱은 일반 앱과 다르게 사용자가 계정을 만들기 위해서 회원가입을 할 때 이더리움 등 해당 블록체인 지갑을 보유해야 한다고 한다.

그림
4-13

출처: 크립토키티 홈페이지

가장 대표적인 디앱으로는 이더리움 기반 디앱인 이더리움 게임으로 잘 알려진 '크립토키티'라는 게임이다. 이 게임을 이용하기 위해선 '메타마스크'라는 이더리움 지갑을 만들고, 서비스를 이용할 때마다 메타마스크 인증을 해야 한다고 한다.

위의 게임 분야 예시 말고도 금융, 전자상거래, 헬스케어 등 다양한 분야에도 블록체인 시장 성장과 동시에 같이 발전할 것 같다.

☑ **오프체인**(offchain)

블록체인 네트워크 외부에 트랜잭션이 기록되는 것이다. 이를 통해 온체인에서 해결하지 못했던 확장성 문제를 해결할 수 있다. 오프체인은 핵심 데이터만을 블록체인에 기록하는데, 이때 빠른 속도가 필요한 데이터는 블록체인이 아닌 디앱(dapp)의 중앙서버에 기록한다. 오프체인의 확장성 문제를 해결하기 위한 대표적인 방법이 라이트닝 네트워크이다.

💡 비트코인이 해킹에서 자유로운 이유?

비트코인은 중앙화 되어 있지 않기 때문에 스스로 돌아가게 설계되어 있다. 비트코인의 거래 기록은 채굴자가 새로운 블록을 생성하여 만든 그 블록을 전 세계의 노드로 브로드캐스팅 한다.

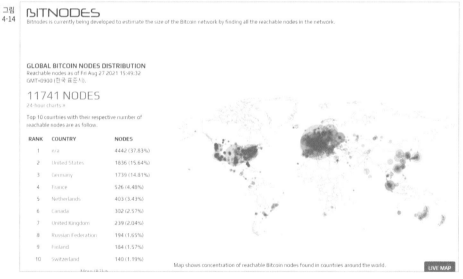

그림
4-14

출처: https://bitnodes.io/

쉽게 이해하기 위해 [그림 4-14]를 보면 비트코인 노드는 전 세계적으로 분산되어 있다는 것을 보실 수 있다.

이렇게 많은 노드가 참여하기 때문에 비트코인이 해킹의 위협에서 자유로울 수 있는 것이다.

하지만 한편으로는 네트워크가 분산되어 있으니 일일이 모두에게 거래했던 내역 복사본을 전달해야 하기 때문에 시간도 오래 걸리고, 수수료도 비싼 것이다.

💡 비트코인은 미래의 화폐가 될 수 있을까?

실질적으로 비트코인으로 결제를 하려면 간단한 편의점 음식이나 커피를 살 때 긴 전송시간과 높은 수수료로 인해 실용적으로 쓰기는 어려웠다. 이러한 문제를 해결하기 위해 탄생한 것이 바로 라이트코인(LTC)과 비트코인캐시(BCH)이다. 이 둘은 비트코인 보다 더 적은 금액과 수수료가 들며 더 빠른 거래속도가 가능해졌다. 하지만 새롭게 탄생하게 된 코인이기 때문에 비트코인 본질의 문제를 해결하기 위해서는 다른 방식이 필요했다. 그렇게 탄생하게 된 것이 '라이트닝 네트워크'이다.

💡 라이트닝 네트워크(Lightning Network, LN)

- **개발** : 'Joseph'와 'Thaddeus Dryja'의 공동 개발
- **공개** : 2016년 1월 라이트닝 네트워크 백서 공개
- '오프체인(offchain)' 또는 '레이어2 솔루션(Layer 2 solution)'이라 불린다.

라이트닝 네트워크는 어떻게 하면 비트코인의 확장성을 하드포크 없이 해결할 수 있을지에 대한 고민부터 시작했다. 이게 무슨 말이냐 하면, 지금까지의 비트코인은 확장하기 위해서 '하드포크'라는 업데이트 과정이 꼭 필요했다. 하지만 이제는 하드포크를 거치지 않고 어떻게 비트코인을 확장할지에 대해 고민한다는 것이다.

☑ 코인의 확장성
코인을 만들었을 때는 이정도면 생태계가 잘 유지될 것 같았지만 결국 기술적인 문제가 발생하다 보니 이러한 기능을 확장 시킨다는 것을 말한다.

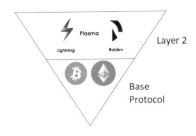

그림
4-15

출처: https://medium.com/@listedreserve/
ethereums-plasma-e457f121bf2a

결국 그 고민의 해결책으로 '레이어2 솔루션(Layer 2 solution)'이 나왔다. 기존 비트코인의 시스템은 건드리지 않고, 그 위에 따로 시스템을 만드는 방식이다. 이로써 비트코인의 결제가 메인 넷에 걸치지 않고 가능해지는 것이다. 쉽게 말해, 비트코인을 결제할 때 앞에서 말했던 '브로드캐스팅'처럼 모든 네트워크에 거래내역을 공유하는 과정을 거치지 않고 거래를 할 수 있다는 뜻이다.

◯ 라이트닝 네트워크는 어떻게 작동할까?

academy.binance.com/en/articles/what-is-lightning-network 바이낸스의 라이트닝 네트워크 소개 영상을 참고하여 이미지와 글을 만들었다는 점 참고 바란다.

라이트닝 네트워크는 'Peer To Peer' 네트워크이다. 흔히 P2P라고 불린다.

P2P는 간단하게 '개인과 개인간의 거래'라고 불리는데, 쉽게 말해 암호화폐 상에서는 그냥 개인의 지갑에서 개인의 지갑으로 코인을 보내는 것을 생각하면 된다. 또한 중앙기관을 거치지 않고 거래하기 때문에 수수료도 적다.

그림
4-16

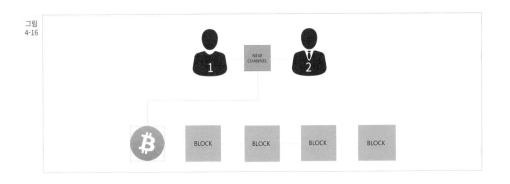

가령, 왼쪽 사람과 오른쪽 사람이 결제를 하기 위해 새로운 채널(파란색 박스)을 형

성하고, 그 채널은 비트코인 네트워크와 연결이 된다고 가정해보자. 이렇게 연결한 채널이 개설되면 1번과 2번은 결제를 할 때마다 이렇게 연결한 채널이 개설되면 왼쪽과 오른쪽은 결제를 할 때마다 비트코인 네트워크에 결제를 요청할 필요가 없다.(브로드캐스팅할 필요가 없다는 뜻.) 즉, 라이트닝 네트워크에 연결된 채널(파란색 박스)에서 코인을 주고받을 수 있는 것이다.

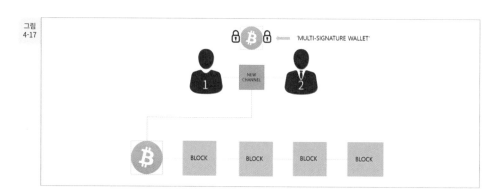

그림
4-17

라이트닝 네트워크 채널(파란색 박스)을 개설하기 위해선 왼쪽과 오른쪽 사람은 'MULTI-SIGNATURE WALLET'을 만들어야한다. 거기에 담보형식의 비트코인을 넣고, 일정한 비트코인이 'MULTI-SIGNATURE WALLET'에 들어있어야 거래를 할 수 있다. 이 월렛에 비트코인을 넣고 채널을 개설하면 두명에게 시크릿키가 각각 주어진다.

이제 1번 사람과 2번 사람이 새로운 채널(파란색 박스)에서 원하는 만큼 거래를 한 뒤에 거래내역에 이상이 없는지 확인이 된다면 최종적으로 비트코인 네트워크로 거래내역을 비트코인 채널로 옮겨 브로드캐스팅 하는 것이다.

◐ 만약? 1번 사람과 3번 사람이 거래를 하려는 상황이 나온다면 어떻게 해야 할까?

채널을 개설하려면 'MULTI-SIGNATURE WALLET'에 비트코인을 담보로 넣은 뒤에 비트코인 네트워크에 연결을 해야한다고 했었다. 하지만 만약 [그림

코인론

그림
4-18

4-18] 처럼 1번과 3번이 거래를 하려는 상황이 나온다면? 결제를 해야하는 사람과 일일이 채널을 개설한다는 것은 매우 비효율적인 일이된다.

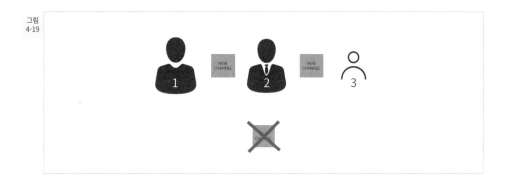

그림
4-19

하지만 라이트닝 네트워크는 [그림 4-19] 처럼 1번과 3번이 결제를 하기 위해서 다시 새로운 채널을 만들 필요가 없다. 그 이유는 2번은 1번과 3번 모두 연결되어 있으므로 2번은 1번에게 비트코인을 받고 3번에게 보내주는 것이다.

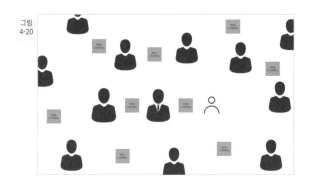

그림
4-20

이렇게 많은 채널들이 형성되면 라이트닝 네트워크는 가장 빠른 경로를 찾아 채널을 개설하지 않고도 거래를 할 수 있게 만들어 준다.

◑ 라이트닝 네트워크의 문제점?

비트코인이 여러 채널을 돌아다니다 보면 많은 문제가 발생할 수 있다. 예를 들어 1번에게 서비스를 받고 돈을 줘야할 3번이 사라진다든지 2번이 중간 역할을 해야하는데 온라인이 아니라 오프라인이라서 채널이 끊기는 등 여러 문제의 가능성이 있다.

만약 위와 같은 문제가 발생한다면 자동으로 송금을 해준다든지 또는 취소 된다는지 또한 네트워크에서 서비스를 받고 비트코인을 안주고 사라져도 상관이 없다. 왜냐하면 라이트닝 네트워크에는 담보금이 있기 때문에 스마트 컨트랙트가 시스템 상에서 분쟁을 해결해준다.

그런데 만약 3번이 1번에게 만원을 보내주려고 하는데 2번의 채널에 만원이 없다면 어떻게 되는 것일까? 2번은 대신 돈을 보내주기 때문에 채널에 만원이 있어야 한다. 라이트닝 네트워크안에서 스마트컨드랙트가 2번 채널을 검사를 했는데 만약 만원이 안되면 다른 연결된 채널 중 가장 빠른 채널을 찾아준다. (Ex,=최적경로)

굳이 이정도 깊이까지 공부하시지는 않으셔도 된다. 그냥 '거래에 문제가 생긴다면 스마트 컨트랙트로 인해 나의 자금은 안전하게 보호된다.' 정도로만 이해하시면 될 것 같다.

◑ 라이트닝 네트워크의 미래

결국 라이트닝 네트워크로 인해 빠른 거래처리 속도와 저렴한 수수료를 제공할 수 있게 되어 일상생활에서 비트코인을 사용하기 얼마 남지 않았다는 느낌이 들었다. 또한 거래가 성사된 채널은 암호화되기 때문에 누구나 자금의 흐름을 추적할 수 없어 보안성면에서도 뛰어나다. 물론 제도권 수용에 대한 숙제가 남아있다.

[그림 4-21] 지표의 보라색 선은 라이트닝 네트워크 안에서 보유한 비트코인 양이고, 빨간 색은 라이트닝 네트워크 채널에 들어있는 돈을 그래프로 그려놓은 것이다.

그림
4-21

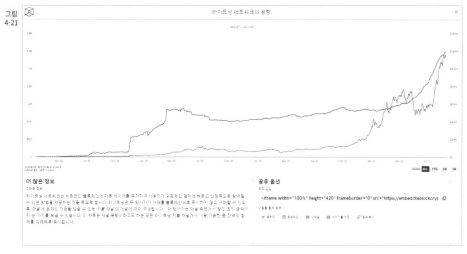

출처: www.theblockcrypto.com

그림
4-22

출처: www.theblockcrypto.com

[그림 4-22] 사이트에 들어가보면 현재 라이트닝 네트워크의 발전 현황을 확인하실 수 있다. 21년 8월 30일 기준 최근 30일동안 노드는 8.13% 오르고 거래 채널 수도 11.9%가 오른 것을 확인하실 수가 있다.

위 지표들에서 볼 수 있듯이. 라이트닝 네트워크는 급속도로 발전하고 있다. 첫 번 째 지표에서 볼 수 있듯이. 비트코인 가격이 증가함에 따라 라이트닝 네트워크의 채널 수와 라이트닝 네트워크에서 보유한 비트코인 양도 비슷하게 증가하고 있다. 이는 즉, 라이트닝 네트워크의 수요가 늘어나고 있으니, 채널의 공급이 늘어남과 동시에 라이트닝 네트워크에서 사용하는 비트코인도 수요가 늘어나는데, 공급에는 한계가 있기 때문에 비트코인 가격이 증가하고 있다고 해석할 수 있다. 그렇기 때문에 두 그래프가 같이 증가하는 추세가 나타나는 것 같다.

라이트닝 네트워크는 지금도 계속 발전하고 있다. 이는 즉, 비트코인이 결제용도로 사용될 수 있도록 점점 발전하고 있으며 라이트닝 네트워크를 통해 비트코인 결제를 하는 사람들이 늘어나고 있다는 것을 알 수 있다.

비트코인의 진화, 탭루트 feat. 슈노르서명

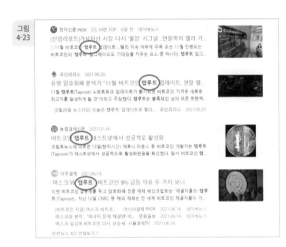

그림
4-23

2021년 11월에 예정되어있는 비트코인 '탭루트(Taproot)' 업그레이드, 비트코인을 하는 사람들이라면 탭루트에 관련된 기사를 자주 접했을 것 같다. 도대체 탭루트 업그레이드가 뭔지, 이게 정말 비트코인 가격에 영향을 미칠지? 등 필자의 생각을 정리해보고자 한다.

비트코인은 앞에서 말했듯이 성공한 네트워크라고 생각한다. 그에 대한 대표적인 예시가 이번 탭루트 업그레이드인 것 같다. 프로젝트가 성공적으로 진행이 되기 위해서는 어떤 방식으로 프로젝트가 운영이 되고 커뮤니티가 어떤 식으로 형성이 되었는지 참고해 봐야 한다. 그리고 그런 내용이 잘 드러난 것이 탭루트 업그레이드 과정에서 비트코인 커뮤니티가 보여준 모습이다.

탭루트는 기술적으로 들어가다 보면 내용이 어려워지는데 간단하게 말해보자면

'블록체인이 생성될 때 여러가지 데이터가 블록 하나하나에 쌓이게 되는데 그 과정을 굉장히 효율적으로 만드는 기술을 적용한 것'으로 생각하면 편할 것 같다. 이 기술을 적용함으로써 얻는 것은

1   블록체인상에서 전송 및 저장해야 하는 데이터 양의 감소
2   더 많은 트랜잭션 처리
3   프라이버시(익명성)에 관련된 데이터 보호
4   네트워크의 확장성에 도움
5   네트워크 수수료 개선

등이 있는 것 같다. 근데 이 비트코인 커뮤니티는 비트코인이라는 것을 완벽한 '돈(화폐)'을 구현하고자 만들어진 것이기 때문에 보수적으로 운영을 하고 있다. 이더리움 또는 다른 메이져&알트 코인과는 다르게 업그레이드가 몇 년에 한 번 할까 말까 한다.

마지막으로 이뤄진 업그레이드는 2017년 '세그윗(SegWit)' 업데이트이니 탭루트는 거의 3~4년만의 업데이트이다. 그리고 탭루트 업그레이드는 사실 이야기가 나온지 꽤 되었다. 한 2018년 초부터 나오기 시작했다. 이제야 적용이 되는 이유는 그 때 당시에도 업그레이드 자체에 대해선 어느정도 합의가 나온 상황이었는데 이걸 어떤 방식으로 통과를 시킬지에 대해서 많은 커뮤니티에서 토론을 하다가 결국 어느 한 개발자가 'Speedy trial'이라는 방식을 제안했고, 그 방식이 적용이 되어 확정이 된 것이다.

'Speedy trial'의 과정은 블록생성을 하는 사람들(비트코인은 채굴자, 이더리움 2.0은 이더리움을 가지고 스테이킹 한 사람들)들이 이 업그레이드를 받아들일 것인지 아닌지를 블록에 시그널(signal)을 담도록 해서 비트코인 블록에 동의가 90% 이상을 넘게 되면 그 업그레이드를 통과시키기로 약속을 한 것이다. 그렇게 이번에 90% 이상의 동의가 이루어졌다는 것이 커뮤니티 상에서 확인이 되면서 2021년 11월달쯤에 적용되는 것으로 결정이 난 것이다.

이 과정에서 우리는 비트코인 커뮤니티는 탈 중앙화 된 방식으로 컨센서스(Consensus)를 형성을 하여 실제 업그레이드 과정까지 가져가고 있는 것을 보고 기본적으로 비트코인 커뮤니티가 비트코인 네트워크를 어떤 방식으로 무엇을 위해서 태어났는지에 대해 목적의식이 뚜렷하고, 어떤 방식으로 운영되어야 하는지 확고한 신념이 있다는 것을 알 수 있다.

탭루트 업그레이드 내용	· 비트코인 네트워크 트랜잭션의 효율성 · 비트코인 네트워크의 프라이버시 · 슈노르 서명

💡 비트코인 네트워크 트랜잭션의 효율성

☑ 트랜잭션(Tx)

계좌를 송금할 때 보내는 그 과정이 블록체인 상에서 이루어지는 것의 기록이라 생각하면 된다.

즉, '거래내역'이라고 생각하시면 편할 것 같다. 1초당 처리할 수 있는 트랜잭션의 개수를 'TPS'라고 한다.

그림 4-24

블록체인 상에는 다양한 작업이 있는데, 바로 라이트닝 네트워크, 스마트 컨트랙트, P2P 거래가 있다. 이번 탭루트 업그레이드를 통해 블록을 생성할 때 저장되

118

는 데이터를 전체 내역이 아니라 결과값만 저장하기 때문에 블록당 처리할 수 있는 트랜잭션의 양이 늘어나게 된다.

이로 인해 비트코인 네트워크 트랜잭션의 효율성이 올라가고, 비트 코인 처리속도가 더 빨라질 수 있게 되는 것이다.

💡 비트코인 네트워크의 프라이버시

기존의 비트코인은 공개 블록체인으로 아무나 네트워크상에서 발생하는 트랜잭션(거래내역)을 살펴볼 수 있었다. 이는 즉, 비트코인은 프라이버시의 능력이 결여되어 있었던 것이다. 그래서 이번 탭루트 업그레이드를 통해 비트코인의 프라이버시 결여와 그 외 다양한 문제를 해결하기 위한 첫 번째 단계로 많은 기대를 받고 있는 것이다.

탭루트는 비트코인의 기능을 개선해 사생활 보호를 향상시킨다. 비트코인 네트워크상의 트랜잭션은 '다중 서명 조건' 등과 같은 트랜잭션을 꽤 복잡하게 만드는 여러 기능들을 사용한다.

탭루트가 있기 전 까지는 아무나 여러 개의 트랜잭션을 생성하는 복잡한 기능의 트랜잭션을 살펴볼 수 있었다. 하지만 탭루트 업그레이드를 통해 비트코인 트랜잭션의 이동 과정을 은폐할 수 있고 여러 개의 트랜잭션이 이동하더라도 하나의 트랜잭션처럼 보인다. 이러한 기능은 프라이버시를 중요시하는 사람들에게는 좋은 소식이다.

이러한 기능을 조금 구체적으로 간단하게 설명해보자면 실제로 탭루트를 통해 *비트코인 스크립트가 진행되었다는 사실을 숨길 수 있으며 만약 탭루트를 이용하여 비트코인을 사용하면 라이트닝 네트워크 채널을 이용한 트랜잭션 처리(라이트닝 네트워크 파트 참고)나 P2P거래, 복잡한 스마트 컨트랙트를 구별할 수 없게 된다.

이러한 트랜잭션 중 하나를 살펴보는 이는 P2P 트랜잭션만을 볼 수 있다. 그 이유는 아마도 가장 기본적인 거래방식이기 때문이지 않을까 생각해본다. 그럼에도 불구하고, 초기 전송자와 최종 전송자의 지갑은 노출된다는 사실에는 변함이 없다는 점을 참고하시길 바란다.

프라이버시 기능 추가의 의미는 간단하게 '거래의 수용 가능성과 보안 및 안전성을 크게 향상시킨 것'으로 보면 될 것 같다.

☑ **비트코인 스크립트**

블록체인 네트워크상의 노드에 의해 해석되는 프로그래밍 언어.
쉽게 말해 '암호화된 블록을 잠금 및 해제할 때 들어가는 매커니즘'이라 생각하시면 될 것 같다. 더 쉽게 말하자면 '블록체인 상에서 이루어지는 거래과정들'이라고 생각하시면 될 것 같다.

◑ 프라이버시 기능의 미래?

나의 생각에는 앞으로도 프라이버시 관련 기능이 발전할 것 같다. 그 근거로 현재 CBDC의 단점이 있다. 앞으로는 CBDC와 살아남은 소수의 암호화폐가 공존하게 될 것이라고 한다. 이 둘이 공존하기 위해선 서로의 단점을 보완해주는 기능을 서로 가지고 있어야한다고 생각한다.

CBDC의 단점은 프라이버시가 보장되지 않는다는 점이다. CBDC는 정부에서 관리하는 화폐이기 때문에 중앙화 되어있으며 CBDC로 인해 사람들의 거래내역들을 조사하여 세금을 손 쉽게 걷을 수도 있다. 이는 프라이버시를 보장받고 싶어하는 사람들에게는 매력적이지 않은 화폐이다. 그래서 그 단점을 보완할 화폐를 프라이버시 기능을 가지고 있는 코인들이라고 생각한다. 물론 그 코인들 중에서도 소수만이 살아남을 수도 있다. 심지어 8월기준 아직까지는 NFT, Defi 메타들은 봤지만 프라이버시 메타는 안온 것 같다는 생각이 든다. 그래서 나는 '앞으로 프라이버시가 메타가 올 수 있지 않을까?' 생각하며 현재 프라이버시와 관련한 코인들을 공부하고 있다. 부자들의 입장으로 생각해보면 자신들의 자금이 이동하는 것을 정부에게 보여주기 싫을 것 같기도 하다. 그에 관련한 자세한 내용은 2부에서 다루도록 하겠다.

💡 슈노르 서명

⭕ 서명과 검증의 의미?

디지털상에서의 서명은 *디지털 서명이라고 불린다. 이번 탭루트 업그레이드를 통해 기존의 비트코인은 'ECDSA'라는 알고리즘을 사용하고 있었지만 '슈노르 서명'이라는 알고리즘으로 바뀌게 된다.

그리고 이건 여담인데 슈노르 서명은 '(Claus P. Schnorr)'라는 사람에 의해 1991년 특허를 받았으며, 해당 특허는 2008년에 만료되었다. 슈노르 서명 특허는 비트코인 백서가 출시되기 몇 달 전인 2008년 초에 만료되었지만, 전반적인 표준화가 이뤄지지 않았기 때문에 사토시는 오픈 소스인 ECDSA 서명 방식을 택했을 것이라고 한다.

디지털 상에서의 검증은 하나의 예시로 '자물쇠를 열기 위해 키를 꽂아서 자물쇠를 해제하는 것'으로 생각하면 될 것 같다.

☑ 디지털 서명

디지털 데이터의 진위성과 무결성을 검증하는 데 사용되는 암호 매커니즘.'이라고 한다. 솔직히 잘 모르겠다. 그래서 쉽게 한번 풀어보려고 한다. 쉽게 생각해보면 손으로 작성하는 일반적인 서명의 디지털 버전이라고 생각하는 데 거기에 추가로 일반적인 서명에 비해 보다 더 복잡하고 보안이 우수하다고 생각하면 될 것 같다.

예를 들어 일반 서명은 누구나 조금만 시간을 들여 노력한다면 펜과 종이 서명을 위조할 수 있다. 하지만 디지털 서명은 수십만 년의 시간을 들이더라도 위조가 불가능하다.

또한 '메시지나 문서에 첨부된 하나의 코드'라고도 해석하기도 하고, 코드가 생성된 이후, 발신자로부터 수신자에게 메시지가 전송되는 과정에서 변조되지 않았다는 증거가 되기도 한다.

● 특징: 슈노르 서명의 확장성 & 효율성

슈노르서명은 비트코인 거래의 필수 요소 중 하나인 '서명'데이터를 축소함으로써 데이터가 블록체인에서 차지하는 크기를 줄일 수 있다. 데이터의 크기가 줄어든다는 것은 즉, 더 많은 거래가 블록에 포함될 수 있으며 수수료 또한 낮아질 수 있다는 뜻이다.

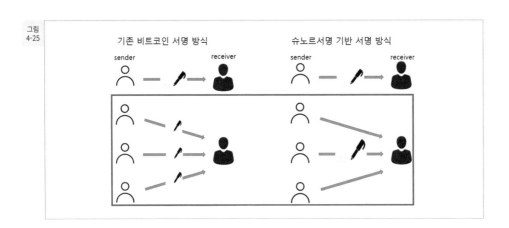

그림
4-25

기존의 검증방식에서는 다수의 송금인(Sender)이 한 수신인(receiver)에게 비트코인을 보내는 경우, 모든 송금인의 서명이 비트코인 블록에 포함되어야 했다. 하지만 슈노르서명 기반 거래에서는 다수의 송금인이 한 명의 수신인에게 보내려고 할 때는 하나의 서명으로 결합하여 검증이 가능해진다. 솔직히 이렇게 보면 그렇게 큰 변화는 아닌 것 같다. 하지만 이런 변화 하나하나가 모여 점점 블록체인의 효율성을 향상시킬 수 있고, 비트코인의 확장성 문제를 해결하는데 기여할 것으로 보인다.

그리고 또한 효율성 면에서도 중요한 이점이 있다. 바로 *다중 서명 거래가 일반적인 *단일 서명 거래로 *온체인에 표시되는 것이다. 즉,

☑ **온체인**(onchain)

블록체인 거래를 기록하는 방식 중 하나로, 네트워크에서 발생하는 모든 전송 내역을 블록체인에 저장하는 방식이다. (네이버 지식백과)

☑ **다중 서명**(Multisignature)

이 기술을 간단하게 설명하라고 하면, 그냥 '두 명 이상의 사용자가 문서에 그룹으로 서명할 수 있는 디지털 서명'이라고 말할 수 있다.

그림
4-26

간단한 비유로 두 개의 자물쇠와 두 개의 열쇠가 있는 금고를 상상해본다. 하나의 키는 A가 가지고 남은 하나의 키는 B가 가진다. 이들이 금고를 열 수 있는 방법은 두 개의 키를 자물쇠 두 개에 꽂아야 한다. 즉, 다른 사람의 동의 없이는 혼자서 열 수 없다.

다중 서명 주소(금고)에 저장된 자금은 '2개 이상'의 서명(열쇠)을 통해서만 접근할 수 있다. 2/3가 가장 일반적인 것으로, 3개 서명 주소의 자금에 액세스하는 데 2개의 서명만 있으면 충분하다. (이외에 3개의 키 중 3개가 있어야 엑세스 할 수 있도록 설정하기도 하는 등 다양한 변형이 있다.)

☑ **단일 서명**

단일 서명거래는 '[그림 4-26]에서 금고의 자물쇠와 키가 하나만 있는 것'이라고 생각하면 된다. 즉, 개인키를 보유한 사람은 해당 주소의 자금에 영향력을 끼칠 수 있다. 쉽게 말해, 거래에 서명하는데 하나의 키만 필요하며 개인 키를 가진 사람은 다른 사람의 승인 없이 마음대로 코인을 전송할 수 있다는 것이다.

● 단일 서명과 다중 서명

☑ 속도와 관리

단일 서명이 다중 서명보다 빠르고 쉽다.

☑ 보안

다중 서명이 훨씬 안전하다. 하나의 예시를 들어보겠다. 만약 대기업의 자금을 하나의(단일) 키가 있는 주소에 저장되어 있다고 해보자. 이는 즉, 한 사람 또는 여러 개인들이 이 주소에 영향력을 끼칠 수 있다는 소리이다. 이는 회사의 자금 보안에 관련해서도 상당한 리스크가 있다. 하지만 다중 서명을 활용한다면 마치 현재 회사에서 어떠한 일을 진행하기 위해서 주주들의 50% 이상이 찬성을 해야 진행할 수 있듯이. 회사의 여러 주요 인물들이 여러가지 키를 나누어 가져 그들이 설정한 시스템 (ex) 3개의 키 중 2개만 있으면 엑세스 할 수 있도록 설정, 또는 4개의 키 중 4개의 키가 있어야 엑세스 할 수 있도록 설정)에 따라 주소에 엑세스 할 수 있는 것이다. 이렇게 된다면 개별 이사회 구성원들이 자금을 오용할 수 없게 된다.

☑ 단점

아직은 상용화 되어있지 않기 때문에 개인들이 이 기능을 사용하기에는 아직은 어느 정도의 기술 지식이 필요하다. 또한 '3명의 키를 나누어 가지기로 했는데 2명이 키를 공개하지 않는 경우' 등 기술에 관련한 다양한 문제가 발생하였을 때 법적 대응이 어렵다는 점이다.

☑ 미래?

생각해보면 단점들은 시간이 흘러 다중 서명 기술이 개인들도 사용하기 쉽게 발전하다 보면 다 해결될 문제들인 것 같다. 그리고 이 기술이 비즈니스를 하는 사람들에게는 더욱 유용하게 쓰일 수 있을 것 같기 때문에 앞으로 더욱 발전할 수 있을 것 같다.

💡 과연 탭루트는 비트코인 가격에 어떤 영향을 미칠까?

솔직히 비트코인 가격이 어떻게 되든 간에 탭루트의 구체적인 기술이 이랬다… 단일 서명에서 다중 서명으로 바뀐다… 등의 내용을 자세하게 알 필요는 없는 것 같다. 그냥 이런 호재구나, 이런 기술이구나 정도로만 이해하면 될 것 같다.

우리가 알아야하는 것은 과연 이 '탭루트(Taproot)'라는 이슈가 도대체 얼마나 큰 이슈인지이다.

그냥 개발자들의 입장에서 본다면 단기적으로 크게 상승할 호재가 아니라 장기적으로 크게 오를 수 있는 호재이다. 왜냐하면 이 기술의 업그레이드가 구체적으로 상용화되고 우리에게 다가오기 까지는 많은 시간이 걸리기 때문이다.

한 가지 예로 'PTSH'라는 비트코인의 큰 업그레이드가 2012년에 있었는데 비트코인 업계에 들어오기 까지는 많은 시간이 흘렀다. 그와 마찬가지로 이번에 탭루트 업그레이드도 직접 비트코인을 사용하는 사람들이 서비스를 이용하기까지는 몇 년이 걸릴 것이다. 그렇기 때문에 이번 탭루트 업그레이드가 중장기적으로 봤을 때 네트워크가 더 성장할 수 있는 기틀을 마련해줄 것이기 때문에 가치 측면에서는 중요한 이벤트라는 것이다.

하지만 이것은 기술적으로 보았을 때의 얘기이고, 필자의 생각은 일단 가격에서는 선반영이 어느 정도되어 나올 것 같다. 무슨 소리인가 하면 이미 탭루트 업그레이드에 대한 이슈는 몇 년 동안 계속 나온 이야기이면서, 탭루트가 11월에 확정되었다는 기사가 나온지 몇 개월이 흘렀다. 그동안 그 이슈를 본 사람들은 11월 탭루트 업그레이드 이슈를 바라보며 미리 샀을 것이다.

필자는 이번 11월 탭루트 업그레이드를 기준으로 슬슬 현금 보유량을 늘려볼 생각이다. 왜냐하면 그 때쯤 되면 아마 불장과 동시에 몸이 붕 뜬 기분이 들 것이라는 생각과 내 자산들이 일명 '돈 복사'가 되는 상황이 나올 것 같기 때문이다. 이 시나리오도 다 인간지표를 생각하며 활용한 것의 한 예시이다. 물론 필자가 생각한 상황이 나오지 않는다면 언제든지 상황에 따라서 시나리오는 바뀔 수 있다.

이 책을 쓰는 9월 1일 기준 비트코인은 4월에 시작한 하락이 바닥을 찍고 다시 올라온 상황이다. 지금 상황에서 월봉 기준 밑꼬리를 달고 오를지 횡보를 할지는 모른다. 그래서 필자는 앞으로 다가올 많은 이슈에 대해서 '악재에 사고, 호재에 팔아라'라는 말이 있듯이 한 번 그 말을 실천해보려고 한다. 물론 이슈가 나오자마자 바로 팔고, 사라는 뜻은 아니고, 예를 들어 필자는 이번 탭루트 업그레이드 이슈를 통해 강력한 호재임에도 불구하고, '천천히' 팔 것이다. 왜냐하면 호재가 뜨는 순간에는 정말로 업그레이드가 되었다는 증명이기 때문에 가격에 반영될 것 같기 때문이다.

하지만 코인론을 읽은 독자분들의 다양한 생각이 있겠지만 필자의 개인적인 생각으로는 세력의 입장에서 개미에게 조용히 물량을 넘겨주기 가장 좋을 시기가 아닐지 생각해본다. 왜냐하면 우리는 '공명정대한 관찰자' 이기 때문이다.

코인론
: 필수 파밍
(Farming)
아이템

코인론 : 필수 파밍(Farming) 아이템

비트코인과 김치 프리미엄

지금까지 지루한 관문을 잘 지나오셨다면, 이제부터 무엇을 어떻게 공부할지 준비하자! 코인 시장에서 필요한 필수 아이템들을 공부하려면 '좋은 눈'을 기르기 위해 노력해야할 것이다.

암호화폐의 열풍이 다시 불기 시작하면서 소위 '김치 프리미엄', '코리아 프리미엄'이라고 불리는 현상이 나타나기 시작했다. 2021년 4월 하락이 시작되기 전 프리미엄은 최대 약 20%까지 올랐었다.

그렇다면 김치 프리미엄이란 도대체 뭘까? 김치 프리미엄이란? 어떤 물건이 있다면 한국과 외국의 가격 중 한국의 가격이 더 비싼 것을 의미한다. 쉽게 말해 한국에서 비트코인이 110만원이고, 외국의 비트코인이 100만원이라면 '10%의 김치 프리미엄이 꼈다.'라고 표현한다. 그와 반대로 만약 한국의 비트코인이 100만원이고, 외국의 비트코인이 110만원이면 '역 김치 프리미엄'이라고 하며 '-10%'로 표현된다.

보통은 이 시세차익을 통해서 이익을 보려는 사람들이 있다. 예를 들어 역 김치 프리미엄 상태일 때는 우리나라 거래소의 비트코인 가격이 더 싸기 때문에 우리나라에서 거래를 한 뒤에 해외에 있는 거래소 지갑으로 옮겨 팔면 시세차익만큼의 이득을 볼 수 있다. 반대로 김치 프리미엄 상태라면 해외에서 사서 한국으로 가져와 시세차익을 보면 좋겠지만 이러한 방법에는 해외에서 살 수 있어야 한다는 단점이 있다. 그 과정이 엄청 복잡하기 때문에 불장이 시작되기 전에 비트코인을 해외 거래소로 옮겨 놓은 뒤에 불장이 시작되고 김치 프리미엄이 붙을 때 다시 한국 거래소로 가져와 시세차익을 보는 방법이 있다. 하지만 최근에 외환거래는 합법으로 거래하기 힘든 점들이 있기 때문에 작은 돈이라면 상관없겠지만 큰 돈이라면 세금 등의 문제가 있다고 한다. 또한 김프&역프 매매를 하려면 코인을 송금해야 하는데 코인을 옮기는 시간이 짧지가 않기 때문에 그 사이에 가격 변동이 생겨 오히려 손해를 보시게 될 수도 있다. 그래도 한 두 번은 경험으로 해보실 수도 있겠지만 큰 수익을 얻기 힘드실 거라고 생각한다.

사실 이번에 김프&역프를 통해 시세차익을 보는 방법을 알려주기 위해 이 파트를 만든 것은 아니다. 이 현상에 대해서 설명하기 위해 만들었다. 이미 비트코인의 가격이 떨어졌는데 왜 떨어졌는지 분석하는 것은 아무 소용이 없다. 중요한 것은 앞으로 어떻게 흘러갈지를 예측하는 것이다. 한마디로 현상이 중요하다. 만약 비트코인이 급락할 당시에 어떠한 현상이 일어났는지를 파악하는 것처럼 말이다. 때문에 나는 지금까지의 김프와 역프의 흐름을 알아보며 어떤 상황에 어떠한 흐름이 나왔는지 직접 알아보았다.

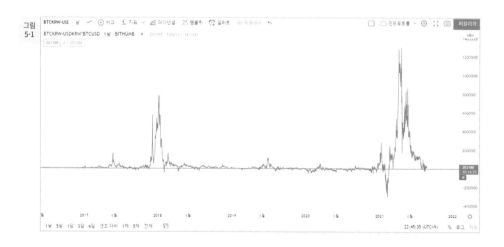

[그림 5-1]은 트레이딩 뷰에서 볼 수 있는 김프&역프 차트이다. 빨간 색 가로선을 기준으로 위에 있으면 '김프'이고 아래에 있으면 '역프'이다. 위 차트는 빨간 색 박스를 클릭하신 후에 "BTCKRW-USDKRW*BTCUSD"라고 검색하면 나온다.

이 지표는 그냥 참고하면 좋을 것 같아서 넣어보았다.

그렇다면 '김프가 크게 오르기 시작할 때', '김프가 떨어지기 시작할 때', '역프가 발생했을 때' 등 다양한 상황에 비트코인의 당시 가격은 어떤 흐름이었는지는 더 좋은 지표가 있으니 다른 지표를 통해 비교해보도록 하겠다. 꼭 내가 찾은 상황 말고도 더 많은 상황들이 있을 수도 있다. 혹시나 그런 상황이 나온다면 이번 편을 공부하면서 스스로 한번 대입해 보면 어떨까?

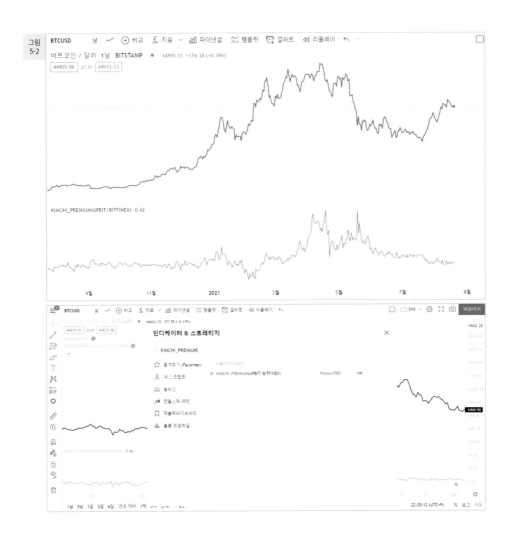

그림 5-2

[그림 5-2]의 보조지표는 'KIMCHI_PREMIUM'을 검색하면 찾을 수 있다. 그림 2018년도와 2021년도를 비교하면서 김치프리미엄 현상이 가격에 미치는 영향을 한 번 찾아보았다.

[그림 5-3]을 보고 '2018년에는 김프가 최대 약 50%까지 올랐으니 이번 2021년에도 50%까지는 오르지 않을까?' 생각하시는 분들이 계실 수도 있다. 내 생각에는 그런 생각은 별로 중요하지 않은 것 같다. 결국 가격 결정은 사고 팔고 하는 사람들에 의해 결정되는 것이기 때문에 김프 과거 수치는 참고는 할 수 있겠지만 별로 중요하지 않은 것 같았다.

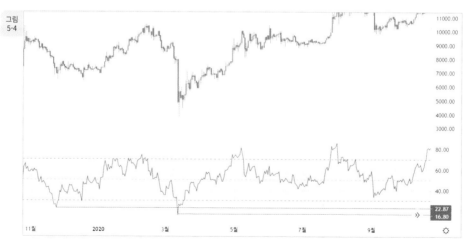

쉽게 말해 'rsi' 지표가 과매도를 가리킬 때
20에서 다시 오를 수도 있고 16에서 오를 수도 있는 것과 비슷한 것 같다.

나는 비트코인의 가격이 고점에 다다를 때에는 매도를 하기 가장 좋은 상황이 된 것이라고 들었다. 처음에는 이 말이 그냥 당연한 소리라고 생각했다. 하지만 그 말의 뜻과 동시에 같은 뜻이 하나 더 있었는데 바로, 세력이 많은 물량을 팔기에 가장 좋은 구간이라는 뜻이 있었다. 나는 인간 지표 부분에서 사람들이 환의에 넘칠 때 그 때부터 하락이 시작될 것이라고 짐작할 수 있다고 말했었다. 하지만 우리가 그런 것들을 실제로 뭐… 통계를 낸다든가… 할 수는 없는 노릇이다. 내 주변에서 아무리 환희에 가득 차 있는 사람들만 있다고 하더라도 그것이 구체적으로 어느 정도인지는 가늠하기가 쉽지 않다. 하지만 이번에 김치 프리미엄을 공부해보면서 김프를 통해 어느 정도 정보를 얻어볼 수 있을 것 같다는 생각이 들었다. 한 번 같이 비교해보도록 하겠다.

[그림 5-5]는 '트레이딩 뷰 파밍' 파트에서 다뤘던 리플레이 기능을 이용하여 만든 차트이다. 과거 2018년 차트의 가격이 하락하기 전 김프의 흐름을 한 번 보면,

위 그림에서 굵은 빨간색 화살표를 보시면 비트가 조금 하락하면서 김프가 확 빠지는 모습을 볼 수 있을 것이다. 하지만 그 이후에 가격은 다시 올라서 고점을 갱신하고 있는 반면에 김프는 크게 오르지 않고 있었다. 이후 가격은 고점을 찍고

나서 하락하고 있는데, 이 때 신기하게도 김프는 줄어들지 않고 가격과는 반대로 올랐다. 이 후 가격은 다시 오르는 듯 싶더니 다시 살짝 떨어지면서 김프는 최고점을 찍는다.

그렇다면 이 김프의 현상의 의미는 무엇일까? 바로 사람들이 환희에 가득차 있을 때 매도한다는 것이 아닐까? 실제로 보았듯이 가격은 계속 떨어지는데 매수 심리는 계속 상승하는 모습을 볼 수 있다. 그럼 이 시기가 가장 매도하기에 적절한 시기가 아닐까? 또한 세력이 많은 물량을 던졌을 때 그 던진 물량을 개인 투자자(개미)들이 받고 있는 과정이 아닐까?

[그림 5-5]를 보면 빨간색 선으로 가격과 김프가 커플링되서 오르고 떨어질 때에는 개미와 세력이 똑같이 행동하고 있는 것이다. 하지만 파란색 선은 가격과 김프가 디커플링되어서 움직인다. 만약 가격은 오르는데 매수심리가 떨어지고 있는 것은 세력이 가격을 올리는 것이다. 이 때 개미들은 많이 수익보거나 조금 수익보거나 거의다 수익인 상태일 것이다. 가격이 오르니 슬슬 개미들은 돈을 더 넣지 않은 것을 후회할 것이다. 이 후 가격이 떨어지는 구간이 나오는데 그 구간은 이제 세력이 파는 구간이다. 하지만 개미들은 이 때다 싶어서 사고싶었는데 사지 못했던 가격에서 다시 오를 거라는 믿음을 가지고 사모은다. 그렇다 이 상황이 앞에서 말했던 세력이 많은 물량을 던졌을 때 개미들이 그 물량을 받고 있는 과정인 것이다.

이 후 가격이 또 계속 떨어지니 슬슬 개미들은 무서워 손해를 보더라도 물량을 던지게 된다. 그럼 또 세력은 그 물량을 받는다. 그렇게 하락이 멈추고 다시 오르나 싶을 때 세력은 남은 물량을 던지기 시작하고 가격은 다시 하락한다. 하지만 또 개미들은 다시 또 떨어지더라도 이쯤이면 멈추겠지하고 다시 세력이 던진 물량을 받아준다.

앞서 말한 이러한 과정들이 앞에 파트에서 여러 번 말했던 심리를 차트에 대입해보는 과정인 것이다. 또한 이러한 심리가 이해가 잘 가지 않는다면 '코인론: 핵심사항'파트의 '단테의 신곡' 부분을 다시 읽어보시길 추천드린다. 아마 비교하면서 읽어본다면 더 깊이 이해하실 수 있을 것이다.

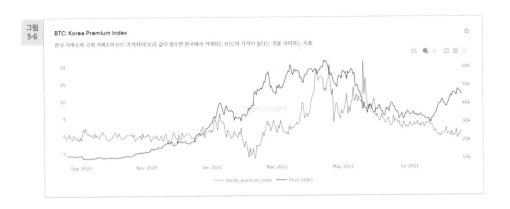

[그림 5-6]은 크립토 퀀트의 'BTC: Korea Premium Index' 차트이다. 보라색이 김치 프리미엄의 수치를 보여주는데, 이걸로도 확인할 수 있다는 것을 참고하면 좋을 것 같아서 넣어봤다. 최근 2021년 4월 하락의 차트에 앞서 말한 개미와 세력이 섰다를 하는 과정을 대입해보아라 우리는 '공명정대한 관찰자'이기 때문에 세력이 개미에게 물량을 건네주는 모습을 보며 경쟁하지 않고 승리할 수 있게 될 것이다.

여러가지 지표를 소개해드렸으니 독자분들이 편한 지표를 사용해주시면 될 것 같다. 나는 트레이딩뷰로 비교하는 것이 편하기 때문에 트레이딩뷰로 비교해보도록하겠다.

[그림 5-7]은 최근 4월달 비트코인이 고점에서 떨어졌을 때를 캡쳐해서 가져와봤다. 위 이미지도보시다시피 처음에 가격은 그대로인데 매수 심리는 오르는 것을 볼 수 있다. 아마 나의 생각에는 이 때까지만해도 개미들은 환희에 가득찬 축제 분위기였기 때문에 이번에도 비트코인은 상승하여 고점을 갱신할 것이라는 생각을 가지고 있었기 때문인 것 같다. 시간이 조금 흐르자… 정말…!! 정말로…!! 올랐다…!!! 한편으로는 이제 막상 후회되기 시작한다. '아… 오르기 전에 좀 더 살껄…' 여기서 신기하게도 가격은 떨어져 준다. 이제 개미들은 매수하기 시작한다.

코인론

위 그림에서도 볼 수 있듯이 고점에서 가격은 떨어지는데 매수심리는 오르는 모습을 보실 수 있다. 개미들은 원하는 지점이 와서 매수에 들어가지만 슬슬 잘못되었다는 것을 직감한다. 여기서 코인론 독자분들은 느꼈을 것이다. 개미들이 매수하는 시점으로 세력은 이미 개미들에게 물량을 떠넘겼다는 것을… 이 후 개미들은 손해를 보더라도 손절하게 되고, 세력은 개미들이 손절한 물량들을 다시 매집하게 되는 것이다.

비트코인과 도미넌스

도미넌스(Dominance,%) 전체 크립토 마켓 "시가총액" 비중을 뜻한다.

우리는 코인 시장에 들어와보면 내가 가지고 있는 코인이 전체 코인시장에서 얼마만큼의 비중을 차지하고 있을지 궁금증을 가져본 적이 있는가? 그 비중을 '도미넌스'라고 한다.

예를 들어 전체 시장의 시가총액이 100조라고 가정한다면, 전체 시장의 60%를 차지하고 있는 코인이 있다면 그 코인의 시가 총액은 60조라는 뜻이다.

우리는 도미넌스와 코인 가격의 관계가 비례한지 반비례한지 관찰하여 공부해야 한다. 보통 간단하게 생각한다면 비트의 가격이 오르면 오를수록 도미넌스의 비중이 늘어나기 때문에 도미넌스가 오를 것이라고 생각할 수 있다. 하지만 과연 이론처럼 오를까?

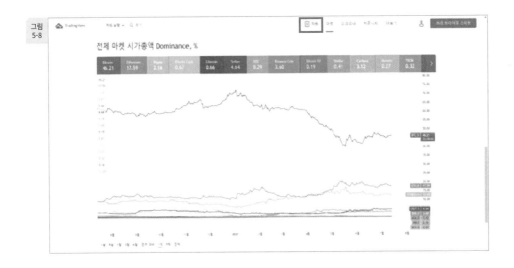

그림 5-8

트레이딩 뷰 라는 사이트에 들어가보면 어느정도 비중이 있는 코인들의 도미넌스차트를 보실 수 있다. 만약 내가 가진 코인이 없다? 그렇다면 위 사진을 보면 위에 차트라고 있는데 일단 차트로 들어와보면

[그림 5-9]와 같은 창이 뜰 것이다. 이 창에서 왼쪽 상단의 빨간 박스를 클릭, BTC를 검색해서 클릭 한 후 비교를 클릭 후

[그림 5-10] BTC(비교하고싶은 코인).D를 입력하고 클릭한 후에

[그림 5-11]처럼 세팅이 되었다면 비트가격과 비트도미넌스 그리고 알트코인은 무슨 관계가 있는지 알아봐야 한다.

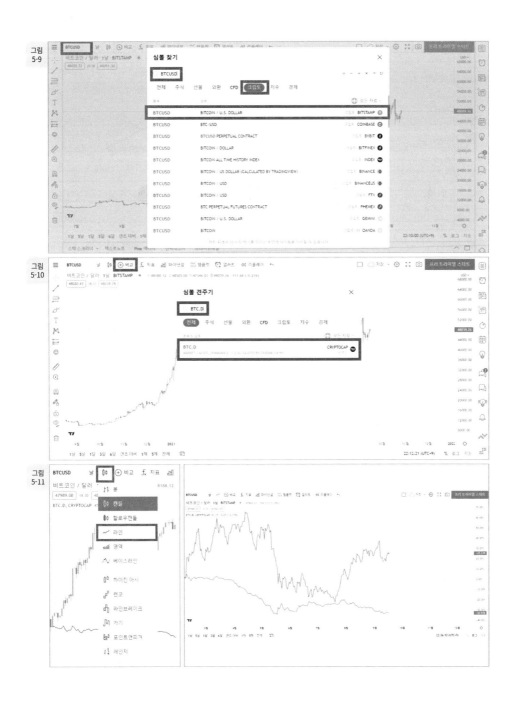

그림 5-9

그림 5-10

그림 5-11

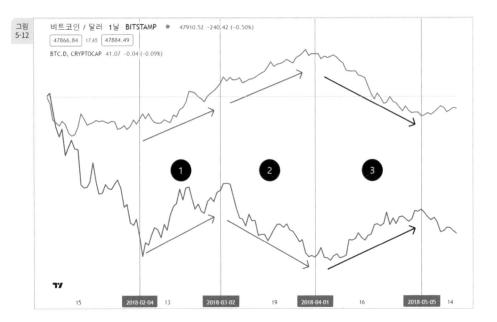

그림
5-12

비트코인 / 달러 1일 · BITSTAMP   ● 47910.52 -240.42 (-0.50%)
47866.84   17.65   47884.49
BTC.D, CRYPTOCAP 41.07 -0.04 (-0.09%)

이런 식으로 세팅을 하고, 1번처럼 비트코인 가격과 도미넌스가 같이 올랐을 때 알트코인들은 어땠는지? 2번처럼 비트코인은 떨어지는데 도미넌스는 오를 때 알트코인들은 어땠는지? 비트코인 가격이 오르는데 도미넌스는 오를 때 알트코인은 어땠는지? 확인해보면서 정리 해보시기를 바란다. 일일이 다 자세하게 설명해 드리고 싶지만 경우의 수가 너무 많아 일단 필자가 정리한 내용을 참고로 직접 찾아보면서 비교해 보셨으면 좋겠다.

☑ 비트코인이 오를 때

도미넌스가 올랐을 경우 알트는 대부분 하락했다.
도미넌스가 횡보했을 경우 알트는 대부분 상승했다.
도미넌스가 떨어졌을 경우 알트는 대부분 상승했다.

☑ 비트코인이 횡보할 때

도미넌스가 올랐을 경우 알트는 대부분 하락했다.
도미넌스가 횡보했을 경우 알트들이 활발했다.
도미넌스가 떨어졌을 경우 알트는 대부분 상승했다.

☑ 비트코인이 떨어질 때

도미넌스가 올랐을 경우 알트는 대부분 하락했다.

도미넌스가 횡보했을 경우 알트는 대부분 하락했다.

도미넌스가 떨어졌을 경우 떨어지는 크기에 따라 알트가 오르거나 떨어졌다.

이렇게 정리해 보았는데, 이 경우가 100% 모든 상황이 다 이렇게 되었다는 것은 아니다. 대부분 그렇게 흘러간 것처럼 보였다는 것이고, 위에서 정리한 내용과 반대되는 상황도 가끔 보였다. 더 구체적으로 정리를 하게 된다면, '어느 정도 올랐을 때 이랬고 저랬다.'로 정리해볼 수 있겠지만 나는 크게 필요하진 않은 것 같다는 생각이 들었다.

이번엔 앞에서 경험했던 내용들을 참고하여 응용한 질문들을 적어보았다. 이 질문의 답변은 충분히 찾을 수 있다고 생각한다. 만약 그럼에도 찾지 못하겠다면, 자신이 생각한 정답을 먼저 적은 후에 부록에 있는 이메일 또는 유튜브 댓글 등으로 질문할 수 있는 공간을 마련하도록 하겠다.

물론 정답은 없다. 그렇기 때문에 100% 이 지표를 신뢰하면 안 되고 늘, 참고로 활용해야 할 것이다.

응용해보는 "코인론" 숙제

Q1 XRP 도미넌스가 오르면 비트코인 가격과 도미넌스는?

Q2 XRP 도미넌스가 내리면 비트코인 가격과 도미넌스는?

Q3 내 코인은 도미넌스에 어떤 영향을 받고, 어떤 존재일까?

Q4 순서는 21년.2월경 비트 도미넌스가 약 60~65 일때.
왜? 보라에 올인했을까?
2월17일 페이코인이 급등하는데. 왜? 안 따라 타고….

Q5 왜?… 보라를 굳이 기다리고… 매매했을까?

Q6 왜? 보라코인 여러 분할 매도 중 최고가를 570원에 팔았을까?
물론 600원,700원,800원도 매도를 걸어 두었지만 미체결….
왜 그랬을까?

여기에 나온 모든 문제들에 대한 해설과 이야기들은 코인론 유튜브를 통해 확인해 보실 수 있다. 코인론 유튜브에 대한 링크는 부록에 있는 QR코드를 통해 만나보시길 바란다.

비트코인과 해시율

비트코인을 매매나 투자를 하고 계신 분들이라면 비트코인을 채굴한다는 이야기 또는 다른 코인을 채굴한다는 이야기를 들어본 적이 있을 것이다. 아니면 직접 채굴하는 경우도 있을 것 같고, 채굴을 할 계획을 가지고 계신 분들도 있을 것 같다. 나는 실제로 부모님이 레이븐(RVN)이라는 코인을 채굴 중이시기 때문에 채굴에 대해 공부를 하게 되었다. 그리고 본격적으로 관심을 가지게 된 계기는 2021년 4월 말부터 시작된 비트코인 하락에 적지 않은 영향을 준 중국의 채굴업체 단속 이슈가 뜨고 나서부터였다.

그렇게 채굴에 대해 관심을 갖게 되던 중 채굴관련 기사를 보거나 유튜브를 보다 보면 항상 세트로 들려오는 말이 있었다. 바로 '해시율'이다. 다른 말로는 '해시레이트'라고 하는데, 본론에 들어가기에 앞서 해시(HASH)란? 사전적 의미로는 '끌어모으다'라는 뜻이다. 이해하기 쉽게 예를 들어보자면 '해쉬감자튀김'을 생각해 보면 된다. '해쉬감자튀김'이라는 이름이 생기게 된 이유가 으깬 감자들을 '끌어 모아서' 만든 감자튀김이기 때문이다. 이것 그대로 채굴에 가져오면 채굴에서 쓰이는 해시는 여러 데이터를 끌어 모아서 일정한 길이의 데이터로 만드는 것이다.

해쉬는 두 가지의 특징이 있는데 하나는 매우 긴 데이터를 일정한 길이의 데이터로 만들어준다는 것이고, 이 부분이 중요한데, 블록체인의 암호를 해독할 때 시간을 단축할 수 있다는 것이다. 비트코인을 채굴한다는 것은 비트코인 하나를 채굴할 때 컴퓨터가 엄청 어려운 암호를 하나 해독하면 비트코인 한 개를 받는 구조인데, 이 암호를 해독하는 능력이 빨라지는 것이기 때문에 해시율이 높을수록 채굴 속도가 빨라진다고 한다. 다른 말로는 비트코인 네트워크의 연산능력을 향상시킨다는 것으로 생각하면 된다.

내가 궁금한 부분은 지금부터였다. "흠… 해시레이트가 올라가면 채굴속도가 빨라지고, 코인을 더 빨리 채굴한다면 가격이 떨어져야 하는 것 아닌가? 왜? 기사나 유튜버들은 해시레이트가 오르면 가격에 긍정적이라고 하고 해시레이트가 낮으면 가격이 하락할 수도 있다고 할까? 해시레이트와 비트코인 가격은 무슨 관계가 있을까?" 이렇게 내가 공부한 부분에 계속 모순이 생겨 공부하면서 계속 의문을 품었다. 하나의 가설로는 "혹시 해시율이 떨어지면 채굴 속도가 낮아지고, 결국 코인 채굴량이 줄어들어 매출이 줄어드니 채굴자들이 코인을 팔아서 채굴 사업을 유지하기 라도 하는 것일까?" 라는 생각도 해봤었다.

https://www.blockchain.com/charts/hash-rate 이 사이트는 비트코인의 해시 레이트를 볼 수 있는 사이트이다. 그래서 일단 비트코인 가격과 해시율이 정말 같은 흐름으로 가는지 궁금해서 한 번 조사해보았다.

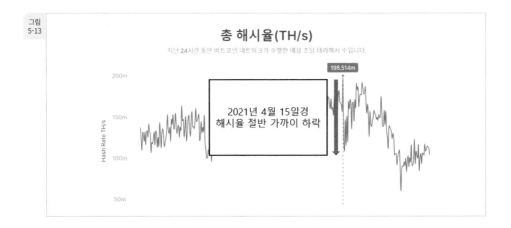

그림 5-13

[그림 5-13]은 4월 15일 ~ 4월 16일 해시율이 절반 가까이 하락한 날이다.

그림 5-14

코인론

[그림 5-14]는 크립토 퀀트 사이트의 'All Miners Reserve'라는 지표인데 비트코인 가격은 해시율이 절반 가까이 하락한 시점을 분기점으로 큰 하락장이 시작되었다는 것을 볼 수 있었다. 물론 중간 중간에 해시율과 비트코인에 반등은 있었지만 결국 약 50% 가까이 하락했었다. 하지만 채굴자들이 코인을 팔았다기에는 채굴자들이 보유한 비트코인 양이 크게 변화는 없었다. 그래서 일단 내가 세운 가설은 아닌 것이라고 생각하고 있다. 만약 가설이 맞다고 생각한다면 언제든지 나에게 피드백 해주시길 바란다.

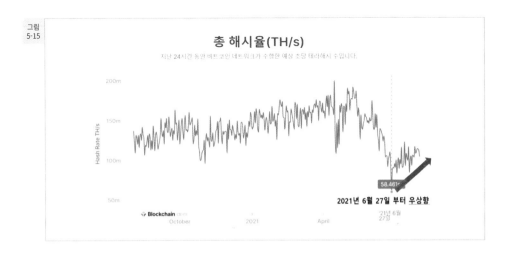

그림 5-15

이 때도 해시율이 저점을 찍은 날인 6월 27일이다. 이후 8월까지 해시율은 우상향했다.

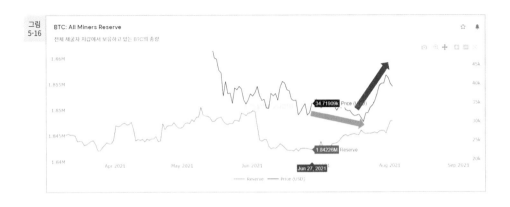

그림 5-16

그리고 다시 비트코인 가격을 봐보니 6월 27일이 조금 지나고 저점을 살짝 갱신하더니 다시 반등하며 우상향했다.

많은 자료가 아니기도 하고 해시율 또한 우리 코인 투자자들이 파밍해야 할 보조지표 중 하나에 불과하기 때문에 무조건 믿어서는 안되고 무조건 해시율이 떨어진다고 해서 가격이 떨어진다고 장담할 수도 없다.

이번엔 약간 새로운 방식⒜의 생각으로 접근 해보려고 하는데 비트코인의 업그레이드 버젼이라고 할 수 있는 '비트코인 캐시'의 해시율과 비트코인의 해시율은 가격에 어떤 관계가 있을까?

코인론

새로운 방식의 생각으로 접근하는 **"코인론" 숙제**

Relative hashrate in percentage of total (stacked, 3h averages).

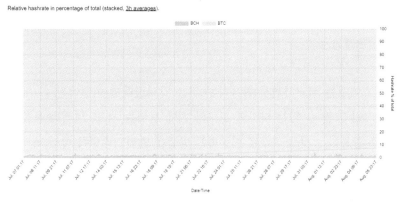

https://fork.lol/

위 사이트는 비트코인과 비트코인 캐시의 해시율 퍼센트 비율을 나타내는 그 래프가 있다. 이 둘은 어떠한 관계가 있을지에 대한 연구는 아직도 진행 중이 다. 향후 이 연구에 대한 내용은 코인론 유튜브에서 다룰 예정이다. (부록에 코인 론 유튜브 링크확인.)

Q1 비트코인 캐시의 해시율 비율이 어느정도 올라갔을 때? 비트코인 가격은? 어떻게 될까?

Q2 비트코인 가격이 떨어졌을 때 비트코인 캐시의 가격은?

여기서 "비트코인 캐시 말고도 비트코인ASV나 비트코인ABC도 있지 않은 가요? 왜 해시율에 포함하지 않나요?" 라고 물어보실 수도 있다. 위에서 말 하고 싶은 것은 비트코인 캐시와 비트코인이 해시율과 무슨 상관이 있는지 이야기 하고 있는 것이다. 비트코인ASV와 비트코인ABC의 해시율과 비트코 인의 해시율도 무슨 연관이 있을지 찾아 보려고 했지만 그 둘을 비교할 수 있 는 사이트를 아직 찾지 못해서 넣지 못했다. 만약, 찾게 된다면 그 때 연구하 여 코인론 유튜브에서 만나볼 예정이다.

트레이딩 뷰 파밍하기

이번에 소개해드릴 사이트는 'tradingview'라는 사이트이다. 트레이딩 뷰 이용법은 도미넌스part에서 한 번 다뤘었다. 거기에 이어서 또 다르게 활용하는 방법까지 알려드리겠다.

도미넌스에서는 비교하면서 활용하는 것을 알려줬다면 이번에는 위 사진 왼쪽에 있는 그림 그릴 수 있는 다양한 도구와 위에 보이는 지표, 얼러트 등을 가끔씩 또는 자주 활용하는 것들 위주로 이용하는 방법을 알려드리도록 하겠다.

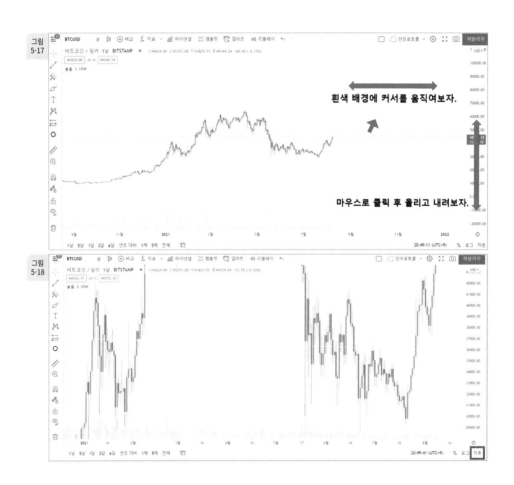

코인론

[그림 5-17] 우선 가장 기본적으로 마우스 커서를 이용하여 확대 축소가 가능하고, 오른쪽의 가격을 클릭해서 짧고 길게 설정하실 수 있다.

[그림 5-18] 원래 상태로 쉽게 돌아가고 싶다면 우측 하단에 자동을 클릭하시면 된다.

다음은 좌측의 도구들에 대해서 설명해 드리도록 하겠다. 우측의 도구들을 사용하기 전에

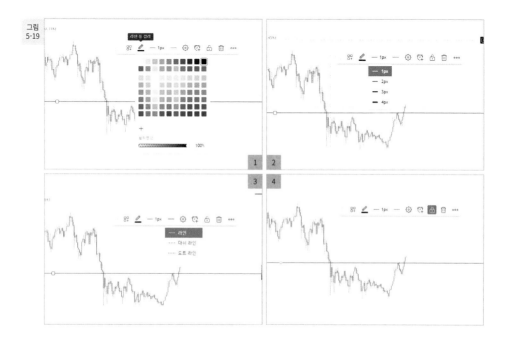

그림
5-19

도구의 색깔과 두께, 라인의 모습을 설정할 수 있고, 이쁘게 그려놓은 선들을 실수로 건드릴 수도 있기 때문에 자물쇠 기능을 통해 해제하기 전엔 건드려도 움직이지 않도록 고정 시킬 수 있는 기능도 있다는 점을 참고하시길 바란다.

그림
5-20

가장 대표적인 선으로는 '가로줄'이 있는데 이것을 이용하여 지지와 저항을 표시하는데 활용한다. 여기서 지지와 저항에 대해 어떻게 구분하는지 궁금하신 분들이 계실 수도 있기 때문에 짧게 설명하도록 하겠다. 보통 어떠한 지점을 통해서 큰 추세의 변화가 발생할 때 그 부분이 저항 또는 지지가 된다. 예를 들어 전고점이 저항이 될 수가 있고 전 저점이 지지가 될 수 있다. 그 외에도 40000$ 같이 딱 맞아 떨어지는 가격이 상황에 따라 지지 또는 저항이 될 수 있다.

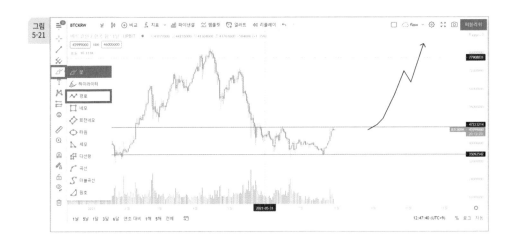

그림
5-21

다음은 [그림 5-21]의 왼쪽을 보시면 '경로'라는 것을 보실 수 있는데 이것으로 스스로가 생각하는 앞으로의 방향을 미리 그리는데 사용한다.

그림
5-22

인포 라인은 위에서 아래로 그리면 몇 퍼센트가 떨어졌는지, 아래에서 위로 그리면 몇 퍼센트가 상승했는지 확인할 수 있다. 필자는 이를 활용하여 과거 상승장에 비트가 얼만큼 올랐었는지 상승장이 끝나고 얼만큼 조정을 받았는지를 보기 위해 사용했고, 과거 상승하락의 크기를 비교하여 이번 상승장의 비트는 얼마만큼 오를 것인가에 대해 예측하는데에도 활용했다.

그림
5-23

익스텐디드 라인은 추세줄 보다 더 긴 추세선을 그리고 싶을 때 활용할 수 있다. 나는 추세선이 길수록 보이는 추세들이 많아서 보통 추세선보다 익스텐디드 라인을 선호하는 편이다.

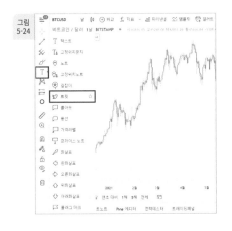

그림
5-24

그림
5-25

트레이딩 뷰에는 트위터를 차트에 담을 수 있는 기능이 있다. 차트에 담는 방법은 [그림 5-24]의 경로로 트윗을 클릭하여

[그림 5-25]처럼 뜰 것이다. 이 트윗에 대한 링크는

그림
5-26

그림
5-27

원하는 사람의 트윗에 들어가서 그 트윗을 클릭한 뒤에

그 트윗의 주소를 복사해서 넣으시면 된다.

코인론

그림
5-28

그렇게 했다면 위 사진 처럼 트윗을 차트에 담을 수 있게 된다. 트윗 기능은 어떤 영향력 있는 사람이 트윗을 몇일에 했는지 그 트윗을 차트에 대입하는데 자주 사용한다. 이 기능을 이용한다면 상승초입, 고점신호, 단기적 관점, 중기적 관점 등을 다양한 뉴스를 통해서 종합적 판단을 할 수 있다. 쉽게 말해서, 호재와 악재가 서로 크로스 되어 향후 비트의 방향이 어떻게 될지 예상할 수 있는 것이다. 추가로 코인시장을 공부하면서 참고해볼만한 트윗을 정리해보겠다.

🛡️ **코인론 독자 사연접수 : kjj040122@naver.com**

코인론을 공부하면? 필자의 부족함이 있을수 있습니다.

그래서 늘 부족함을 채우기 위해 독자분들의 상담과 문의를 받는 것입니다.

아울러, 코인론 2부에 참여하실 독자분의 "진솔한 사연"도 받습니다.

많은 참여 바랍니다.

저또한 코인론 프로젝트에 합류해서 이번 대학입시에 활용까지 하게 되었답니다.

자녀분들의 미래를 위해 부모님의 응원이 필요할 때입니다!! 파이팅!!

[인물&기관&기업]

· **재닛 옐런 장관** (전 연준 의장) https://twitter.com/SecYellen

· **게리 겐슬러** (SEC 미국증권거래위원회 의장) https://twitter.com/GaryGensler

· **DCG 그룹** https://twitter.com/DCGco

· **배리실버트** (DCG그룹 CEO) https://twitter.com/DCGco

· **플랜비** (코인 정보 제공 목적) https://twitter.com/100trillionUSD

· **마이클세일러** (마이크로스트레지 CEO) https://twitter.com/michael_saylor

· **잭도시** (트위터 CEO, 스퀘어 CEO) https://twitter.com/jack

· **장펑자오** (바이낸스 CEO) https://twitter.com/cz_binance

· **이더리움** (이더리움 공식재단 트위터) https://twitter.com/ethereum

· **일론머스크** (테슬라CEO, 스페이스X) https://twitter.com/elonmusk

· **페이팔** (온라인 결재 플랫폼. EX, 삼성페이. 카카오페이) https://twitter.com/PayPal

· **SEC** (미국 증권거래위원회) https://twitter.com/SECGov

· **CFTC** (미국 파생상품 시장 감독 기관) https://twitter.com/CFTC

· **CME 그룹** (CME, CBOT, NYMEX, COMEX. 4개 파생상품 시장) https://twitter.com/CMEGroup

· **그레이 스케일** (디지털 통화 자산 관리. 개인. 기관 자금) https://twitter.com/Grayscale

· **제너럴바이트** (비트코인 ATM 제조사 중 한 곳_체코) https://twitter.com/generalbytes

· **코인ATM레이더** (비트코인 ATM 제자 및 판매사) https://twitter.com/CoinATMRadar

· **바이낸스** (세계 최대 가상자산 거래소) https://twitter.com/binance

· **코인베이스** (암호화폐 매매 플랫폼. 미국 30여 개국이용) https://twitter.com/coinbase

· **고래경보** (Whale_alert. 흥미로운 거래 발생시 알림) https://twitter.com/whale_alert

· **코인마켓캡** (암호화폐 정보, 가격, 차트 및 시가총액) https://twitter.com/CoinMarketCap

코인론

[언론&방송]

· **CNBC** (미국 경제뉴스 전문방송. 주식 및 투자 정보제공) https//twitter.com/CNBC

· **코인데스크_코리아** (한겨레) https//twitter.com/coindeskkorea

· **코인데스크_미국 본사** (DCG 그룹 자회사) https//twitter.com/CoinDesk

· **포브스 암호화폐** (디지털자산 블록체인 뉴스) https//twitter.com/ForbesCrypto

· **코인텔레그래프** (블록체인 뉴스와 정보기사) https//twitter.com/Cointelegraph

· **비트코인 뉴스** (최신 비트코인 뉴스 트위터) https//twitter.com/BTCTN

· **코인게코** (암호화폐 시장 개요 및 분석) https//twitter.com/coingecko

[코인트위터]

· **트위터 닷컴 + 코인명** = 보통 해당 코인 트위터 연결된다.

· https//twitter.com/bitcoin

  https//twitter.com/Ethereum

  https//twitter.com/ripple

"트위터를 2021년 8월쯤 난생 처음 가입한" 순서는 그랬다.

이 정도의 트위터를 뉴스처럼 꾸준히 관찰하면

유명 유튜버분들이 어디서 어떻게 공부하는지

최소한 감을 잡을 수 있게 될 것이라고 말이죠.

그림
5-29

그림
5-30

그리고 기간과 가격범위 기능도 자주 활용한다.

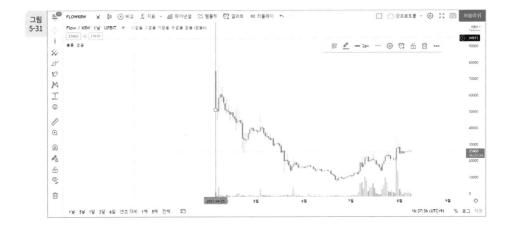

그림
5-31

그림
5-32

나는 세로줄을 보통 btc마켓에서 원화 마켓으로 상장 했을 때 btc마켓에 원화 상장 날짜를 보기 쉽게 표현할 때 사용했다.

그림
5-33

다음은 자주 사용하는 지표를 설명해드리도록 하겠다.

지표를 클릭하신 후에 볼륨 프로화일에 들어가시면 비저블 레인지 라고 있다.

그림
5-34

[그림 5-34] 지표는 오른쪽에 보시면 그 가격대에 얼마만큼의 거래가 있었는지를 보여주는데 이것을 통해서 가장 거래가 많았던 가격대를 지지 또는 저항으로 볼 수 있다.

그리고 가장 긴 막대 그래프에 빨간색 가로줄이 있는 것을 확인하실 수가 있는데, 이 빨간선이 POC라고 불리는 특정 기간동안 볼륨(거래량)이 가장 높았던 중요한 가격대이다.

그림
5-35

더 보기 쉽게 설정하려면 왼쪽 상단의 설정을 들어가서 인풋의 로우 사이즈를 100으로 늘리면 더 세부적인 막대 그래프를 볼 수 있다.

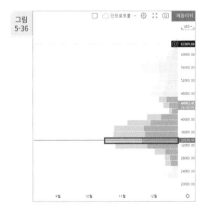

그림
5-36

[그림 5-36]처럼 가장 막대그래프가 길게 된다는 것은 그 가격대에 매물대가 많았다는 것이다.

코인론

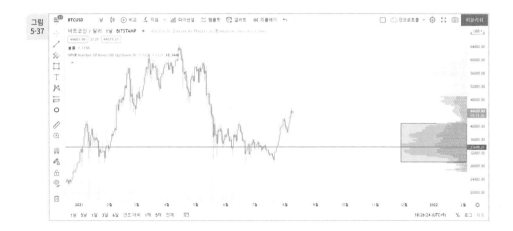

그림
5-37

지지, 저항을 구분 짓기 위해 하나의 예시를 들어보자면 만약 비트코인의 가격이 [그림 5-37]의 빨간색 박스에 있는 매물대 밑에 있었다면 엄청 뚫기 힘든 저항이 될 수 있었겠지만 빨간색 박스 위에 가격이 형성되어있기 때문에 강력한 지지로 볼 수 있게 되는 것이다.

그림
5-38

쉽게 말해 [그림 5-38]처럼 만약 비트코인의 가격이 하락했다면 위사진의 빨간색 가로줄에 큰 매물대가 있기 때문에 빨간색 가로줄이 지지가 될 수 있다.

그림 5-39

[그림 5-39]에서 갈색박스의 매물대가 있기 때문에 비트코인의 가격이 오르더라도 검정색 화살표처럼 저항을 맞고 떨어질 수도 있지만 만약 뚫게 된다면 빨간색 선처럼 갈색박스의 매물대가 지지가 되는 것이다.

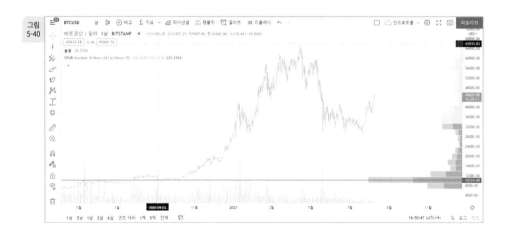

그림 5-40

보는 시선에 따라서 오른쪽의 막대그래프 비율도 달라진다.

코인론

그림
5-41

다음은 거래량인데 지표에 거래량을 검색하시면 찾을 수 있다.

그림
5-42

바닥에 보이는 빨간 네모안에 들어있는 것들이 그날 그날들의 거래량이다.(이미지 수정) 트레이딩뷰를 처음 시작하시면 볼륨(거래량)은 기본적으로 세팅이 되어있을 것이다. 새롭게 생긴 봉이 양봉이 뜬다면 [그림 5-42]의 양봉은 초록색이니 거래량 색도 초록색으로 뜨고 그 반대로 음봉이 뜬다면 빨간색 거래량봉이 뜬다. 보통 주관적인 견해마다 다르지만 필자는 거래량으로 상승하락의 무게를 짐작하거나 기관들의 개입이 들어왔었는지 짐작해볼 수 있다. 하지만 거래량 하나만으로는 판단하기가 어려워 하나의 거래량 관련 지표를 알려드리자면

바로 OBV(온 밸런스 볼륨)가 있다. 지표에 OBV를 검색하시면 찾을 수 있다.

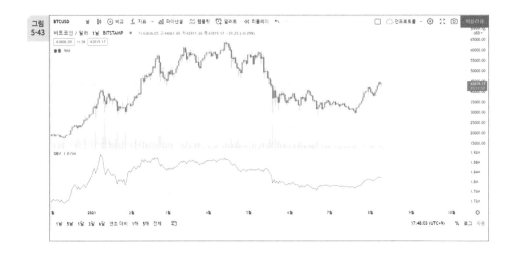

그림
5-43

[그림 5-43] 지표를 통해 세력들의 매집이 있었는지 참고해볼 수 있는데 활용하는 방법은 첫번째 '가격은 하락하는데 OBV는 반대로 상승하는 경우'이다. 이는 매집하는 세력이 있기 때문에 가격을 의도적으로 올리지 않으려고 하는 것으로 참고할 수 있다. 두번째는 '가격은 상승하는데 OBV는 반대로 하락하는 경우'이다. 이는 매도하는 세력이 있다는 것으로 세력이 비싼가격에 팔기 위해 의도적으로 가격을 내리지 않으려는 것으로 참고해볼 수 있다.

그림
5-44

간단한 예시를 들어보자면 [그림 5-44]에 차트는 가격이 오르고 있는데 OBV가 내려가고 있는 것으로 보아 매집하는 세력이 있기 때문에 가격을 의도적으로 올리지 않으려고 하는 것으로 참고할 수 있다.

그림
5-45

또 하나의 예시를 들어보자면 [그림 5-45]의 차트에서는 가격이 오르고있는데 OBV는 내려가고 있는 것으로보아 매도하는 세력이 있기 때문에 비싼 가격에 팔기 위해 가격을 의도적으로 내리지 않는 것으로 볼 수 있다.

다음은 상대강도지수(rsi)이다. 지표에 RSI를 검색하면 찾을 수 있다.

그림
5-46

보통은 보라색 박스를 기준으로
위에 있을 때 사면 '과매수'라고 하고, 아래에 있을 때는 '과매도'라고 한다.

나는 이 지표를 100% 맹신하고 투자에 임했을 때가 있었다. 처음으로 사용한 보조지표라서 이것만 알고 있었던 것도 있었고 많은 경험을 해보지도 않고 얕은 경험으로 과매수에 매도하고 과매도에 매수하고 다 맞으니까 이번에도 맞겠지 싶어서 과매도에 매수를 했는데 rsi 가 살짝 오르는가 싶더니 다시 떨어져 큰 손실을 본적이 있었다.

그림
5-47

바로 [그림 5-47] 같은 경우가 필자가 겪은 경우이다. 분명 지표는 바닥이라고 해서 샀는데 바닥이 아닌 경우이다.

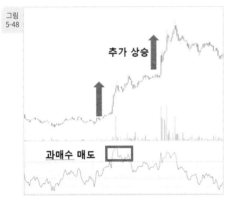

그림
5-48

이건 반대 상황이다. Rsi가 과매수 상태라서 매도를 했는데 알고보니 더 고점이 있는 경우이다.

내가 이 지표를 자주 사용해본 결과 박스권 횡보에서 사용했을시에는 괜찮은 효율이 나왔고, 반대로 추세가 나오는 큰 상승이나 갑작스러운 폭락시에는 위 예시 같은 경우가 나왔다. 예를들어 rsi가 과매도를 찍고나서 오르는데 가격은 조금만 오르고 rsi가 크게 오르는 경우가 있다. 그런 경우에는 추가 하락을 의심해볼 수 있다. 그렇다고 RSI 하나만 믿고 투자를 한다고 하면 당연히 보조지표 하나만 믿고 투자에 임하는 것이기 때문에 충분한 경험을 가지지 않고서 투자하는 것은 추천하고 싶지 않기 때문에 소액으로라도 조금씩 투자해보면서 감을 익히시기를 바란다. 물론 이 지표를 통해 돈을 버실 수는 있겠지만 필자는 이 지표를 통해 단타의 늪에 빠질 뻔한 적이 있어서 현재는 이 지표를 큰 상승이 있을 때에 rsi가 지금 과매수 상태인지 체크하여 상승이 이쯤이면 멈출지 아직 더 상승할 수 있을지 참고할 때 참고용으로 잠깐잠깐 보는 편이다. 하락할 때도 마찬가지이다.

다음은 bitcoin production cost 라는 지표이다. 지표에 bitcoin production cost를 검색하면 찾을 수 있다.

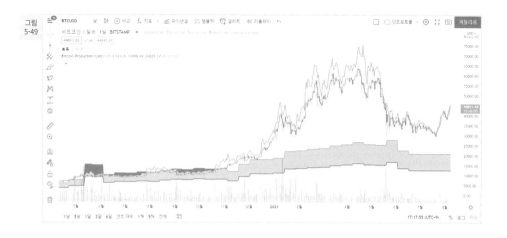

지표는 채굴자들의 채굴 비용을 나타내는데 사용하는 지표이다. 맨 밑의 빨간선이 비트코인 한 개를 채굴하는데 소모되는 전기세이고, 그 위에 보라색 선이 다른비용을 포함한 총 비용이다. 보라색 라인을 원가라고 생각하시면 된다. 그리고 위에 보면 초록색 라인을 보실 수있는데 이 초록색 선이 수수료를 포함한 판매가라고 보시면 된다.

채굴 회사들이 먹고 살려면 적어도 보라색 라인보다는 위에 있어야한다.

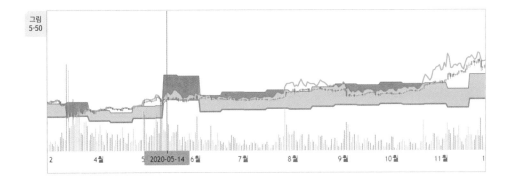

그림
5-50

[그림 5-50]을 보면 빨간색 박스 부분이 보이실 텐데 이 부분은 채굴자들이 팔면 손해를 보는 구간이라고 보시면 될 것 같다. 이 때 손해를 보는 이유가 과연 무엇일까? 그건 바로 '반감기' 때문이다. 반감기를 기준으로 채굴 보상률을 반으로 줄여버리니 수익률이 뚝 떨어진다. 반감기 이후 채굴자들은 몇 개월 동안 적자를 면치못한다. 하지만

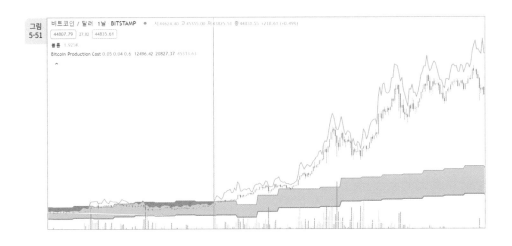

그림
5-51

세로선을 기준으로 가격은 계속 올라가게 되는데 이는 반감기의 원칙상 희소성의 원리로 인해 가격은 계속 올라갈 수 밖에 없다. 채굴자들은 이 상승만을 기다리며 긴 손실 구간을 버티는 것이다.

그림
5-52

이 때도 손실 구간이 있었는데 이 구간은 너무 많이 올라버린 비트코인 가격이 조정을 받았기 때문인 것 같다.

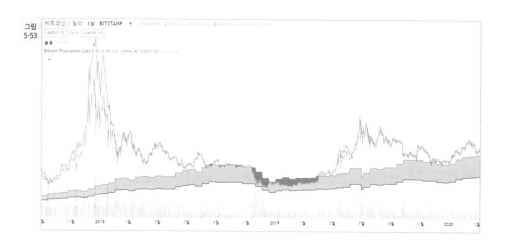

그림
5-53

과거 2017년 때 상승장 전에도 2016년 반감기가 있었는데 이 때도 보상이 반으로 감소해 잠깐 동안의 손실 구간이 있었고, 한 9개월 정도의 기간을 거친 후에 상승하기 시작했다.

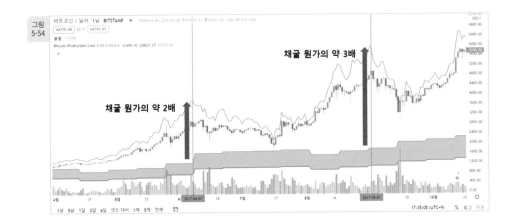

상승이 시작되고 첫번째 주황 세로선을 기준으로 판매가가 원가의 두배가 조금 넘고, 두번째 주황 세로선을 기준으로 판매가가 원가의 세배 정도 된다.

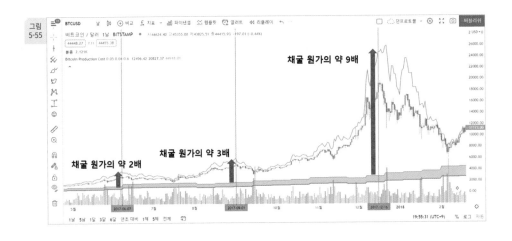

그리고 2017년 상승장 최고점을 찍었을 때는 판매가가 원가의 9배 정도 되었다.

그림
5-56

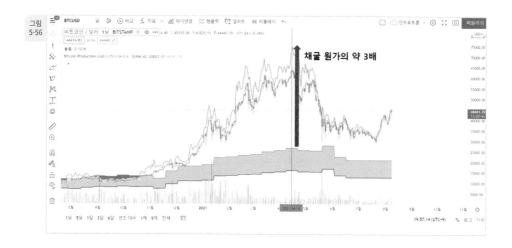

이제 다시 돌아와서 2021년 4월 최고점을 찍었을 때에는 판매가가 원가의 약 3배 정도 되었다. 이렇게 보면 아직 이번 상승장은 채굴자들이 재미를 하나도 보지 못하고 있는 것이다. 만약 이번 상승장에도 판매가가 원가의 9배 정도까지 올라간다고 한다면 아직 상승장이 끝나지 않았다는 것을 짐작해볼 수 있다.

그림
5-57

다음은 이동평균선인 'ma'이다. 지표에 ma를 검색하면 찾을 수 있다. 이동평균선을 생성했다면 [그림 5-57]에 설정에 들어가셔서 인풋에서 길이에 원하는 이동평균날짜 길이를 설정할 수 있고, 모습에서 원하는 색이나 두께를 설정하실 수 있다.

그림
5-58

이동평균선은 정한 길이만큼의 종가를 더하고 평균을 내서 선으로 보여주는 것이다. 예를 들어 5일 이동평균선은 일봉을 기준으로 해서 5개의 일봉의 종가를 더하고 평균을 내서 선으로 보여주는 것이다.

필자는 5일선, 20일선, 50일선, 100일선, 200일선 을 주로 사용한다. 이 지표를 통해 '골든크로스'와 '데드크로스'를 볼 수 있는데 골든크로스는 단기 이평선이 장기 이평선을 상향돌파 했을 때를 말하고, 데드크로스는 그 반대로 단기 이평선이 장기 이평선을 하향돌파 했을 때를 말한다. 필자는 단기 이평선을 50일 이평선으로 사용하고, 장기 이평선을 200일 이평선으로 사용한다.

보통은 골든크로스가 나오면 앞으로 큰 상승이 나온다. 데드크로스가 나오면 하락이 시작된다. 정도로 해석한다. 만약 평균선보다 위에서 차트가 평균선을 지켜주면서 오른다고 하고 예를 들어 5일 이동평균선을 기준으로 하면 5일동안의 종가를 더한 것의 평균보다 계속 더 높다는 것이라는 것이고 평균선 보다 아래로 뚫리게 된다는 것은 최근 5일동안의 평균보다 낮게 떨어지고 있다는 것이기 때문에 상승의 힘이 약해지고 있다는 것을 보여준다.

그림
5-59

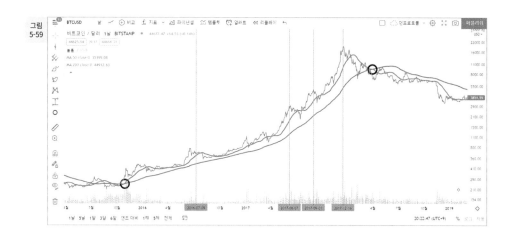

[그림 5-59] 처럼 골든 크로스 이 후에 큰 상승 후 조정을 받으면서 데드크로스
가 생겨 하락한 것을 볼 수가 있는데

그림
5-60

[그림 5-60]의 경우처럼 데드크로스가 나오고 나서 하락하는 듯 싶더니 오르거
나 골든크로스가 나오고나서 가격이 크게 떨어지는 경우도 있기 때문에 보조지표
는 보조지표로만 활용하시기를 추천드리는 것이다.

다음은 리플레이 기능이다.

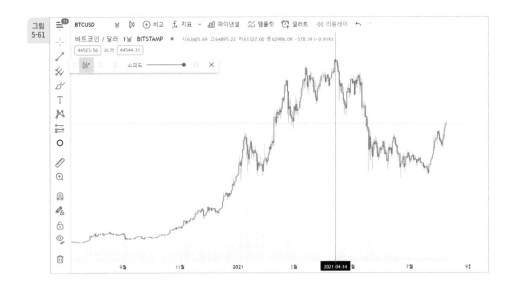

그림
5-61

상단의 리플레이를 클릭하시면 파란색 세로선이 나오는데 돌려보고 싶은 지점을 클릭하시면

그림
5-62

그 지점부터 지금까지 어떻게 변화했는지 볼 수 있으며, 스피드 조절을 통해 5초, 3초, 2초, 1초, 0.5초, 0.1초 순으로 봉을 한 개씩 나타낼 수 있게 할 수 있다.

그 외의 기능으로 힘들게 그린 도구들이나 지표를 실수로 지웠을 경우에는

그림
5-63

| BTCUSD | 날 | ◊◊ | ⊕ 비교 | ƒₓ 지표 ∨ | ⫴⫴ 파이낸셜 | ⩘ 템플릿 | ⏰ 얼러트 | ◁◁ 리플레이 | ↺ |

상단의 뒤로가기를 통해 돌아갈 수 있다.

그리고 오른쪽 상단에 환경설정 마크를 클릭하시면

그림
5-64

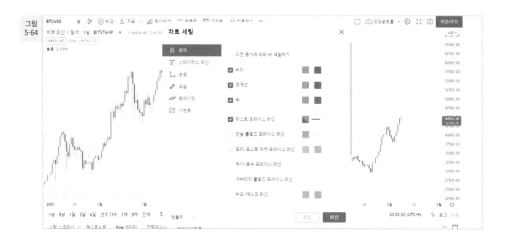

이런 모습이 뜨는데 업비트는 상승이 빨간색이고, 트레이딩 뷰는 하락이 빨간색이라 차트의 색이 달라서 혼란스러워 하실 분들을 위해 팁을 드리자면

[그림 5-64]의 바디, 경계선, 윅 설정을 [그림 5-65]의 색 처럼 바꾸면

그림
5-65

그림
5-66

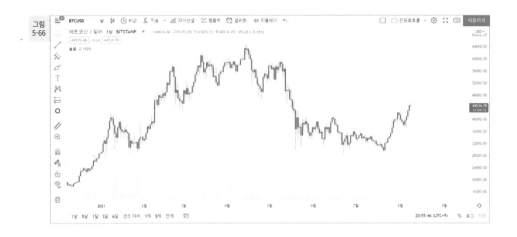

그림
5-67

업비트와 같은 색상으로 변경하실 수 있다.

그리고 마지막 팁으로 트레이딩 뷰의 밝은 색상이 너무 눈이 아프다 하시는 분들은 배경을 우클릭 하신 후에 색상테마의 다크를 클릭하시면 어두운 배경으로 이용하실 수가 있다. 여기까지가 내가 자주 사용하는 트레이딩뷰 사용법이다. 좌측의 도구를 보다보면 피보나치, 엘리엇 임펄스 파동 등 다양한 지표가 있는데 이러한 지표들까지 활용하시고 싶다면 따로 공부하시길 바란다. 참고로 나도 과거 엘리엇파동 책까지 사가면서 공부했던 사람이지만 이런 지표들 까지 공부하지 않더라도 이번에 설명한 지표들 만으로도 충분하다고 생각하다.

172

크립토 n홀 사이트 파밍하기

이번 편은 크립토(암호화폐)관련 공부를 하면서 활용하는 사이트들을 설명하는 목차이다. 이번 목차를 쓰게 된 이유는 내가 코인을 공부할 때 유튜브를 보면 유튜버들이 사용하는 사이트들이 도대체 어디에 있고 어떻게 활용하는지 궁금했고, 이것들이 다 파밍의 한 종류라는 것이다.

'배틀 그라운드'라는 게임을 아시는가? 이 게임에서 이기려면 우선 약 100명의 적이 돌아다니는 전장에서 승리하기 위해서는 우선 가방, 총알, 총 헬멧 등의 장비를 파밍(Farming)해야 한다. 이 코인시장에서도 똑같이 승리하기 위해서는 파밍해야 할 것들이 있다. 그 중 하나가 암호화폐와 관련된 정보들이 있는 사이트들을 활용할 줄 알아야하는 것이라고 생각한다.

독자분들은 코인론 책을 사신 만큼 필자가 오랜 기간 걸쳐 공부한 내용을 단기간에 쉽게 이해할 수 있도록 최대한 알기 쉽게 설명하도록 하겠다.

Google (coin360.com   🔍)

첫 번째 사이트는 'coin360'이라는 사이트이다. 이 사이트는 코인유튜버를 보는 독자 분들이라면 대부분 한 번쯤 은 보신 사이트일 것 같다. 전날 대비 상승이

그림
5-68

05. 코인론 : 필수 파밍(Farming) 아이템

173

면 '초록색', 전날 대비 하락이면 '빨강색'으로 표시를 해준다. 이것을 보고 전체적
으로 시장상황이 어떤 흐름인지 볼 수 있고, 비트코인 기반이면 비트코인 계열 코
인들이 차지하는 비율, 이더리움 기반이면 이더리움 계열 코인이 차지하는 비율
등도 크기로 한눈에 볼 수 있다.

나는 유튜브에서 이정도 기능까지 접했던 것 같다. 그래서 더 다양한 기능이 있
는지 한 번 찾아보았다. 위 사진에서 아무 코인박스나 클릭해본다면

[그림 5-69]처럼 화면이 뜬다. 이렇게 들어갈 수 있는지 처음 알았을 때는 왜 인
지 모르게 많이 놀랐다. 뭔가… 나만 몰랐던 걸 알게 된 느낌…? 오른쪽 위를 보면
'Related coins'라고 관련 코인들이 있는데, BCH, BSV, SYS, ELA, PPC, UBTC
가 보인다. 이 코인들이 다 무슨 관련이 있다는 건가?? 어?? SYS??? 저거 업비트에
서 상장 폐지한 코인 아닌가??? 비트코인 하고 깊숙하게 관련이 있나 보네??

이런 식으로 하나 하나씩 단서를 찾으며 파밍을 하는 것이다. 독자분들도 이렇
게 스스로 자신이 공부하는 코인이 어떤 코인하고 어떤 관련이 있는지 '이더리움
계열의 코인 중 어느 정도의 비중을 차지하는지???' 등 다양한 파밍 정보를 찾으
실 수 있을 것이다.

코인론

그림
5-70

그리고 또 다른 기능을 찾아보자면 위에 여러 옵션들 중에 'Exchanges'라고 있다. 이것을 클릭해본다면 코인이 아닌 다양한 거래소들의 비중을 한눈에 볼 수 있고 그 거래소들의 볼륨을 체크해볼 수도 있다.

Google coinmarketcap.com

다음은 'coinmarketcap' 이라는 사이트이다. 이 사이트는 모든 코인들의 종류

그림
5-71

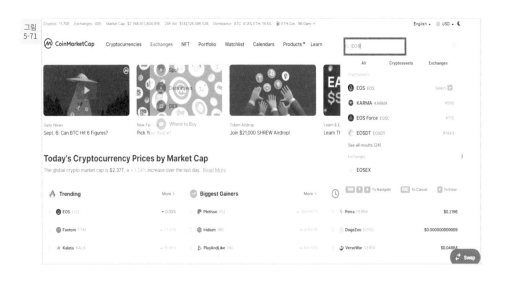

와 볼륨, 순위 등을 볼 수 있는데, 이런 기능을 가지고 있는 사이트들이 정말 많다. 주관적으로 그 많은 사이트 중에서도 괜찮은 사이트가 바로 이 사이트인 것 같다. 그 이유 중 코인의 종류가 정말 많은 것도 한 몫한다. 오른쪽 상단의 검색 창에 코인을 검색해보도록 하겠다. (이오스를 검색한 이유는 매수 추천이 아니라 그냥 화면에 보이길래 검색해본 것이다.)

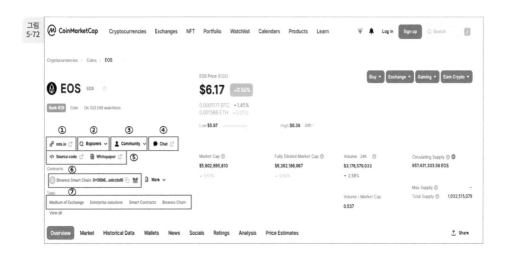

이런 화면이 뜰 것이다. 왼쪽을 보면 차례대로 이오스와 관련된 정보들을 접하실 수 있다. 하나하나 살펴보도록 하겠다.

코인론

첫번째 빨간 박스를 클릭하시면 'eosio'라는 이오스를 운영하는 사이트를 보실 수가 있다. 왼쪽 상단을 클릭해보면서 이오스에 대해 자주묻는 질문도 확인하실 수 있고, 최신 뉴스, 개발자들의 포털 등 이오스와 관련된 다양한 정보를 접하실 수 있다.

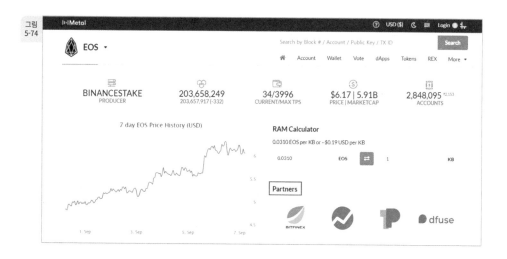

그림 5-74

두번째 빨간 박스를 클릭하시면 여러 사이트가 뜰 것이다. 대부분 비슷한 기능을 가진 사이트들이니 그 중 가장 위에 있는 사이트만 한 번 살펴보도록 하겠다. 위 사이트는 일단 이오스와 파트너를 맺은 회사들을 보실 수 있다. 위 사진에는 4개의 파트너만 보이는데 직접 들어가보면 옆으로 스크롤 되면서 더 많은 파트너가 있다는 것을 확인하실 수 있다.

그림 5-75

Rank	Validator	Status	Location	Links	Votes %	Total Votes	Rewards Per Day
1	newdex.bp	Top 21	Cayman Islands	⊕ ⋎	3.278 %	314,787,616 +268,475	1022.4091
2	eosnationftw	Top 21	Canada	⊿ ⊕ ⋎	3.158 %	303,328,210 +14,354	997.1640
3	okcapitalbp1	Top 21	China	⊿ ⊕ ⋎	2.971 %	285,364,552 -9,647,877	957.5901
4	eoscannonchn	Top 21	China	⊿ ⊕ ⋎	2.967 %	284,932,209 +17,341	956.6377
5	atticlabeosb	Top 21	Ukraine	⊿ ⊕ ⋎	2.95 %	283,314,811 -14,589	953.0745
6	bithinexeos1	Top 21	BVI	⊿ ⊕ ⋎	2.902 %	278,749,637 +284,205	943.0175
7	zbeosbp11111	Top 21	China	⊿ ⊕ ⋎	2.855 %	274,221,145 +256,841	933.0412

블록 생성 수, 홀더의 수 등 여러가지 기능이 있지만 필자가 보는 기능은 아까 알려준 파트너와 바로 위 이미지에 있는 누가 얼마만큼 코인을 가지고 있는지 확인하는 기능이다. 이 기능을 통해서 어떤 국가에서 이 코인을 가장 많이 가지고 있는지 보실 수 있다. '어? 이오스는 중국이 많은 비중을 가지고 있네? 중국이 이오스 좋아하나?? 중국 비트코인 싫다면서?? 한번 무슨 연관이 있는지 찾아볼까?' 이렇게 정보에 정보를 물어 하나하나씩 찾아나가는 것이다.

[그림 5-75]의 3번째 빨간 박스는 그냥 이오스와 관련된 트위터, 레딧 등 커뮤니티이다. 이 커뮤니티에서도 이오스와 관련된 소식을 접해보실 수 있다. 그 외 빨간 박스의 'Chat'은 이오스 텔레그램 커뮤니티이고,

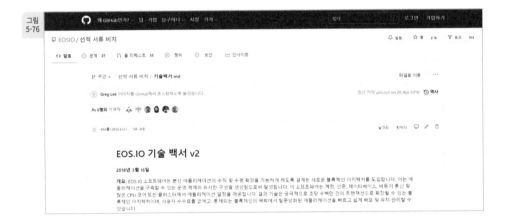
그림 5-76

'source code'와 'whitepaper'는 이오스 블록체인의 코딩 코드와 업그레이드가 구체적으로 어떻게 되었는지 백서를 확인하실 수 있다. 백서를 보면 알고리즘은 뭔지?, 성능은 어떤지에 구체적인 기술적 내용을 접하실 수 있다. 개발자를 할 생각이 아니라면 이 기능을 활용하여 기술을 너무 깊게 파고들기 보다는 '이러이러한 기술이 있네?' 정도로만 파악하시면 좋을 것 같다. 주요 기술의 용어에 대해서는 다음 파트에서 다룰 예정이다.

다음 'contracts' 박스를 클릭하시면

그림
5-77

어떤 체인으로 이루어진 코인인지 확인하실 수 있다. 'BscScan'으로 들어올 수 있는 것으로 보아. 이오스는 '바이낸스 스마트 체인' 이라는 것을 알 수 있다.

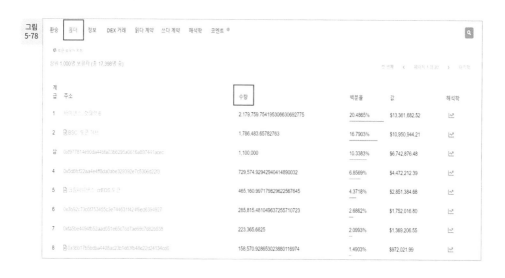

그림
5-78

또한 바로 아래에 '홀더'를 클릭하시면 이오스를 홀드한 세력들의 비율과 개수를 확인하실 수 있다.

다음 빨간 박스의 'tags'를 보면 이오스와 관련된 기능을 보실 수 있다. 이오스와 관련된 태그는 'Medium of Exchange', 'Enterprise solutions', 'Smart

Contracts', 'Binance Chain', 'Fenbushi Capital Protfolio', 'Galaxy Digital Portfolio'가 있다.

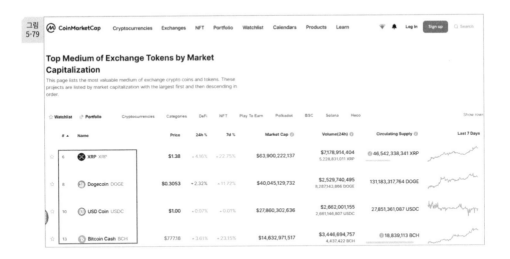

하나하나 클릭해보면 해당 태그를 가지고 있는 코인들의 순위를 보실 수도 있다. 이렇게 확인을 하다가 'Medium of Exchange'기능이 무슨 태그인지 궁금하네? 이렇게 궁금증이 생겨 조사를 하게 되는 것이다.

☑ **Medium of Exchange** (교환 매체)

이 기능은 쉽게 말하면 화폐의 기능을 가지고 있다는 것이다. 예를 들어 현대 사회에서 교환의 매개체는 화폐이다.

☑ **Enterprise Solution** (엔터프라이즈 솔루션)

이 기능은 기업 경영을 위한 전반적인 IT 솔루션을 비롯해 정보화 전략 계획 수립부터 아웃소싱 등 전산 시스템의 운영까지 기업 전반의 IT 시스템을 다루는 영역으로 목적과 용도에 따라 다양하게 세분화한다. 구체적으로 어떻게 세분화하는지 설명하려면 너무 깊게 들어가니 간단하게 'SCM, CRM, BCM등등으로 세분화한다.'는 것만 이해하면 될 것 같다.

이 기능을 간단하게 설명하자면, 소프트웨어 환경을 대규모, 대용량 서비스로 운영하는 것이라고 생각하면 될 것 같다.

☑ **Fenbushi Capital Protfolio** (엔터프라이즈 솔루션)

이 태그는 중국의 한 회사를 가리키는 것 같다. 구글에 검색해보면 [그림 5-80]과 같은 회사 사이트를 찾을 수 있다. 아래로 조금 스크롤 하다 보면 연관이 있는 미국, 유럽, 아시아, 아프리카 업체들을 볼 수 있다.

그림
5-80

이러한 회사 사이트를 찾을 수 있다. 아래로 조금 스크롤 하다 보면 연관이 있는 미국, 유럽, 아시아, 아프리카 업체들을 볼 수 있다.

이렇게 하나씩 궁금한 것들을 조사해보다 보면 앞에 '국부론, 자본론, 코인론' 파트에서 코인론 6장 '생존할 확률을 분석하라.'를 만족시킬 수 있을 것이다.

그림
5-81

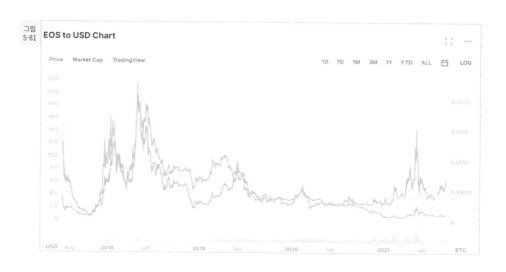

또한 2번의 2번째 이미지에서 내리다 보면 이오스의 차트와

그림
5-82

EOS 가격 라이브 데이터

현재 **EOS 라이브 시세** 는 $6.16 USD이며 24시간 거래량은 $3,164,750,899 USD입니다. EOS를 USD 가격으로 실시간 업데이트합니다. EOS는 지난 24시간 동안 0.08% 상승했습니다. 현재 CoinMarketCap 순위는 29위이며 라이브 시가총액은 $5,893,825,046 USD입니다. 현재 유통량은 957,431,334 EOS 코인 이며 최대 발행량 입니다. 공급이 불가능합니다.

당신이 살 곳을 알고 싶다면 EOS를 에서 거래에 대한 상위 교환 EOS은 현재 Binance , FTX , OKEx , CoinTiger , 및 Huobi 글로벌 . 우리의 암호화폐 거래소 페이지 에 나열된 다른 사람들을 찾을 수 있습니다 .

EOS 란 무엇입니까?

EOS는 개발자가 분산 앱(줄여서 DApp 이라고도 함)을 구축할 수 있도록 설계된 플랫폼입니다 .

이 프로젝트의 목표는 비교적 간단합니다. 프로그래머가 블록체인 기술을 최대한 간단하게 받아들이고 네트워크가 경쟁자보다 사용하기 쉽도록 하는 것입니다. 결과적으로 기능적인 앱을 빠르게 구축하려는 개발자를 지원하기 위해 도구와 다양한 교육 리소스가 제공됩니다.

다른 우선 순위에는 다른 블록체인보다 더 높은 수준의 확장성을 제공하는 것이 포함되며, 그 중 일부는 초당 12개 미만의 트랜잭션만 처리할 수 있습니다.

EOS는 또한 사용자와 기업의 경험을 개선하는 것을 목표로 합니다. 이 프로젝트는 소비자에게 더 큰 보안과 더 적은 마찰을 제공하기 위해 노력하는 동시에 기업을 위한 유연성과 규정 준수를 점급 해제하기 위해 강점합니다.

블록체인은 2018년 6월에 출시되었습니다.

EOS의 설립자는 누구입니까?

EOS 플랫폼은 Block.one에서 개발했으며 백서는 Daniel Larimer와 Brendan Blumer가 작성했습니다.

이오스와 관련된 내용을 확인하실 수 있다.

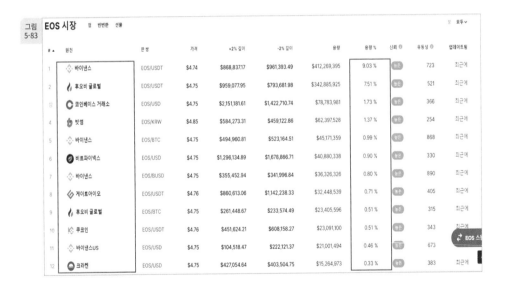

그림
5-83

그리고 조금 더 내리다 보면 이오스를 가지고 있는 거래소들이 나오고 그 거래소가 전체 이오스코인 중 어느 정도를 보유하고 있는지 확인하실 수 있다.

그림
5-84

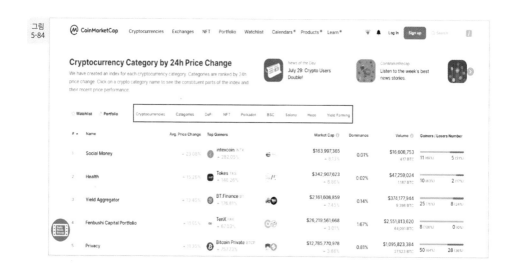

메인 페이지에서는 카테고리별로 모아놓은 코인들의 순위와 종류들, Defi코인,
NFT코인 순위 등을 확인하실 수 있다.

그림
5-85

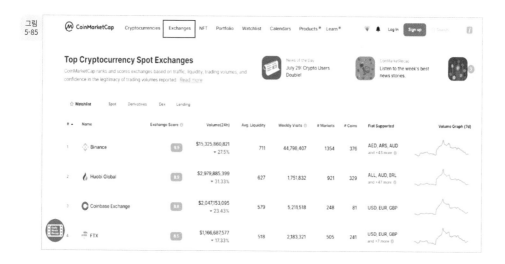

또한 상단의 'exchanges'를 클릭하시면 구체적인 거래소 순위와 볼륨을 체크
해보실 수 있다.

Google　https://coincode.kr/　

이 사이트에서는 코인과 관련된 기사들을 볼 수 있고, 블록 체인 관련 기사가 따로 분류되어 있고, 무슨 이슈가 나오거나 그 때의 시장 상황 등 변수가 어떻게 생성되느냐에 따라 보는 관점이 많이 다를 수 있다. 이 이슈들에 대한 내용은 코인론 이후에 있을 강의에서 매일 있는 이슈에 대한 생각을 나눌 예정이니 참고 바란다.

그림 5-86

✍️ **순서메모**

1　지금, 무슨 생각으로 읽고 계실까요? 이걸 읽는다고 코인이 올라가는 것도 아니고

2　매매에 도움이 되지도 않는거 같고, 이거 시간 낭비 아닐까? 이런 저런 생각이 드시나요?

3　음, 커피를 한잔 하시죠!! 그리고 메타인지를 검색해 보세요. 그리고 코인:론의 론을 검색!

4　그럼, 기존 유명 유튜버분들의 영상의 핵심을 떠올리면서, 차트를 길게 프린트후 핵심을 대입해보세요!

5 일/주/월 우측 여백을 충분히 두고 원화, BTC, 바이낸스, 트레이딩뷰 차
   트까지. 모조리! 지금 당장!! 프린트!

진짜 하셨나요? 그럼, 이제 다시 거꾸로 해보세요. 5→4→3→2→1 역순으로
공부 해보세요! ^^ 파이팅!!

Google (kr.investing.com   🔍)

이번에 소개해드릴 사이트는 'investing' 이라는 사이트이다. 이 사이트를 들어
가보시면 비트코인이 매도세가 강한지 매수세가 강한지 확인을 하실 수 있다.

[그림 5-88]의 빨간 박스를 따라서 들어가보면 [그림 5-89] 화면이 뜨는데 이

그림의 빨간박스를 클릭하시면

그림
5-90

BTC/USD Bitfinex 기술적 분석

1일봉 5일 15분 30분 시간당 5시간 일간 주간 월간

요약: 매도

이동평균: 매도   매수 (3)   매도 (9)
기술적 지표: 매도   매수 (1)   매도 (4)

피봇 포인트 »   2021년 09월 08일 02:40 GMT

종목	S3	S2	S1	피봇 포인트	R1	R2	R3
클래식	46399.4	46556.7	46849.4	47006.7	47299.4	47456.7	47749.4
피보나치	46556.7	46729.6	46854.8	47006.7	47179.6	47284.8	47456.7
카마리아	47018.2	47059.5	47100.8	47006.7	47183.2	47224.5	47265.8
우디스	46467.0	46590.5	46917.0	47040.5	47367.0	47490.5	47817.0
디마크스			46928.0	47046.0	47378.0		

기술적 지표 »   2021년 09월 08일 02:40 GMT   이동평균 »   2021년 09월 08일 02:40 GMT

종목	수치	거래		기간	단순 평균	지수 평균
RSI(14)	30.001	매도		MA5	46965.0	46993.7
STOCH(9,6)	95.653	과량매입			매수	매수
STOCHRSI(14)	92.454	과량매입		MA10	46832.1	47328.0
MACD(12,26)	-1122.900	매도			매수	매수
ADX(14)	72.209	과량매도		MA20	48384.9	48175.4
Williams %R	-9.682	과량매입			매도	매도

[그림 5-90]처럼 RSI는 매도를 가리키는지 이동평균(MA)은 5일이동평균은 매수
가 강한지, 매도가 강한지 10일, 20일, 50일, 100일, 200일 순으로 나타내고 있
다. 나는 이 지표를 지금의 시세를 수치로 한눈에 보고 싶을 때 사용한다.

그림
5-91

그리고 [그림 5-91] 빨간박스를 클릭하여 들어가면

비트코인뿐만 아니라 지수, 원자재, 외환, 주식 등 다양한 시장의 흐름을 체크해 볼 수 있다.

내가 가장 많이 사용하는 기능은 [그림 5-93]의 상단에 뉴스에서 '경제 캘린더' 를 클릭하면

그림 5-94

Investing.com 웹사이트 검색

시간	외화	중요성	이벤트	발표	예측	이전
			2021년 7월 30일 금요일			
00:30	USD	★	4주 만기 국채 입찰	0,045%		0,045%
00:30	USD	★	8주 만기 미 국채 입찰	0,045%		0,045%
02:00	USD	★	7년물 국채 입찰	1,050%		1,264%
06:00	KRW	★	한국 제조업 기업경기실사지수 (6월)	96		101
07:45	NZD	★★	건축허가건수 (MoM) (6월)	3,8%		-2,4%
08:00	KRW	★	한국 산업생산 (YoY) (6월)	11,9%	9,3%	14,9%
08:00	KRW	★	한국 산업생산 (MoM) (6월)	2,2%	1,0%	-1,0%
08:00	KRW	★	한국 소매판매 (MoM)	1,4%		-1,8%
08:00	KRW	★	한국 서비스부문 산출 (MoM)(6월)	1,6%		-0,4%
08:30	JPY	★★	구인/구직 비율 (6월)	1,13	1.10	1.09
08:30	JPY	★	실업률 (6월)	2,9%	3,0%	3,0%
08:50	JPY	★★	산업생산 (MoM) (6월) p	6,2%	5,0%	-6,5%
08:50	JPY	★	1개월 선행 산업생산 예측 (MoM) (7월)	-1,1%		9,1%
08:50	JPY	★	2개월 선행 산업생산 예측 (MoM) (8월)	1,7%		-1,4%
08:50	JPY	★★	소매판매 (YoY) (6월)	0,1%	0,2%	8,3%
10:30	AUD	★	주택 신용 (6월)	0,7%		0,6%
10:30	AUD	★★	생산자물가지수 (YoY) (2분기)	2,2%		0,2%
10:30	AUD	★★	생산자물가지수 (QoQ) (2분기)	0,7%		0,4%
10:30	AUD	★★	민간부문신용 (MoM) (6월)	0,9%		0,4%
11:00	SGD	★	실거래로 은행대출 (6월)	703,9B		693,7B
11:30	SGD	★	실거래로 실업률 p	2,7%		2,9%

[그림 5-94]처럼 경제와 관련된 이슈들이 정리되어 있는데 이 기능을 많이 사용한다. 이 기능은 경제 시장에서 중요한 이슈들을 시간 별로 정리해 놓고 예측한 결과는 어떤 지 실제 결과는 어떤 지 확인해 보실 수 있다. 실제 금리 인상의 발표가 나왔을 때 이 기능을 이용하여 결과를 확인했었다.

Google kimpga.com

다음은 'kimpga'라는 사이트 이다.

이 사이트에서는 우리나라 거래소 시장과 해외 거래소 시장의 프리미엄 차이를 보여주는 기능이 있다. 보통 우리는 해외 거래소 가격보다 우리나라 거래소 가격이 더 높으면 '김치프리미엄' 줄여서 '김프'가 껴있다. 라고 표현하는데, 그 반대로 해외 거래소 가격이 우리 나라 거래소 가격보다 더 높다면 '역프리미엄' 줄여서 '역프'라고 한다. 김프와 관련된 내용은 '김치프리미엄' 파트에서 자세하게 다뤄주도록 하겠다.

그림
5-95

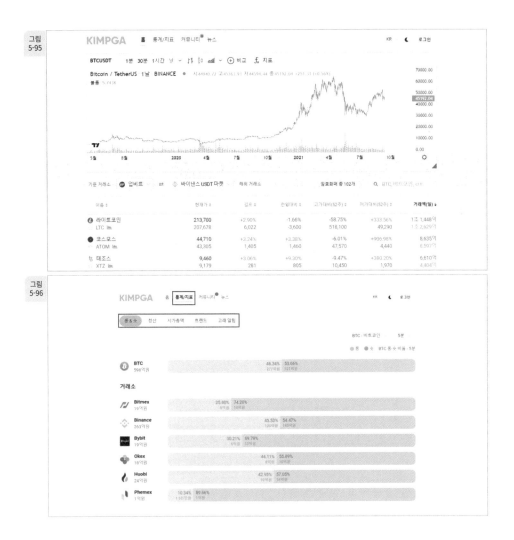

그림
5-96

또 다른 기능으로는 흔히 우리가 선물 시장을 공부할 때 사용하는 롱&숏의 비율을 보여주는 기능도 있다. 필자는 롱&숏 비율을 더 자세하게 알려주는 사이트가 있기 때문에 이 기능까지 군이 활용하진 않는다. (더 자세한 사이트도 소개해 드리도록 하겠다.) 그 외에도 롱&숏 청산 금액, 코인들의 시가총액, 설정한 기간 동안 많이 오른 코인 순위 등도 보실 수 있다.

다음은 'coinness'라는 사이트이다. 이 사이트에서는 코인과 관련된 뉴스와, 코인시장에 영향을 미칠 만한 뉴스들을 보실 수 있다.

그림
5-97

뉴스의 내용을 공유하고 싶다면 빨간 박스를 클릭하시면 공유하고 싶은 사람에게 공유할 수 있다.

그림
5-98

또한 뉴스를 클릭하시면 그 뉴스가 올라온 원문을 보실 수 있다.

그림
5-99

중요한 기사는 빨간 글씨로 제목을 보여준다. 또한 비트 가격이 큰 변동성이 있을 때 그런 변동이 있었다고 알려주는 기사와, 어떤 코인이 에어드랍을 한다는 기사, 코인 관련 이벤트 기사 등이 올라오기도 한다.

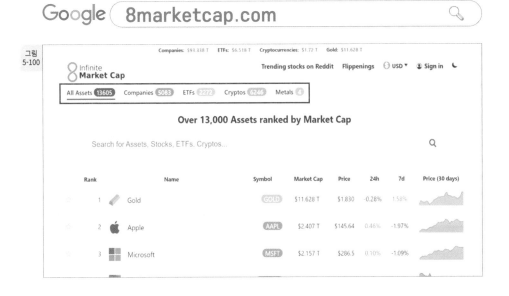

그림
5-100

이번 사이트는 '8marketcap' 이라는 사이트이다. 이 사이트는 '암호화폐 가치를 묻다' part에서 보여줬었던 것으로 기억한다. 이 사이트에서는 세상에 있는 모든 자산들의 가치(시가총액)를 순위를 매긴 사이트인데, 모든 자산의 순위를 보실 수 있고, ETF끼리, 크립토(cryptos)끼리, 금속(metals)끼리도 비교해 보실 수 있다.

Google (coinmarketcal.com 🔍)

이번에 소개해드릴 사이트는 'coinmarketcal' 이라는 사이트 이다. 이 사이트에서는 각종 코인들의 예정되어있는 뉴스들을 보실 수 있다.

아무 이슈나 한 번 들어가서 필자가 활용했던 방법을 소개해드리도록 하겠다.

[그림 5-102] 이슈는 2021년 11월에 있는 탭루트 활성화에 관련한 이슈이다. 1번째 빨간 박스를 클릭하시면 이 이슈가 맞다는 증거를 확인하실 수 있고, 신뢰는 투표한 사람들 중 몇퍼센트가 신뢰하는지 보실 수 있으며, 그 옆의 투표는 몇 명이 투표했는지 확인하실 수 있다. 이 기능을 통해서 이 이슈가 정말로 신뢰할 만한 이슈가 맞는지 판단하는데 참고할 수 있다.

그림 5-103

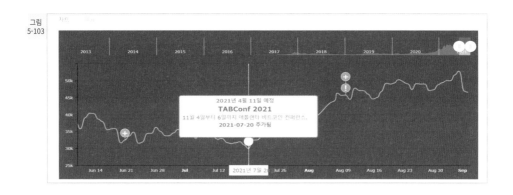

또한 살짝 스크롤해서 내리시다 보면 이슈에 해당하는 코인의 차트에 해당 날짜의 이슈를 합친 모습을 보실 수가 있으며,

그림 5-104

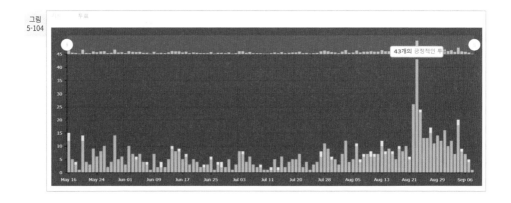

빨간 박스를 클릭하시면 투표가 매일 어느정도 되었는지 도표로 확인하실 수 있다.

Google (https://etherscan.io/)

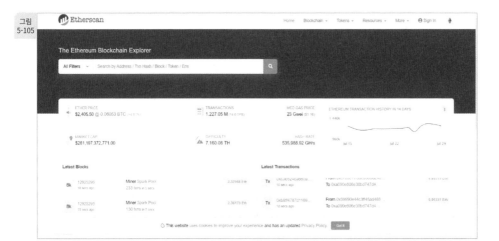

그림
5-105

이번에 소개해드릴 사이트는 'etherscan' 이라는 사이트 이다. 이 사이트는 앞에서 말했던 'Bscscan'이라는 사이트와 기능은 비슷한데 Bscscan 체인은 바이낸스기반 체인이고, 이번에 소개해드리는 사이트는 이더리움기반 체인이라고 생각하시면 된다.

이 사이트는 'Bscscan'처럼 어느 지갑의 주소에서 코인이 왔다 갔다 하고있는지, 홀더들은 얼마나 들고있는지 등을 확인하실 수 있다.

Google (www.nia.or.kr/site/nia_kor/main.do)

다음은 'NIA'라는 사이트 이다. 다른 말로 '한국지능정보사회진흥원'이라는 이 기관은 대한민국 정부 국가 산하 기관이다.

나는 이 사이트를 이용하여 우리나라의 미래 관련 기술이 어떻게 진행되고 있는지 확인하는 용도로 사용했다. [그림 5-107]의 상단의 '지식정보'에서 간행물 목차 아래에 'ICT 동향분석'이 있는데 이곳으로 들어오시면 [그림5-108] 화면을 보

코인론

그림
5-106

그림
5-107

그림
5-108

실 수가 있다. 이 컨텐츠들 안에서는 다양한 데이터가 있는데, 여기에서 우리나라가 지금 뭘 하고 있는지 구체적으로 보실 수가 있다. 언론에서 나오는 정보만이 아니라 실제로 직접 확인해보는 것이다. 그리고 이런 원리들을 조금은 이해하다보면 코인과 관련된 회사를 조사할 때도 도움이 된다. 또한 관찰자의 입장으로 세력이 무엇을 할지 더 구체적으로 상상해볼 수 있을 것이다.

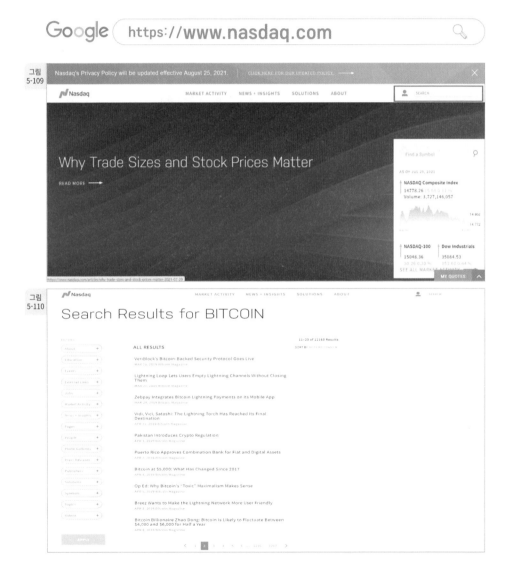

코인론

이번 사이트는 'NASDAQ'이다. 나스닥은 주식이나 투자에 관심이 없는 사람이라 하더라도 한 번 쯤은 들어본 단어일 것이다. 위 사진의 오른쪽 상단을 보면 검색할 수 있는 상자가 있는데, 자신이 궁금한 코인들 다 한 번씩 검색해보면 그와 관련된 기사들을 발견하실 수 있을 것이다.

그렇게 발견한 기사들을 살펴보면서 그 기사가 좋은 기사인지 나쁜 기사인지 확인해보고 그 기사의 날짜와 그 날짜의 차트를 비교해보자.

이번엔 살짝 쉬어가는 타임이다. 혹시나 이용하지 않으시는 분이 계실까봐 넣어본다. [그림 5-111]의 상단의 뉴스를 클릭하시면 [그림 5-112]과 같은 화면이 나오는데 경제뉴스 말고도 심심할 때 한번씩 무슨무슨 뉴스가 있는지 찾아보는 습관을 들이자. 그리고 필자가 네이버를 소개한 이유가 바로 오른쪽 상단에 팩트체크 기능이다.

온라인 커뮤니티에서 나온 이야기나 공직자의 발언 등을 팩트체크해주는 기능이 있는데 돌아다니는 뉴스들이 진짜인지 아닌지를 기사를 통해 검증방법과 검증내용을 공개해줘서 근거를 들어 어느정도 사실인지 아닌지를 체크해준다.

이 기능을 통해 내가 보는 뉴스가 진짜인지 아닌지 체크하는데 참고해볼 수 있다.

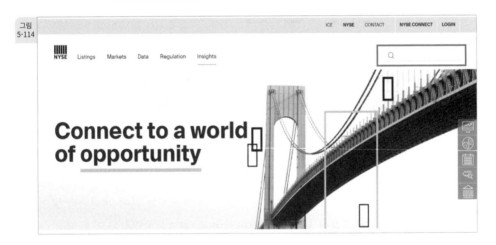

이번에 소개해드릴 사이트는 'NYSE'(뉴욕증권거래소) 이다.

오른쪽 상단의 검색박스에 'THE NYSE BICOIN INDEX NYXBT' 라고 검색하면

코인론

그림 5-115

NYSE 비트코인 지수 NYXBT

NYSE 비트코인 인덱스 ($NYXBT)

39896.0781 +428.1429 (+1.08%)

마지막 거래 시간: 2021년 7월 29일 12:10:30

[그림 5-115]과 같은 화면이 뜬다. 여기에서 화면을 조금 스크롤해서 내리면,

그림 5-116

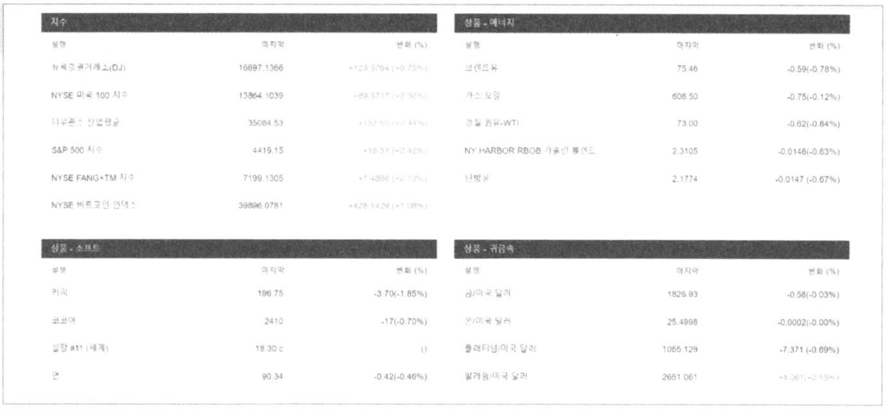

[그림 5-116]과 같이 S&P 500지수, 커피, 금, 오일 등 여러가지 주요 자산들의 변화들을 한눈에 볼 수가 있다.

유명 유튜버들이 이 사이트를 자주 이용하는 모습을 보실 수 있다.

Google (https://www.coingecko.com/ko)

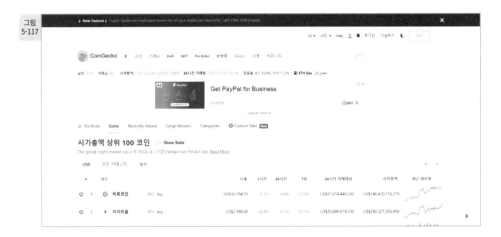

그림
5-117

이 사이트는 'coingecko'라는 사이트인데, 이 사이트는 아까 말한 'coinmarketcap' 이라는 사이트와 사용하는 방법이 거의 비슷해서 서로 비교하면서 암호화폐에 대한 정보를 체크해보는 것도 좋을 것 같다.

Google (https://www.coinbase.com/ko/)

그림
5-118

코인론

이번 사이트는 '코인베이스'라는 거래소 사이트이다. 코인베이스는 나스닥에 상장한다는 소식으로 한창 이슈가 있었다. 코인베이스 나스닥 상장의 의미는 나스닥이 암호화폐를 거래하는 거래소를 인정했다는 의미이기 때문에 큰 이슈였다. 그렇다면 이 이슈로 인해서 비트코인 가격은 어떻게 움직였을까??

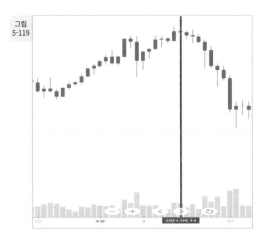

그림
5-119

빨간 선이 코인베이스가 나스닥에 상장한 날짜이다. 필자의 솔직한 심정을 말해보자면…. 그냥 어이가 없어서 웃음만 나온다. 엄청나게 큰 이슈라길래 코인베이스 상장을 추진력 삼아서 1억까지 갈줄 알았는데…. 상장 이후로 계속 하락했다. 물론 상장 전날에 기대감으로 신고가를 갱신하긴 했다.

어느 독자분들은 말 안해도 눈치챘을 것 같다. 그렇다. 이 이슈가 떠들썩했던 그 순간이 세력이 개미에게 물량 떠넘겨주기 가장 좋은 시기라는 것을…. 이때까지만 해도 뭘 사든 수익이고 완전 축제 분위기였다. 이 기분을 아마 몸이 붕뜬 기분이라고 표현하는 것이 적절한 것 같다. 이후 코인론을 쓰면서 깨달았다. 내가 겪고 있던 그 느낌과 상황들이 인간지표 그 자체였다는 것을….

나는 코인베이스 거래소에서 거래를 하는 것은 아니지만 코인베이스에 상장된 코인들이 무엇이 있는지 내가 공부하는 코인이 상장이 되어있는지 확인할 때 이용한다.

coinbase

집 소식 이벤트 및 프레젠테이션 주식 정보 재정 통치 자원

coinbase

© 2021 코인베이스
블로그. 트위터. 페이스북

회사

에 대한
직업
계열사
블로그
누르다
법률 및 개인정보 보호
쿠키 정책

배우다

암호화 가격 찾아보기
암호화 기본

개인

구매 및 판매
무료 암호화폐 획득
지갑
카드

기업

초기
보관
자산 허브
상업

지원하다

지원 센터
문의하기
계정 만들기
본인인증
계정 정보
지불 방법
계정 액세스
지원되는 암호화
지원 국가
상태

확인하는 방법은 메뉴화면에서 맨 아래까지 스크롤하면 '지원되는 암호화'를 확인하실 수 있는데,

0-D	D-O	O-Z
0x ZRX	DFI.Money YFII	Orion Protocol ORN
1inch 1INCH	District0x DNT	Paxos Standard PAX
Aave AAVE	Dogecoin DOGE	PlayDapp PLA
Alchemy Pay ACH	Enjin Coin ENJ	Polkadot DOT
Algorand ALGO	Enzyme MLN	Polymath POLY
Amp AMP	EOS EOS	Polygon MATIC
Ampleforth Governance Token FORTH	Ethereum ETH	Quant QNT
Ankr ANKR	Ethereum Classic ETC	QuickSwap QUICK
Augur REP	Harvest Finance FARM	Radicle RAD
Axie Infinity AXS	Fetch.ai FET	Rai Reflex Index RAI
Balancer BAL	Filecoin FIL	Rally RLY

클릭하여 들어오시면 코인베이스에 상장된 코인들을 확인하실 수 있다.

202

코인론

그림
5-122

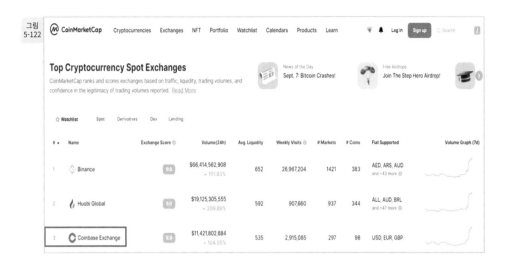

코인마켓캡에서도 볼 수 있듯이. 코인베이스라는 거래소가 거래소 중에서도 상
위권에 있는 만큼 이 거래소에 상장 되었다는 것 만으로도 괜찮은 코인이라는 것
을 알 수 있다.

Google https://www.binance.com/ko

그림
5-123

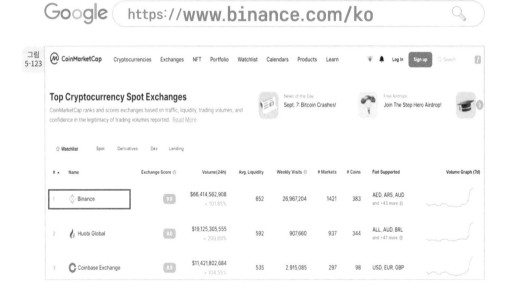

05. 코인론 : 필수 파밍(Farming) 아이템

이번 사이트는 '바이낸스'라는 사이트이다.

코인마켓캡에 들어가보면 바이낸스가 1위인 것을 보아 그만큼 인정받고 있는 거래소라는 것을 아실 수 있다.

일단 바이낸스는 해외에 있는 거래소이기 때문에 해외에 카드가 있다면 바로 바이낸스에서 비트를 사서 거래할 수 있겠지만, 그렇지 않은 경우, 처음 하시는 분들에게는 조금 어려울 수 있다. 때문에 혹시나 바이낸스에서 거래하는 방법을 어려워하는 분들이 계실까봐 바이낸스에서 거래하는 방법을 소개해드리도록 하겠다.

그림
5-124

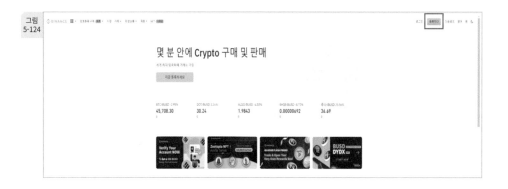

우선 바이낸스 홈페이지에 들어와 회원가입을 하셔야한다. 회원가입 방법은 오른쪽 상단의 빨간 박스를 클릭하시고,

그림
5-125

[그림 5-125] 화면이 나오면 두 가지 가입방법이 있는데, 왼쪽 박스는 이메일과 비밀번호를 작성하고 오른쪽 박스는 전화번호와 비밀번호를 작성하고, 바로 아래의 빨간박스를 클릭한다.

그 다음 이메일 인증 OR 전화번호 인증을 하면 가입 끝!

코인론

그림
5-126

다시 홈페이지로 돌아와서 [그림 5-126] 오른쪽 상단의 빨간 색 박스를 누르고 이 후 [그림 4-127]~[그림 5-129]의 빨간 색 박스 순서대로 클릭한다.

그림
5-127

그림
5-128

그림
5-129

[그림 5-129]에서 XRP를 검색하는 이유는 비트코인의 수수료는 0.0009비트로 이 책을 쓰는 당시 5만원이다. 수수료가 너무 비싸기 때문에 수수료가 저렴한 XRP로 거래해보도록 하겠다.

여기서 먼저 알아야할 점이 있다.

우선 업비트의 입출금으로 들어와서 리플을 검색한다. 그러면 리플 입출금 옆에 리플의 네트워크는 메인넷이라고 나온다. 즉, 업비트에서 생성되는 리플의 주소는 메인넷에서 생성된다는 것이다.

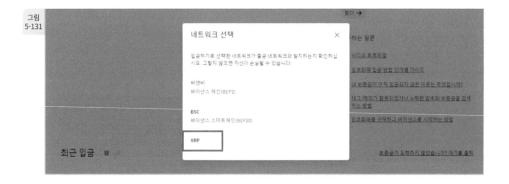

확인이 되었다면, [그림 5-131] 화면의 네트워크 중 리플의 메인넷은 XRP이기 때문에 XRP를 클릭해준다.

206

그림
5-132

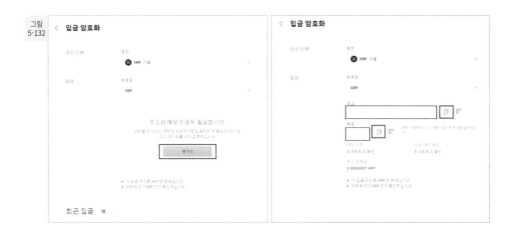

좋아요를 클릭한 후 빨간 박스를 클릭해서 위 주소를 복사한 다음,

그림
5-133

주소는 출금주소에, 메모는 *데스티네이션 태그에 입력한다. 입력이 완료되었다면, 일반 출금을 클릭, 출금 수량 설정, 아래 네모 박스에 동의를 한 후 출금 신청을 누른다.

참고로 '바로 출금'은 수수료가 없지만 업비트 주소에서 업비트 주소로 출금할 때만 가능하다.

☑ 데스티네이션 태그

스티네이션 태그란? 2차주소라고 불리기도 한다. 리플, 이오스, 미르 라는 코인이 다른 가상자산과는 다르게 지갑주소 외에 2차주소가 있다. 데스티네이션 태그 입력은 선택 사항이지만, 송금받을 지갑 또는 거래소에서 필요로 하는 경우 꼭 입력하셔야 한다.

그리고 카카오페이 인증을 하면 완료.

이후 출금진행중이 출금완료 표시가 뜨면
바이낸스에 입금 완료이다.

입금이 완료되었다면, 왼쪽 상단의 시장에 들어와서 구역을 클릭한 후 XRP를
검색한 후 XRP리플을 클릭하면, [그림 5-137] 화면이 뜨는데 빨간 박스대로 클
릭하고 입력하면 USDT(테더)로 전환이 된다. 전환을 하였다면, 원하는 코인을 찾아
테더로 매수할 수 있다. (참고로 리플을 판매하기 위해선 책을 쓰는 9월 10일 기준 XRP 10개부터 가능하다.)

그림
5-137

또 내가 바이낸스에서 거래를 자주하지 않지만 사용하는 기능이 있다. 바로 블록체인 기술 관련 정보를 제공한다는 것이다. 다음에 나올 파트인 탭루트, 라이트닝네트워크, 작업&지분 증명도 해당 기능을 참고하여 만들었다. 물론 이해하기 쉽지 않은 내용이라서 독자분들이 최대한 이해하기 쉽도록 정리했다.

그림
5-138

academy.binance.com를 들어가시면 위와 같은 화면이 나오는데, 블록체인 기술과 관련된 다양한 정보가 있으니 궁금한 정보가 있다면, 여기서 찾아보는 것도 좋을 것 같다.

Google https://
www.buybitcoinworldwide.com/
treasuries/

그림 5-139

비트코인 재무부

카테고리별 합계

범주	BTC의 #	오늘의 가치	21m의 %
ETF	816,379	$37,501,755,821	3.888%
국가	259,870	$11,937,569,787	1.237%
공기업	216,692	$9,954,115,028	1.032%
개인 회사	174,068	$7,996,109,200	0.829%
총계:	1,476,568	$67,828,658,735	7.031%

이번에 소개해드릴 사이트는 'buybitcoinworldwide'이다. 이 사이트에서는 어떤 기업이 비트코인을 얼만큼 샀는지 어떤 나라가 비트코인을 얼만큼 샀는지 어떤 ETF에 비트코인이 몇 개 포함되어있는지, 그리고 가진 개수의 순위 등을 나타내어준다. 하나하나 살펴보도록 하겠다.

그림 5-140

비트코인을 소유한 ETF

실재	국가	교환 심볼	서류 및 출처	BTC의 #	오늘의 가치	21m의 %
그레이스케일 비트코인 트러스트		GBTC:OTCMKTS	서류 | 소식	654,600	$30,070,162,707	3.117%
CoinShares / XBT 제공자		XBTE:NADQ	서류 | 소식	48,466	$2,226,368,020	0.231%
목적 비트코인 ETF		BTCC:TSX	서류 | 소식	22,411	$1,029,487,346	0.107%
3iQ CoinShares 비트코인 ETF		BTCQ:TSX	서류 | 소식	21,237	$975,557,662	0.101%

우선 비트코인을 소유한 ETF의 순위 중 총 비트코인 양의 0.1%를 넘는 *ETF를 보도록하겠다. 왼쪽에 ETF상품의 이름을 보실 수 있고, 그 상품이 운영되는 해당 국가를 보실 수 있다. 현재 가장 많이 보유하고 있는 상품은 '그레이스케일 비트코

210   코인론

인 트러스트' 상품이다. 책을 쓰는 기준 3.117%로 가장 많았다.

또한 '서류'를 클릭해보면 왼쪽은 실제 'SEC'에서 올라온 서류를 보실 수 있고, '소식'은 그 자료와 관련된 기사를 보실 수 있다.

그림
5-141

그림
5-142

또한 '서류'를 클릭해보면 왼쪽은 실제 'SEC'에서 올라온 서류를 보실 수 있고, '소식'은 그 자료와 관련된 기사를 보실 수 있다.

☑ **ETF**(Exchange Traded Fund, 상장 지수 펀드)

주식을 하자니 너무 위험하고 펀드를 하자니 불편하고 비싸다. 그렇게 나오게 된 것이 바로 'ETF'이다.

주식은 개별 종목의 악재이슈로 인해 큰 리스크가 생길 수 있다. 하지만 그렇다고 펀드구매를 하기에는 너무 불편하다. 왜냐하면 구매주문 이후 2~3일 정도 이후에 구매가 확정되기 때문이다. 상황에 따라서는 원하는 가격보다 비싸게 사거나, 더 싸게 팔수도 있다.

하지만 펀드는 양방향 투자와 여러가지 종목에 분산투자가 가능하기 때문에 안정적이라고 할 수 있고, 주식도 매매하기는 편하다는 장점이 있다.

ETF는 이 둘의 단점을 상호보완하여 합쳐서 나온 거래 방법이라고 생각하면 될 것 같다.

● 그렇다면 비트코인 ETF는 과연 무엇일까?

비트코인 ETF는 비트코인 가격에 수익률이 연동되는 금융 파생상품이다. ETF는 특정 주가들을 묶은 것들의 움직임에 따라 수익률이 결정되기 때문에 비트코인 ETF는 비트코인 등락에 따라 수익율이 결정된다고 보시면 된다.

기관들의 입장에서는 큰돈을 움직이기 때문에 비트코인에 직접 투자하는 것이 아니라. 비트코인ETF 상품을 통해 간접투자한다면 리스크를 줄일 수 있기 때문에 비트코인ETF의 상장 소식이 호재이슈라고 한다. 하지만 코인론 독자분들은 말안해도 아실 것이다. 만약 비트코인 ETF 상장을 했다는 이슈가 들려왔는데 만약 그때 몸이 붕뜬 기분이 든다면 어떻게 행동해야 할지를….

그림
5-143

Public Companies that Own Bitcoin

Entity	Country	Exchange:Symbol	Filings & Sources	# of BTC	Value Today	% of 21m
MicroStrategy	🇺🇸	MSTR:NADQ	Filing I News	105,085	$4,827,154,453	0.5%
Tesla, Inc	🇺🇸	TSLA:NADQ	Filing I News	42,902	$1,970,733,981	0.204%
Galaxy Digital Holdings	🇺🇸	BRPHF:OTCMKTS	Filing I News	16,400	$753,345,701	0.078%
Voyager Digital LTD	🇨🇦	VYGR:CSE	Filing I News	12,260	$563,171,848	0.058%
Square Inc.	🇺🇸	SQ:NYSE	Filing I News	8,027	$368,725,972	0.038%
Marathon Digital Holdings Inc	🇺🇸	MARA:NADQ	Filing I News	5,784	$265,692,167	0.028%
Coinbase Global, Inc.	🇺🇸	COIN:NADQ	Filing I News	4,482	$205,883,868	0.021%
Hut 8 Mining Corp	🇨🇦	HUT:NASDAQ	Filing I News	4,123	$189,392,947	0.02%
Bitcoin Group SE	🇩🇪	BTGGF:TCMKTS	Filing I News	3,947	$181,308,261	0.019%
Riot Blockchain, Inc	🇺🇸	RIOT:NADQ	Filing I News	2,687	$123,429,262	0.013%
NEXON Co. Ltd	●	NEXOF:OTCMKTS	Filing I News	1,717	$78,871,620	0.008%

그 다음 비트코인을 보유한 공기업들을 보시면 마크로스트레티지 회사가 0.5%로 1등, 그다음 테슬라, 갤럭시 디지털 홀딩스 순으로 많이 가지고 있는 것을 보실수 있다. 그리고 내리다 보면 아래에 넥슨도 보인다.

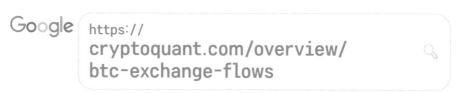

그림
5-144

이번에 소개해드릴 사이트는 '크립토 퀀트'라는 사이트이다. 이 사이트의 특징은 바로 한국인분인 주기영대표님께서 만드셨다는 것이다. 실제로 외국 트레이더들도 많이 이용하는 사이트라고 한다. 이 사이트는 아무것도 모르고 들어오면 무엇을 봐야할지 어떤 사이트인지 감이 안올 것이다. 그래서 이 사이트를 이용하기위해서는 베이스가 필요한데, 여러가지 자료를 찾아보고 공부한 내용을 얘기해보도록 하겠다.

💡 온체인 데이터 (on-chain transaction data)

이 내용은 유튜브에 있는 주기영 대표님의 돈이 되는 온체인 데이터 강의를 참고하여 정리했다.

온체인 데이터(on-chain transaction data)란? 블록체인 상에 기록되는 가상자산의 거래 내역인데, 이 데이터는 전통 금융 자산 시장에서는 제공되지 못하는, 오직 가상자산 시장에만 존재하는, 누구에게나 공개되어 있는 데이터이다.

⊙ 가상자산이 가치 있는 자산이 되려면?

가상자산은 해당 블록체인 네트워크 안에서 거래를 할 수 있는 권리를 주는 자산이기 때문에 값어치 있는 자산이 되기 위해선, 그 네트워크 상에서 많은 거래를 해도 오류가 없는지 확인한 후에 없다면, 값어치 있는 자산이 된다.

⊙ 온체인 데이터를 분석하는 방법?

체인 상의 거래 내역은 여러가지 방식으로 투자를 위한 분석에 유용하게 쓰이는데, 인터넷이 정보 전달을 가능하게 하는 네트워크라면 블록체인은 가치 전달(거래)을 가능하게 하는 네트워크이다. 앞서 말한 내용들을 파악하는 근거가 바로 온체인 데이터가 되는 것이다. 이 데이터를 분석하면 네트워크가 얼마나 분산되어 있는 지와 네트워크가 얼만큼 발전되고 있는지 파악할 수 있고, 파악하는 방법이 바로 크립토 퀀트를 분석하는 것이다.

⊙ 온체인 데이터의 한계?

물론 한계도 존재한다. 네트워크에 따라 거래가 체인 외에서 일어나는 경우도 있고(ex. 중앙화된 플랫폼 내에서의 거래, 또는 대여 서비스에 사용될 경우), 한 주체가 다수의 지갑 주소를 소지할 수도 있기 때문이다. 또 가장 주의할 점은 지갑 주소를 통하여 큰 손들(거래소, 채굴자, 재단, 등)의 보유량을 알 수 있어, 이를 사용하여 자산의 흐름을 분석하고 (flow analysis), 이를 기준으로 단기적인 자산 가격의 움직임을 예견할 때이다. 온체인 데

코인론

이터에 과하게 의존하면 중요한 수요의 변화를 반영하지 않은 반쪽짜리 분석이 된다. 블록체인에 대한 이해 없이 가격 움직임에만 이끌려 새로 유입된 초보 개인투자자일수록 이러한 분석을 비판 없이 받아들일 수 있다. 그럴수록 이러한 온체인 데이터 분석의 한계점을 잘 인지하고 '보조' 지표로만 활용하면서 투자에 임해야 할 것이다.

나는 이 사이트를 이용하는 방법을 찾던 중 주기영 대표님께서 직접하신 강의가 유튜브에 올라와 있는 것을 보았다. (주기영 대표님께서 '크립토퀀트 분석하기'라는 주제로 강의하신 내용의 일부분을 참고하였다.)

그림
5-145

-52%

☑ 2020.03.12. 아무도 예상하지 못한 비트코인 급락

52%, 당시 비트 시총 73조원 하락, 암호화폐 헤지 펀드들이 문을 닫는 상황 발생, 당시 비트맥스 서버가 중지가 되어서 암호화폐 헤지 펀드들이 청산을 당하는 상황이 발생.

☑ 당시의 비트코인의 급락 원인은…?

사실 원인은 아무도 모르고 중요하지도 않다.

현상이 중요하다. 비트코인이 급락한 이유에 집중하기 보다는 비트코인이 급락할 당시에 어떠한 현상이 일어났는지를 파악하는 것이 더 중요하다.

크립토 퀀트는 암호화폐 급락 3일 전부터 거래소에 유입되는 비트코인 유입량이 연간 최대치를 기록했다는 것을 발견했다. (당시 비트코인 유입량 하루 만에 13배 증가)

당시 비트코인을 보유한 거래소의 비트코인 양이 연간 최대를 기록하였고, 그때 거래소에 대기한 비트코인 물량은 판매 대기 물량으로 볼 수 있다.

💡 시나리오 투자

블록체인 상의 자금 흐름을 보면 이 사람들이 어떤 목적으로 송금을 하는지를 유추를 해볼 수 있다. 거래소는 암호화폐 가격을 결정하는데 가장 지대한 역할을 한다.

블록체인 상에서는 여러 가지 지갑이 있다. 그 지갑들의 소유자를 추정해서 채굴자들의 지갑 그리고 초기 투자자들의 지갑, 스테이블 코인 보유자들의 지갑, ICO자금의 지갑 등 여러 지갑들에게 이름을 부여해서 지갑의 돈들이 거래소로 이동하는 것을 파악한다. 거래소로 돈이 이동하게 되면 여러 가지 목적을 가지고 이 사람들이 송금을 하게 될 것이다. 예를 들어 채굴자들은 비트코인을 채굴해서 할 수 있는 것이 두 가지밖에 없다. 바로 비트코인을 가지고 있거나, 비트코인을 거래소나 OTC 시장에 가져가서 팔거나 둘 중 하나이다.

☑ **OTC**(Over The Counter)

거래소 밖에서 이루어지는 거래이다. '장외거래'라고 불리기도 한다.

☑ **ICO**(Initial Coin Offering)

ICO란? 암호화폐 자금 조달 종류 중 하나로 ICO를 이해하기 위해서는 '유틸리티토큰'과 '시큐리티토큰'에 대해서 간단하게 알면 좋다.

☑ **유틸리티 토큰이란?**

화폐적 성격이 강한 토큰으로 앱과 서비스 상점등에서 그 상품의 가치와 활용도에 맞게 사용할 수 있는 토큰이다. 우리가 알고 있는 대부분의 토큰들이 유틸리티 토큰이다. 유틸리티토큰의 예로 페이코인(PCI)이 있다.

☑ 시큐리티 토큰이란?

회사 자산을 기반으로 주식처럼 암호화폐를 발행하는 것을 의미하며, 증권형 토큰이라고도 한다. 예시로 레이븐코인(RVN)이 있다.

각각의 자금조달 종류를 비교해보자면,
유틸리티 토큰은 'ICO, IEO, IBO', 시큐리티 토큰은 'STO'으로 나뉘어진다.

☑ ICO란?(Initial Coin Offering)

사업자가 블록체인 기반의 암호화폐 코인을 발행하고, 이를 투자자에게 판매해 자금을 확보하는 방식이다. 마치 주식을 상장하는 IPO와 유사하다.

ICO를 진행하기 위해서는 일반적으로 새로운 암호화폐를 만들게 된 동기, 목적, 운영방식, 전망등의 내용을 담은 백서를 공개하여 초기 투자자를 모집해야 한다. ICO의 예시로 이더리움의 창시자 비탈릭 부테린은 암호화폐 공개 ICO를 통해 이더리움을 널리 알리기도 했다.

☑ IPO란?(Initial Public Offering)

한 회사가 새로운 주식을 발행, 판매하여 자금을 확보하기 위해서 기업의 사업현황과, 재무상태, 영업이익 등을 공개하는 것이다.

☑ IEO란?(Initial Exchange Offering)

암호화폐를 개발하던 회사에서 진행하던 ICO를 암호화폐 거래소가 대행하는 것을 말한다.

☑ IBO란?(Initial Bounty Offering)

생태계 조성에 기여한 사람에게 암호화폐를 지급하는 방식이다. 암호화폐 개발팀이 정해진 IBO물량에 대해서만 IBO를 진행하며 해당 물량을 소진하면 IBO를 중단하는 것이 일반적이다.

초기에 ICO는 많은 사람들에게 긍정적인 평가를 받았지만 이를 이용하여 ICO 사기를 치거나 암호화폐 관련 다양한 사건들의 증가로 2017년 9월에 중국정부는 ICO를 전면 금지시켰고, 한국에서도 같은 달에 ICO를 전면 금지한다고 발표했었다. 그 외에도 미국, 일본 등의 국가들도 ICO를 규제해야 할지에 대한 논의가 계속해서 진행되고 있다.

그런 문제의 논의가 오가던 시기에 STO 증권형 토큰이 나오게 된다.

☑ STO란?(Security Token Offering)

회사 자산을 기반으로 주식처럼 암호화폐를 발행하는 것이다. 이 방식은 SEC에 등록해야 하는 등록절차와 규정이 상당히 까다롭다. 하지만 등록에 성공하게 된다면, 해당 토큰이 그 가치를 공식적으로 인정받게 되는 것이다.

채굴자들의 지갑을 모니터링 하고 있으면 언제 이 사람들이 가격이 고점이라고 판단하고 판매를 하는지를 알 수 있다. 뿐만 아니라 초기 투자자 같은 경우도 이미 암호화폐를 많이 보유하고 있기 때문에 이 사람들이 암호화폐를 더 매수할 의지가 있다고 보기는 어렵다. 따라서 초기 투자자들이 거래소에 돈을 보내는 것도 매도 시그널로 볼 수 있다.

☑ 초기 투자자

비트코인이 태어난 지 얼마 안 되었던 시절에 다량 매수를 한 사람들을 말한다.

또 스테이블 코인 다량 보유자들은 일종의 '매수고래'라고도 볼 수 있는데 스테이블 코인은 일정한 기축통화로 거래소에서 다른 코인을 구매하는데 이용이 된다고 볼 수 있다. 따라서 스테이블 코인이 증가한다는 것은 잠재적인 매수 압력이 증가한다는 것으로 판단할 수 있다. 시그널로 볼 수 있다.

☑ **스테이블 코인**(Stable Coins)

스테이블 코인은 가치를 일정하게 정해 놓은 코인이다. 쉽게 말해 가격변동이 거의 없는 코인이라는 것이다. 예시로 테더(Tether)와 다이(Dai)가 있는데, 이 둘의 차이는 테더는 '달러'를 담보로 맡기고 교환하는 스테이블 코인이고, 다이는 '이더리움'을 담보로 맡기고 교환하는 스테이블 코인이라는 점에서 차이가 있다.

또 거래소를 두 가지로 분류할 수 있다. 현물 거래소에 비트코인이 유입되면, 비트코인을 파는 행위밖에 할 수 없기 때문에 현물 거래소로 들어가는 것은 '매도 시그널'로 볼 수 있다. 그리고 선물 거래소로 들어가는 것은 레버리지 거래를 할 수 있기 때문에 일종의 '변동성 시그널'이라고 판단할 수 있다고 한다.

✍ 순서메모

상대는? 엄청난 자금과 데이터로 무장하고 여러분의 도전을 기다리고 있답니다. 코인판에서 말이죠. 주진이는 19세 고3이랍니다. 전남인재 프로젝트에 뽑힌 인재가 맞습니다. 저는, 난독증인 순서라고 하구요. ^^그거 아세요? 저는 태어나 이 책 "코인론"이 인생에서 처음 읽어본 책이랍니다. 정독 하는데 총, 30일 걸렸습니다.이유는? 3Page를 넘기지 못하기 때문입니다. 어지러워서 말이죠. 그런데, 이 책을 읽기 위해서 수단과 방법을 가리지 않았다는 점 말씀 드립니다. 즉, 두통 약 먹어가면서. 30분 읽고 쉬고, 약먹고 읽고, 쉬고 약먹고⋯

💡 펀더멘털(Fundamental) 투자
쉽게 말해. 나라의 뼈대가 튼튼하냐? (거시, 성장률, 물가, 실업…)

주식 시장에서는 재무 데이터도 있고 여러 가지 데이터가 있다. 기본적으로 펀더멘털 투자를 할 때 재무 데이터를 보는데 암호화폐에서도 온체인 데이터가 있다.

기업의 재무 데이터	= 암호화폐 온체인 데이터
매출	= 채굴자 보상/수수료
비용	= 암호화폐 채굴기 유지비(Thermo Cap)
회사가치	= 네트워크 가치(시가총액)
P/E Ratio	= NVT Ratio(전체 시가총액 대비 자금 이동)
배당금	= 스테이킹 이자 수익

그림
5-146

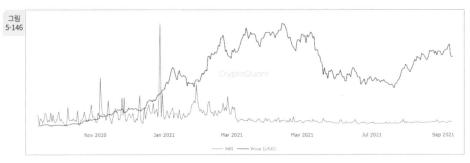

채굴자 포지션 변동 지표, MPI (Miners' Position Index)

이 지표는 채굴자들의 움직임을 분석하는 지표로 '2'이상의 값은 대다수 채굴자들이 매도하고 있음을 나타낸다.

이 지표를 이용해서 본다면, 2021년 3월부터는 채굴자들이 대부분 매도하고 있지 않다는 것을 볼 수 있다. 하지만 항상 하나의 지표만을 보고 판단하지 말자.

1 채굴 사업을 접으면 비트코인을 판다

채굴 생산성이 떨어질 때마다 채굴자들은 다량의 비트코인을 거래소 혹은 OTC 마켓으로 옮긴다.

코인론

2 반감기 전후로 포지션이 급변

채굴 생산성이 떨어질 때마다 채굴자들은 다량의 비트코인을 거래소 혹은 OTC 마켓으로 옮긴다.

3 채굴 업체별 포지션 분석

크립토퀀트는 전체 비트코인 채굴 지갑의 98%를 커버한다. Poolin, Antpool, F2Pool 등 총 22곳의 채굴 업체 자금 흐름 데이터를 제공한다. (풀과 관련된 내용은 작업증명과 지분증명 파트에서 다룬다.)

💡 잠재 매도 압력/잠재 매수 압력

암호화폐 고래들이 거래소 밖으로 출금을 많이 할수록 어떤 포지션으로 이해를 해야 할까?이 부분은 미시적·거시적 관점에 따라 해석하기 나름이다. 즉, 코인 가격이 상승을 하는 가운데 거래소에서 대량 출금을 하는 포지션에 대해 해석하는 바가 모두 다를 수 있다. 가령, BTC가 거래소에서 대량 자금이 출금이 되었을 때에는 시장에서는 호재로 볼 수 있다는 관점이다. 그런데, 그 호재가 계속 되는 신호를 보인다면? 개미·기관의 포지션은 어떠할까? 훗날 대폭락장이 온다면?

이는, 결국 미끼에 불과한 재료였구나! 라는 생각을 미리 계산해 놔야 한다는 뜻이다. 이를, 선행학습이라 한다! "순서는" 2022년 대폭락장(패닉셀)이 오게 되면? 언

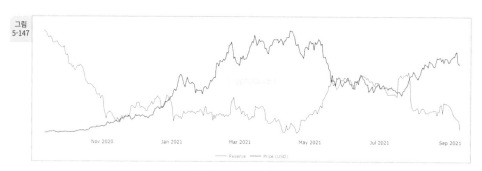

그림 5-147

All Exchanges Reserve

제~어디까지 몇 년을 매수할지" 미래 메타인지의 시간과 같다.

BTC(All Exchanges Reserve)지표의 소개글을 보면, '모든 거래소가 보유하고 있는 BTC 의 총량 (값이 증가하면 매도, 알트코인 매수, 마진거래 등에 사용할 수 있는 BTC 공급량 증가를 의미)' 설명이다.

그래서 직접 보라색 지표가 올라갔을 때 가격은 어떻게 변했는지 비교해 보았다. (참고로 봉으로 된 차트와 선으로 된 차트의 모습은 약간의 차이가 있을 수 있다는 점 참고 바란다. 똑같이 선으로 비교해도 되지만 눈에 띄는 변화를 보기 위해서는 봉으로 보여주는 것이 더 보기 쉬워서 비트코인 차트는 봉으로 설명했다.)

이 경우는 가격이 떨어지기 전 보라색 지표가 갑자기 올랐다. 그리고 이 후 비트코인은 2일 동안 약 -22% 하락했다.

이 경우는 가격이 떨어지고 있는 와중 보라색 지표가 갑자기 올랐는데 이후 비트코인은 2~3일 동안 약 -13% 하락했다.

코인론

이 경우는 비트는 거의 하락했었지만 그 와중에 보라색 차트가 갑자기 오른 경우인데, 이 경우도 그 다음에 비트가 약 -15% 더 하락한 모습을 볼 수 있었다.

이 경우는 보라색 차트가 갑자기 오른 경우이다. 이후 비트가 -8% 정도 하락한 모습을 볼 수 있었다.

이 지표를 이용해서 매매를 한다고 한다면 조금 더 공부가 필요하다고 생각한다. 위에서 설명한 예시 외에도 반대되는 경우도 있을 수 있기에 같이 활용할 수 있는 많은 온체인 데이터를 공부하여 같이 활용하면 정확도를 더 높일 수 있을 것 같다.

☑ 거래소 BTC 보유량이 많을수록 잠재 매도 압력 증가

주요 거래소들의 BTC 보유량은 일종의 판매 대기 물량으로서, 잠재 매도 압력으로 볼 수 있다.

☑ **거래소 스테이블 코인 보유량이 많을수록 잠재 매수 압력 증가**

주요 거래소들의 스테이블 코인 보유량은 일종의 구매 대기 물량으로 잠재 매수 압력으로 볼 수 있다.

☑ **2020년 3월 20일 급락 이후 2020년 9월까지 감소 추세**

2020년 3월 12일 패닉 셀 이후 거래소들의 보유분 총량은 역대 최고치를 기록했고, 지속적으로 9월까지 감소하는 추세에 있었다.

💡 비트코인 펀더멘털 지표, MVRV Ratio
(Market Value to Realize Value)

☑ **공시된 암호화폐 시가총액/실제 시가총액**

- (발행량 × 개수 = 시가총액)

- (거래가 일어날 당시의 암호화폐 가격 × 거래가 일어났던 물량 = 실제 시가총액)

- ex) 만약 2013년에 비트코인 100만원에 20개 거래되었으면
  (100만 × 20 = 2000만) 즉, 실제 시가총액은 2000만원이라는 것이다.

이렇게 블록체인 상에서 실제로 거래되었을 때 암호화폐 가치를 계산한 것이 'reallize cap'이라고 하는 '실제 시가총액'이라고 보면 된다.

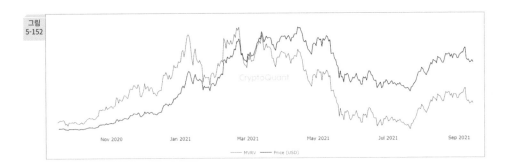

그림 5-152

여기서 암호화폐 특성상 *프라이빗 키를 이용해서 약 30%의 움직이지 않는 암호화폐가 있다고 한다. 거기다 스테이킹 때문에 움직이지 않는 암호화폐도 되게 많다. 이처럼 거래를 할 수 없는 암호화폐들은 특정 지갑에 묵혀 있다.

☑ **개인키** (프라이빗 키, private key)

개인키를 이해하기 위해서는 '개인키'와 '공개키'를 동시에 이해하는 것이 편하다. 우선 개인키는 개인이 소유하고 있어야 하는 키로, 비트코인을 출금할 때 사용하며, 공개키는 말 그대로 공개하고 있어야 되는 키로, 비트코인을 전송 받을 때 사용된다.

이 지표가 3.7을 넘을 때마다 암호화폐가 과평가 되고 있다고 판단을 하고 있고, 1이하가 될 때마다 저평가 되고 있다고 판단한다. (보통은 과평가에 매도하고 저평가에 매수하는 전략을 짠다고 한다. 물론 이 지표만을 활용해서 짜는 것은 아니다.)

여기까지 온체인 데이터 분석 관련 내용이었다. 크립토퀀트에 좋은 지표가 많이 있지만 더 자세한 자료를 활용하고 싶다면 구독료를 지불하여 업그레이드를 해야 한다는 점. 참고 바란다.

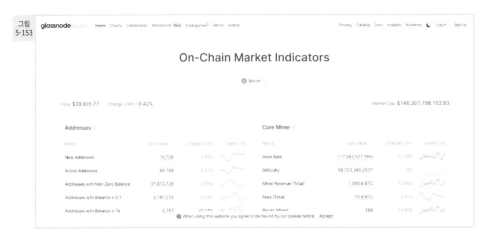

그림
5-153

이번에 소개해드릴 사이트는 'glassnodestudio'이다. 이 사이트에서는 위에서 말한 온체인 데이터를 분석하는데 도움이 되는 사이트이다. 크립토 퀀트에 있는 지표와 비슷한 지표들이 많이 있다.

이 사이트도 마찬가지로 자세한 기능을 활용하기 위해서는 유료 결제가 필요하다는 점 참고 바란다.

그림
5-154

'THE BLOCK' 홈페이지에 들어가셔서 오른쪽 상단에 데이터를 클릭하시면

그림
5-155

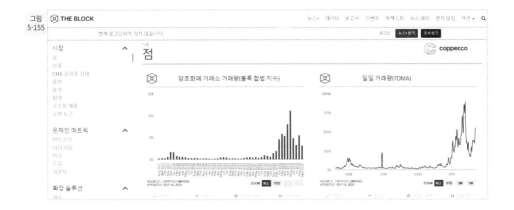

온체인 데이터를 찾아볼 수 있다. 여기서도 몇 가지 지표를 소개해보도록 하겠다.

이 지표는 비트코인 선물 거래를 통해 청산 당한 양을 그래프로 보여주고 있다. 남색은 '롱 청산양'을 나타내고, 분홍색은 '숏 청산액'을 나타낸다.

[그림 5-156]과 [그림 5-157] 두개의 그림을 비교하면서 볼 수 있듯이 숏이 청산되면서 가격이 오른 모습과 롱이 청산되면서 가격이 떨어지는 모습을 볼 수 있다. (이 내용이 이해가 어렵다면 다음 페이지를 읽고 다시 읽어 보시면 될 것 같다.)

날짜에 하루 차이가 있는 것은 더 블록 사이트가 해외 사이트라 해외 시각 기준이고, 트레이딩 뷰는 우리나라 시각 기준이다. 그냥 같은 날짜에 일어난 일이라고 생각하면 될 것 같다.

☑ 롱 스퀴지

상승 베팅 후 1만원으로 10x 레버리지를 하면, 10만원어치 비트코인을 사게 된다. 만약 10% 하락하면, 포지션이 자동 정리되어서 10만원어치 비트코인이 팔려버리게 되는데, 비트코인이 팔리니 그만큼 비트코인이 더 하락하는 것이다. 더 하락할수록 더 많은 롱 포지션이 청산된다. 그럼 더 하락한다. 도미노와 비슷하다고 생각하면 될 것 같다.

☑ 숏 스퀴지

롱 청산의 반대 개념으로, 하락 베팅 후 1만원으로 10x 레버리지를 해서 10만원어치 비트코인을 샀다. 만약 여기서 10% 상승한다면 손해를 보게 되는데 이 때 손해를 줄이기 위해서 추가로 그 비트를 매입을 해야 손실을 줄일 수 있다. 그래서 비트 상승의 탄력을 받아 크게 상승하는 것이다. 이것도 도미노와 비슷하다고 생각하면 될 것 같다.

☑ 유한님의 과거 이야기를 떠올려라!

'근데 정말 신기하게 차트상으로 반등을 줘야 될 자리인데 세력들은 내가 매수한 것을 기가 막히게 아는지 음봉을 더 만들면서 하락하더라. 청산을 몇 번 당한 후가 되고 나서야 나는 단타에 소질이 없다는 것을 알게 되었지.'

어쩌면 초보자들이 가장 세력에게 당하기 쉬운 시장이 바로 이 레버리지(선물)시장이 아닐까? 나는 스퀴지 현상은 세력들이 가장 이용하기 좋은 시스템이라고 생각한다.

그림 5-158

이 그래프를 이용하여 00코인의 한 가지 시나리오를 이야기해보도록 하겠다.

세력은 지금 이 OO코인의 가격을 올리려고 한다.

하지만 개미들이 이 코인이 올라갈 것 같아서 롱을 많이 걸어 놓은 상태이다.

세력은 이대로 가격을 올리면 개미들에게 물량을 빼앗기게 된다.

때문에 세력은 일단 호재 기사를 뿌린다. 그렇게 롱 수량을 모은 다음에 세력은 자신들이 가지고 있는 OO코인을 조금 팔아버린다. 그렇게 가격은 조금 떨어지게 되는데,

이때 조금씩 롱 포지션이 청산 당하는 사람이 생기기 시작한다.

청산이 당하면 청산 당한 만큼 가격이 떨어지는데 그럼 또 청산 당하는 사람이 생긴다.

그렇게 롱 포지션을 걸어 놓은 사람들이 대부분 청산 당하게 된다.

가격이 계속 떨어지니 슬슬 떨어질 거라고 생각하는 개미들이 숏 포지션을 지정한다.

숏 포지션이 늘어나게 되면, 세력은 다시 가격을 조금 올린다.

그럼 숏 포지션이 청산 당하는 사람이 생기기 시작한다.

그럼 그 사람은 손해를 줄이기 위해 OO코인을 더 사야한다.

그렇게 가격이 오르고, 도미노 현상처럼 숏 포지션은 청산되며 가격은 계속 오른다.

이 시나리오 말고도 다양한 시나리오가 있을 것이다. 그렇게 우리가 이런 시나리오를 상상을 하며 알 수 있는 것은 세력은 우리에게 절대 물량을 넘겨주려고 하지 않는 다는 점이다.

☑ **선물**(레버리지) **거래**

이 거래에서는 현물과 다르게 가격이 떨어질 때도 수익을 볼 수 있다. 그 거래 방법을 '숏'이라고 한다. 그 반대로 올라갈 때 수익을 보는 거래 방법은 '롱'이라고 한다.

그리고 예를 들어 레버리지를 3배를 설정을 하고 롱 또는 숏을 지정할 수가 있는데 만약 3배 레버리지 숏을 지정했다면 -1%가 될 때마다 +3%씩 수익을 벌 수 있게 되는 구조이다. 하지만 만약 반대로 올라간다면 반대로 +1%가 될 때마다 -3%씩 손해를 보는 것이다.

그러면 수익이 될 때까지 기다리면 되지 않을까? 생각할 수도 있지만, 손실 %가 일정 수준에 도달하면 '강제청산'이라고 숏 또는 롱을 지정할 때 걸었던 돈이 한 번에 0원이 된다. 참고로 레버리지가 높을수록 강제 청산 당할 리스크가 올라가게 되고, 최고 100배까지 설정할 수 있다.

코인 투자를 하다 보면 누구든지 선물 시장으로 눈을 돌리게 될 수 있다고 생각한다. 하지만 이 시장은 현물보다 리스크가 더 크며 단타의 길로 빠질 확률이 매우 높다고 생각한다. 물론 투자를 직업으로 트레이너를 하실 분들이라면 말리지는 않겠다. 나 또한 순서를 만나기 전에는 선물 시장에 눈독을 들이고 있었다. 심지어 '엘리엇 파동이론'이라는 책까지 사서 공부할 준비까지 했었다. 하지만 딱 그 시간에 순서와 만나게 되어서 책을 사 놓고 아직 보지도 않았다. 아마 순서를 만나지 않았다면? 나는 지금 전업투자를 하고 있지 않았을까?

그럼에도 레버리지 투자를 해본 적은 있다. '엘리엇 파동이론' 책을 사기 전에도 이미 많은 유튜버들이 분석하는 것을 공부하고 지표 공부를 어느정도 해서 차트를 어느 정도 볼 수 있었다고 생각했기에, 20만원 정도 소액 투자를 해보았다. 처음에는 엄청 잘 되었다. 3배 레버리지를 통해서 위로 올라갈지 아래로 내려갈지 다맞췄다. 그렇게 20만원이 60만원이 되었을 때, 슬슬 탐욕이 올라오기 시작했다. "아… 백만원으로 시작했으면 삼백만원… 1억으로 시작했으면 3억이었을텐데… 그냥 레버리지 더 올려서 해볼까?"라고 생각하며 레버리지를 10배, 20배 올리기 시작했다. 처음 한 두 번은 벌었다. "아 쉽네? 3배로 했으면 엄청 힘들었을 텐데, 레버리지 진작에 올려서 할 걸 그랬네." 생각하며 이번에도 맞추겠지 생각하며 롱에 걸었다. 그 다음 일은 예측이 갈 것이라 생각한다. 그렇다. 청산 당했다. 수십 번 맞춰서 힘들게 번 돈들이 단 한 번의 실패로 인해 먼지처럼 사라졌다.

물론 레버리지를 올리지 않았더라면 청산을 당하지 않았을 수도 있을 것이다. 하지만 선물 시장은 너무 나도 탐욕이 불어나고, 중독에 휩싸이기에 완전 최적화된 시장이라는 것을 알았다.

나는 내가 하고 싶은 일을 하면서 코인을 통해 '재테크'라 생각하고 돈을 벌고 싶었다. 하지만 선물시장은 나의 일상생활까지 건드려왔다. 내가 레버리지를 지정하여 롱&숏에 베팅하는 순간 내 눈은 차트에서 떨어질 수 없었다. 그렇게 나는 중독이 되어있었다.

선물 거래를 하고 있는 분들에게 뭐라 하는게 아니다. 오히려 그 선물 시장에서 살아남고 계신 분들은 엄청 대단하신 분들이라고 생각한다. 하지만 나는 '살아남는' 게 쉽지 않다고 느껴 내가 하고 싶은 일을 하면서 코인 투자로 돈도 벌고 싶다는 생각이 들었다는 것을 말하고 싶던 것이었다.

- 롱&숏의 비율을 한 번에 보고 싶다면 datamish.com를 통해 볼 수 있다는 점 참고 바란다.

- 온체인 데이터 지표는 책에 다 다루고 싶었지만 다 담을 수 없을 정도로 너무 많다. 앞으로 다양한 온체인 데이터 지표를 활용하는 방법을 코인론 유튜브를 통해 가르쳐드릴 예정이다.

- 또한 이러한 사이트 구독료가 너무 부담이 되시는 분들을 위해 트레이딩 뷰에 있는 지표나 무료로 쓸 수 있는 지표를 활용하여 데이터를 분석할 수 있는 방법도 알려드릴 예정이니, 관심이 있으신 분들은 참고 바란다.

그림
5-159

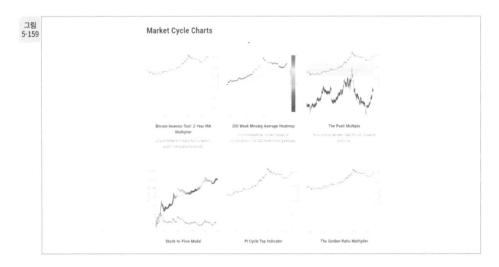

이 사이트도 많은 코인 유튜버들이 자료로 활용하는 지표를 볼 수 있는 사이트 중 하나이다. 가장 유명한 지표로 'Stock-to-Flow-Model'이 있다.

그림
5-160

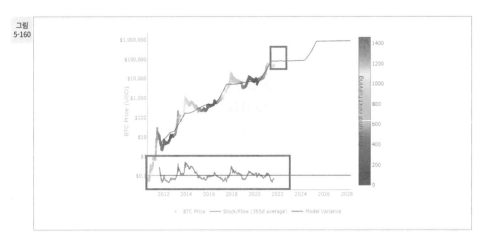

출처: lookintobitcoin.com

[그림 5-160] 지표가 바로 'Stock-to-Flow-Model'이고, Plan B가 만들었다고 한다. 이 지표에 대해서 간단하게 설명해보자면, 우선 무지개 색깔의 뜻은 바로, 반감기 주기를 나타내고 있다. (반감기란, 새로운 블록을 채굴하고 받는 보상을 반으로 줄이는 시스템이다.) 반감기가 지나게 되면 희소성이 올라가기 때문에 이론적으로 가격이 오른다는 것을 이용했다.

무지개 색의 그래프는 비트코인 가격을 나타내고, 빨간 색 선에 맞춰서 흘러가고 있는 모습을 보실 수 있는데 이는 'Stock/Flow' 즉, 그 기간에 채굴된 양에 대한 현재 사용 가능한 총량의 365일 평균을 선으로 나타낸 것이다.

아래에 있는 빨간 색 박스를 보시면 초록 부분과 빨간 부분을 보실 수 있는데 빨간 부분이 생기는 구간은 무지개 색의 비트코인 가격이 'Stock/Flow' 선 위로 올라갔을 때다. 이를 통해 위에 있는 그래프와 아래에 있는 그래프의 상호작용을 확인하는 것이다.

역사적으로 반감기 시즌 마다 무지개 색의 비트가격 그래프가 'Stock/Flow' 선 위로 크게 올라갔던 것을 볼 수 있다. 책을 쓰는 9월 15일 기준으로 아직 무지개 색의 비트코인 가격이 'Stock/Flow' 선 위로 크게 올라가지 않은 것을 보아 이번 반감기 시즌의 상승은 아직 남았다고 판단할 수 있는 것이다. 물론, 지표는 지표일 뿐 절대 맹신하면 안 된다는 점 항상 기억하셨으면 좋겠다.

그리고 Stock-to-Flow-Model이 가장 유명한 지표이기 때문에 자세하게 설명해 보았지만 다른 지표도 설명하면 좋을 것 같아 볼만한 지표들을 정리해 보았다.

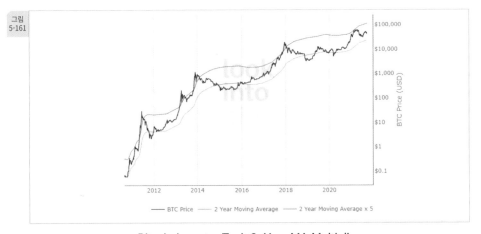

그림
5-161

Bitcoin Investor Tool: 2-Year MA Multiplier

초록색 선 : 2년 평균선 / 빨간색 선 : 2년 평균선 X5

지금까지 역사를 보자면, 초록 선 밑에 있을 땐 매집기간, 빨간 선에 닿았을 때는 조정, 빨간 선 위로 올라가면 수익 실현 구간이었다는 것을 확인 할 수 있다.

✍ 순서메모

아래를, 메모하면서 일기 쓰듯이 연습! 또 연습하세요! 유명 유튜버 분들의 자주 설명하는 모델인 거 같네요. 이 차트를 보니 뭔가 차트를 의지하게 되네요. 지금 당장 업O트 어플을 삭제 코인론을 공부했으니, 메타인지 테스트 해볼까요? 반드시 뛰어넘으셔야 합니다. ((잘 안되시면, 저의 유튜브 영상 GO!!))

Q) 오늘 WTI?, 코인 과세 언제? 비트코인 종가양봉? 오늘 저녁 무슨메뉴? G-MAFIA의 마지막 I와 A는 무슨기업? 유명 유튜버 분들의 오늘 핵심은 무엇?, 라면값이 오를려면 몇 개월전 기획? 해외 트위터와 전일 나스닥은?

본인이 잘하는 것과 못하는 것을 알고, 스스로 관찰 후 통찰력 있는 분들의 인지를 뛰어넘으셔야 합니다.

그림
5-162

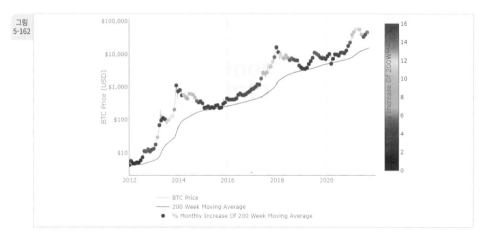

200 Week Moving Average Heatmap

보라색 선: 200주 이동평균선

200주 이동평균선에 닿을 때마다 가격이 저점이었다는 것을 확인할 수 있었고, 시장의 과열도에 따라 점의 색상이 변경되는데 빨간 점일 때마다 가격은 정점이었다는 것을 확인할 수 있었다.

그림
5-163

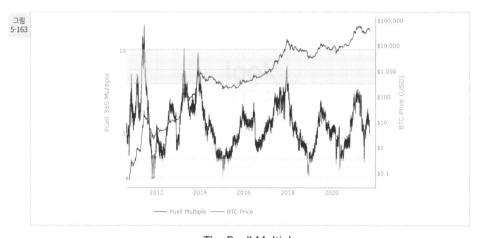

The Puell Multiple

Puell Multiple = (일일 비트코인 발행 가치) / (일일 발행 가치의 365일 이동평균)

역사적으로 보았을 때 이 갈색 선이 빨간 박스안에 들어갔을 때 고점이었다는 것을 알 수 있고, 초록색 박스 안에 들어 갔을 때에는 저점이었다는 것을 알 수 있었다.

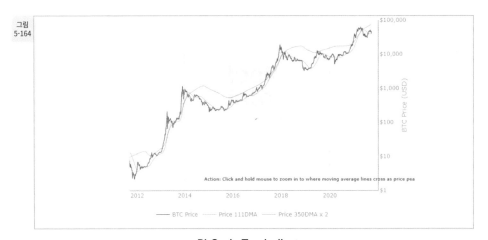

Pi Cycle Top Indicator

초록색 선: (350일 이동평균선 X2), 주황색 선: (111일 이동평균선)

[그림 5-164] 지표는 시장이 매우 과열되었을 때를 나타내는데 유용하게 쓰인다. 지금까지의 역사를 보자면 주황색 선이 초록색 선에 도달했을 때 비트코인을 판매한 것이 유리했던 것을 알 수 있었다.

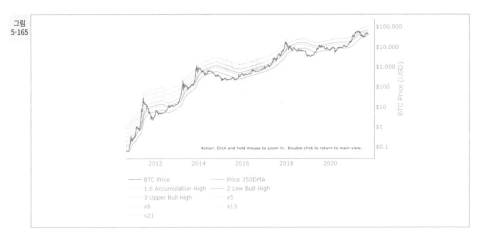

The Golden Ratio Multiplier

주황색 선: 350일 이동평균선, 초록색, 빨간색, 보라색, 외 점선: x배수

코인론

비트코인은 시간이 지남에 따라 시장 사이클 최고치는 350일 이동평균선의 피보나치 수열 배수 순서(x21→ x13→x 8→x5→x3→x2→x1.6→x1)대로 감소한다. 이유는 비트코인의 가격 성장속도가 시간이 지남에 따라 둔화되고 있기 때문이다. 즉, 시가 총액이 증가할수록 저번 사이클의 성장률 처럼 동일하게 성장하기 힘들어진다는 뜻이다.

이 순서 사이클 대로 돌아간다면 이번 시즌의 종료는 보라색 선이 저항 라인이 될 수도 있다. 하지만 보조지표는 보조지표일 뿐 참고용으로만 봐야한다.

Bitcoin Logarithmic Growth Curves

이 지표를 통해 역사적으로 주황색 라인 윗부분과 아래 부분은 그 시즌의 고점과 저점이었다는 것을 확인할 수 있었다. 또한 아래 빨간색 선을 보더라도 위에 1에 닿을 때 고점이었고, 0에 닿을 때 저점이었다는 것을 확인할 수 있었다.

만약 이 지표만 볼 때, 이번 시즌의 비트코인 최고 가격이 주황색 라인 윗 부분을 터치한다고 가정한다면 130,000$~140,000$까지 도달할 수 있겠다는 것을 확인할 수 있고, 2021년 11월~12월 쯤에 고점을 달성할 수도 있다는 것을 확인할 수 있었다. 단, 보조지표는 보조지표로만 보도록 하자.

그리고 이 사이트에서 조금 스크롤 해서 내리다 보면

그림
5-167

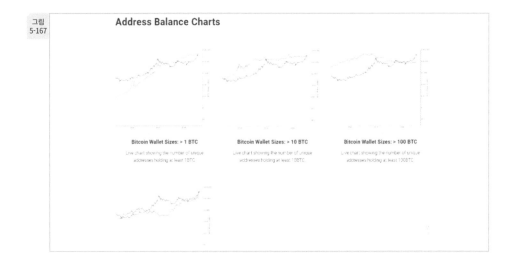

비트코인 가격과 비트코인을 가지고 있는 지갑의 수를 볼 수 있는데, 비트코인을 1개 가지고 있는 지갑의 그래프와 비트코인 가격을 비교하는 형식으로 1개, 10개, 100개, 100개 순으로 정리해 놓은 것을 보실 수 있다.

이 지표들 중 비트코인을 1개 가지고 있는 지갑의 수를 비교한 그래프를 보도록 하겠다.

그림
5-168

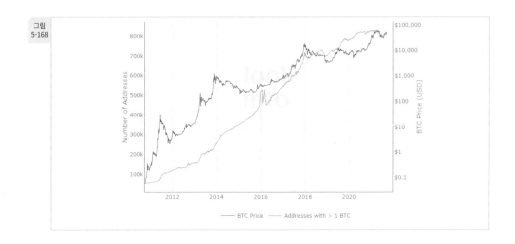

노란 색 선이 비트코인을 한 개 가지고 있는 지갑의 주소 수이고, 남색 선이 비

트코인 가격이다. (남색 선이 그냥 비트코인 그래프와 살짝 다른 이유는 로그를 적용해서 보여주고 있기 때문이다.)
이 그래프를 본다면 비트코인 가격이 증가함과 동시에 주황색 선도 올라가고 있는
모습을 보실 수 있고, 최근 비트코인 하락과 동시에 주황색 선도 살짝 하락한 모습
을 볼 수 있다.

　　이러한 현상의 의미는 아마도 비트코인을 조금 가지고 있을수록 부자보다는 일
반 개미들이라고 볼 수 있으니, 일반 대중들이 비트코인에 대한 관심도를 나타내
고 있는 것이 아닐지 생각해본다.

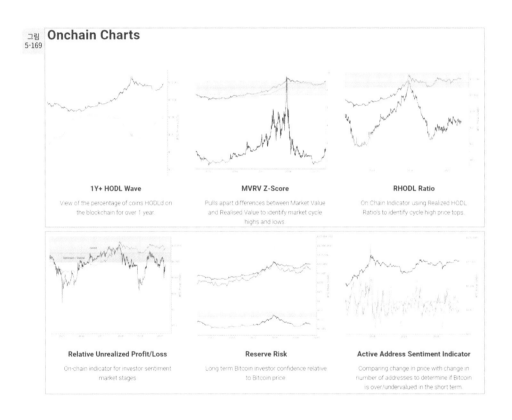

그림 5-169

Onchain Charts

1Y+ HODL Wave
View of the percentage of coins HODLd on the blockchain for over 1 year.

MVRV Z-Score
Pulls apart differences between Market Value and Realised Value to identify market cycle highs and lows.

RHODL Ratio
On Chain Indicator using Realized HODL Ratio's to identify cycle high price tops.

Relative Unrealized Profit/Loss
On-chain indicator for investor sentiment market stages

Reserve Risk
Long term Bitcoin investor confidence relative to Bitcoin price.

Active Address Sentiment Indicator
Comparing change in price with change in number of addresses to determine if Bitcoin is over/undervalued in the short term.

　　알려드린 지표들 이외에도 다양한 온체인 지표들을 찾아보실 수 있는데 이 지표
들은 온체인 데이터 강의와 함께 소개해드리도록 하겠다.

그림
5-170

마지막으로 소개해드릴 사이트는 bybt 라는 사이트이다. 위 순서로 들어오신 후에 스크롤하면서 내리다 보면

그림
5-171

위 지표를 보실 수 있다. 이 지표는 '풋옵션'과 '콜옵션'이 얼마나 걸려있는지 확인할 수 있는 지표이다.

☑ 풋옵션과 콜옵션?

이 둘을 이해하기 위해서는 우선 '옵션'에 대해서 먼저 알아야 한다. 옵션이란? 미리 정해진 조건에 따라 일정한 기간 내에 특정 상품을 '사거나 팔 수 있는 권리'를 말하며 이를 매매하는 것을 '옵션거래'라고 한다.

코인론

● 콜옵션이란?

옵션의 만료일에 대상자산을 약정한 가격에 살 수 있는 권리를 말한다.

즉, 콜옵션을 매수한다면? 이 권리를 돈을 주고 산다는 것이다. 콜옵션 매수자는 이러한 권리를 갖기 위해 일정한 대가(옵션 프리미엄)를 콜옵션 매도자에게 지불해야 한다.

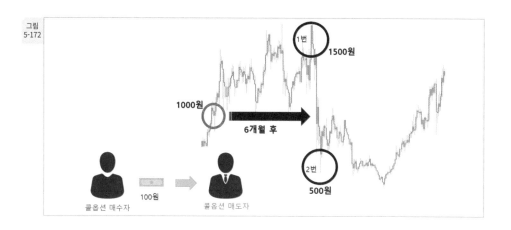

그림
5-172

이해를 돕기 위해서 하나의 예시 자료를 만들어 보았다.

빨간 동그라미 구간인 날에 이 코인의 가격은 1000원이다. 현재 이 코인의 가격이 6개월 후에 1500원이 될 수도 있고, 500원이 될 수도 있다.

여기서 '콜옵션 매수자'는 6개월 후에도 이 코인을 1000원에 구입하고 싶어한다. 그래서 6개월 후에도 1000원에 구입할 권리를 100원(옵션 프리미엄)을 주고 구입하기 위해 '콜옵션 매도자'에게 제안을 한다. 만약 제안이 성사된다면 콜옵션 매수자는 6개월 후에 코인의 가격이 얼마가 되었든 1000원에 살 수 있는 권리를 100원(옵션 프리미엄)을 주고 구입한 것이다.

이후 6개월이 흘러 코인의 가격이 1500원이 되었다고 가정해보자. 콜옵션 매수자는 6개월이 지나도 코인을 1000원에 구입할 수 있는 권한이 있기 때문에 현재 1500원하는 코인을 1000원을 주고 살 수 있다. 그렇게 1500원 코인을 1000원에 구입하면 옵션 프리미엄 100원을 뺀 400원의 이익이 발생하게 된다.

이번엔 6개월이 흘러 코인의 가격이 500원이 되었다고 가정해보자. 콜옵션 매수자는 6개월 후에도 코인을 1000원에 살 수 있는 권리를 가지고 있지만 현재 500원인 코인을 굳이 권리를 행사하여 1000원에 살 필요가 없어지게 되는 것이다. 때문에 그냥 권리를 포기하고, 먼저 지급했던 옵션 프리미엄 100원만 손해를 보면 된다.

즉, 콜옵션 매수자는 코인 가격이 상승한 만큼 이익은 무한대가 되고, 손실은 옵션 프리미엄가격 100원에 한정되어 있는 시스템이라고 볼 수 있다.

반대로 콜옵션 매도자는 수익은 옵션 프리미엄 값 100원으로 한정이 되고, 손실은 가격이 상승한 만큼 무한대가 될 수 있는 시스템이라고 볼 수 있다.

옵션 프리미엄 가격을 100원으로 가정해서 콜옵션 매도자 보다 콜옵션 매수자가 더 좋다고 오해하실 수도 있지만 만약 옵션 프리미엄 가격이 몇 백만원이라고 가정하고 가격이 6개월 후 하락하게 된다면 큰 수익을 볼 수 있으니, 상황에 따라 선택하여 활용하실 수 있다.

● 풋옵션이란?

콜옵션은 '살' 권리를 매매했다면, 반대로 풋옵션은 '팔' 권리를 매매하는 것이라고 보면 된다.

이번에도 같은 조건의 예시를 들어보도록 하겠다.
'풋옵션 매수자'는 6개월 후에 코인을 1000원에 팔고 싶어한다. 100원의 옵션 프리미엄을 주고 풋옵션 매도자와 거래가 성사되었다고 가정해보자.

만약 6개월 후에 코인의 가격이 1500원이 되었다면, 풋옵션 매수자는 1500원 코인을 1000원에 팔 수 있는 권리를 가지고 있지만 굳이 1500원 코인을 1000원

코인론

그림
5-173

에 팔 이유가 없어지게 된다. 그렇게 처음 지불한 옵션 프리미엄 100원의 손실만 보게 되고 1000원에 살 권리를 포기하면 된다.

반대로 만약 6개월 후에 코인의 가격이 500원이 되었다면, 풋옵션 매수자는 500원 코인을 1000원에 팔 수 있는 권리를 가지고 있기 때문에 옵션 프리미엄 100원을 뺀 400원의 수익을 볼 수 있게 되는 것이다.

풋옵션 매도자는 1000원 보다 가격이 오르면 수익은 100원에 한정되고, 1000원 보다 가격이 떨어지면 손실은 무한대가 될 수 있다.

정리해보자면, 결국 풋옵션이든 콜옵션이든 매수자는 처음 프리미엄만큼만 투자금액을 손해보게 되고, 수익은 이론상 무한대가 된다. 콜옵션 매수자는 가격이 큰 폭으로 오르기를 기대하는 것이고, 풋옵션 매수자는 가격이 큰 폭으로 떨어지기를 기대하며, 일정금액을 지불하는 것이다.

반대로 풋옵션이나 콜옵션 매도자는 손실 방향으로 큰 가격의 변화가 없기를 기대하면서, 옵션 프리미엄만큼의 안정적인 수익을 기대하고 옵션을 매도한다고, 생각하면 될 것 같다.

코인은 상승, 하락, 횡보한다.

전문가 A. B 둘 중 전문가 A가 맞힐 확률은 3/10이다.

전문가 C가 발생되면? A가 맞힐 확률 9/10이다…

전문가D. A승률 27/1, 전문가E. A승률은 81/1…

그림 5-174

마지막으로 알려드릴 사이트는 '블록체인센터.넷' 이라는 사이트 이다. 이 사이트에서도 다양한 기능을 접해볼 수 있는데, 좌측 상단의 빨간 박스를 더블클릭 해 보신다면,

[그림 5-175]의 이러한 화면을 보실 수 있다. 수많은 지표 중 몇 가지를 소개해 보자면

먼저 [그림 5-176]의 비트코인 무지개 지표가 있다. 이 그래프는 가격이 빨간색에 가까워질수록 버블이 커진다는 것을 의미한다. 또한 가격이 만약 무지개의 진한 주황색 선 까지만 간다면, 비트코인 원화가격으로 적어도 1억 이상은 갈 수 있다는 것을 의미한다. (물론 지표는 지표일 뿐 항상 맹신하지는 말아야한다.)

코인론

그림
5-175

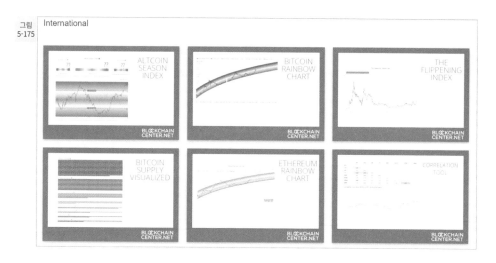

그림
5-176

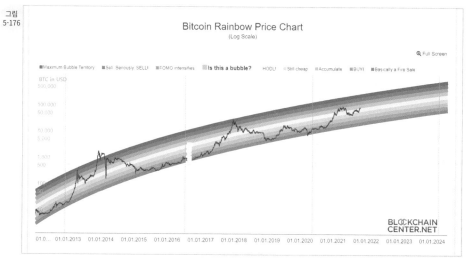

그림
5-177

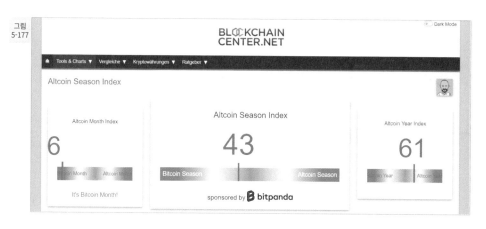

05. 코인론 : 필수 파밍(Farming) 아이템

그 다음 [그림 5-177]은 지금 시장 상황이 알트코인 시즌인지 또는 비트코인 시즌인지를 구분해주는 기능이 있다. 왼쪽 박스는 한달을 주기로 구분해주고, 가운데 박스는 현재 지금의 시즌은 어떤 시즌인지를 구분해주고, 오른쪽 박스는 1년 주기로 구분해준다.

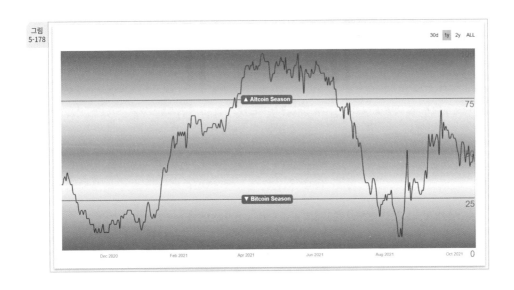

그림
5-178

그리고 살짝 내려보면, [그림 5-178] 그래프를 보실 수 있는데 아래쪽으로 내려 갈수록 비트코인 시즌에 가깝고 위로 올라갈수록 알트코인 시즌에 가깝다는 것을 알 수 있다.

그림
5-179

또 바로 아래로 살짝 스크롤 해본다면, 왼쪽 하단에 지금은 알트 시즌인지 아닌

코인론

지 구분을 해주고 있는 것을 볼 수 있다. 이것을 구분하는 기준은 지난 시즌(90일) 동안 상위 50개 알트코인 중 75%가 비트코인 보다 우수한 성능을 보였다면 알트코인 시즌이라고 한다.

코인 시장을 보다 보면 모든 코인이 다 같이 올라가면 좋겠지만 그렇지 않다. 코인 시장에는 돈이 흘러 다니고 있는데 그 돈이 어디로 흘러가는지 알 수 있다면 다음 현금흐름 지점을 미리 선점해서 수익을 올릴 수 있지 않을까?

보통은 비트코인이 먼저 상승하여 자리를 잡고, 그 다음 상대적으로 저평가된 코인들로 현금이 흘러간다. 만약 비트코인이 2배 올랐다면, 상대적으로 가벼운 알트코인은 2~3배씩 오르니 그 중에서도 저평가 된 알트코인을 찾기 시작한다. 그렇다면 비트가 자리를 잡고, 알트코인으로 현금이 흘러가는 시기는 어떻게 직감할 수 있을까?

그건 바로 비트코인 도미넌스를 파악하는 것이다.

비트코인 도미넌스에도 지지와 저항을 체크해 볼 수 있다. 앞에 있는 '비트코인과 도미넌스' 파트를 공부하고 오셨다면, 이를 잘 체크하면서 대응하여 언제쯤 알트코인 강세가 나타날지 짐작해볼 수 있을 것이다.

✍ 순서메모

지금까지 잘 견뎌오셨습니다. 그럼, 지금까지 공부하거나 책을 읽으면서 느낀 점이 있다면? 저희, 주진 작가님에게 이메일 부탁드립니다. 궁금한 점, 사연, 편하게 말씀 주시면 됩니다.

위의, 내용을 몇 회 정독했다고⁽?⁾ 전체 내용을 이해하신 건 절대 아닙니다.해당 사이트, 내용, 뉴스, 데이터 관련 등 자주 가셔서 늘 이용해 보셔야 합니다. 단순히, 책에 의존해서 이런 내용이구나! 이 정도로만 접근 하신다면? 절대, 문제를 스스로 해결하기가 어렵다는 점 안내드립니다. 만약, 시간이 부족하시다면? 유튜브로 오셔서 책+유튜브로 함께 코인:론 공부하시죠!

코인론
: 제1편 마지막과 제2편의 시작점

19세 주진이가 바라본 시간의 "순서"편

새로운 시작

코인론 : 제1편 마지막과 제2편의 시작점

19세 주진이가 바라본 시간의 "순서"편

　시간은 2021년 1월 무렵, 순서는 사회에서 만난 비즈니스 관계에서 친구가 된 한 명이 있다. 그 친구는 자산이 약, 20억원대로 추정된다. 서울에 집과 두 아이를 양육하려면? 월 평균 700~1천만원 정도의 수익은 되어야 생활이 가능한 점에서 이 이야기는 시작이 되는게 맞는 것 같다. 친구는 주식, 부동산, 일에 관련된 다양한 의견을 서로 주고받던 시절이다. 물론, 코로나로 인하여 계절마다 한 번씩 보고 자주 통화하던 사이이다. 주식 이야기가 나왔던 2021년 초의 대화부터 시작점이 되는 것 같다.

　이제 그들의 대화를 살짝 엿보자!

◑ 카톡 대화 : 2021년 1월 5일

　　순서 : 이번주 안에 … 한번 위로 더 가야 하는 그림 남아 있는데…
　　　　　　자, 나는 너에게 제안 했어~~ 너가 선택하면 되. ㅋㅋㅋ

　　친구 : 오키… 버텨보자!

　　순서 : ㅇㅋ 취소하세요~

　　친구 : 취소완료

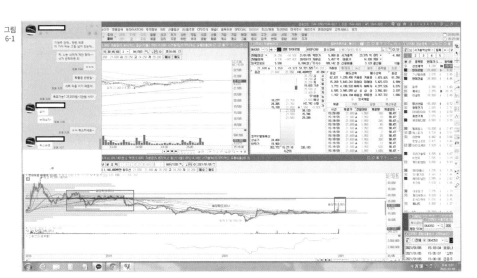

그림
6-1

🖪 **참고해 주세요!** 참고 이미지, 코인론은 소설이며 독자의 이해를 돕기 위해 100% 창작되었습니다.

종목	현대로템, 삼성제약
관점	완전정배열 = 이평선(단기+장기)+거래량(조정+감소)+뉴스(호재+매출)+분석 (기술+기본)+재무(매출+투자)…
복기	수익은 50% 지점을 넘어서는 단계 → 다소 무리한 예측을 했다는 관점이다.
평가	100점 만점 중에 20점이라는 판단이다. 그 친구의 희망회로에 영향을 끼친 점이 부정적 평가의 원인이다.
이유	목표 수익률 부재(=없다), 객관적 사고 부족 → 잘못된 투자로 발전 → 노력 없는 수익은 "의미 없다"
각성	수익이 1,000만원이 발생하였다. 거기에 무슨 분석이 필요한지 모르겠다. 찾아라. 현금으로. 그리고 소중한 곳에 쓰길 바란다. 더 이상의 욕심은 우리가 늘 찾던 신기루가 아닌지 생각해보자.

◐ 2021년 1월 본격적인 "코린이" 순서의 탄생

사실 순서는 주식을 독학으로 공부한 깡통대 수석 출신이다. 왜냐하면? 돈을 전부 잃어서라도 그 게임에서 이기기 위해 포기 못하는 전형적인 깡통 투자대 최상위 0.001% 안에 드는 꼴통이기 때문이다. 웬만하면 그를 꼴통 짓으로 이기기 어려울 것이다. 왜냐하면? 그는 대기업 개발팀 출신이기 때문이다.

지방 전문대 출신인 순서는 대기업 개발팀까지 가는 과정도 만만치 않았다. 그곳에서 초 엘리트 수백~수천명의 개발자들과 피 말리는 프로젝트를 진행해왔기 때문이다.

위의 이미지처럼. 2021년 1월6일 수요일의 상황을 보자. 우측 상단 빨간색 박스를 보면 관심 코인이 보인다. 순서는 당시 **스텔라루멘. 에이다,** 리플**, 스테이터스네트워크토큰, 리퍼리움, 엠블** 6개 코인에 관심이 있었다. 그리고, 좌측을 보면 알 수 있다. 순서의 실력을 말이다. 역시나 마이너스. 전형적인 "코린이"가 맞다! 역시, 예상대로 코린이라서 잡코인(이것저것) 주워담은 흔적이 보인다. 아마도 무척 고심하고 고심해서 주워 담았을 것이다. 이런 시나리오. 저런 시나리오, 캔들, 주가, 세력, 저항, 지지, 뉴스, 호재, 악재, 증시, 코인뉴스, 유튜브, 언론, 방송, 트위터, 다양한 SNS 등등 까지 말이다.

순서는 업비트를 2020년 10월쯤 계좌를 개설했다고 했다.

자. 이제 친구와 순서의 이야기를 시작했으니 좀더 자세히 살펴보자!

그래야. 코인으로 넘어가는 이유가 설명이 될 테니 말이다.

◐ 시간은 2021년 1월 5일. 오전 9시 40분경 카톡 대화내용이다.

> **순서** : 인증샷 좀 보내 주세용~~ 좀 크게 안되나??
> 왔네… 22,500원… 그 다음은 … 흠… ㅋㅋㅋ
>
> **친구** : 크게 안되네 (이미지 사이즈를 뜻함. 스크린샷을 뜻함) → 현대로템과 삼성제약 이미지
> → 체결완료
>
> **순서** : 왔나? ㅋ ㅋㅋㅋㅋㅋㅋㅋㅋ. 자, 이제 2차매도 준비하세요. 24,500원입니다.
> 또 절반 팝니다! 221주의 절반이니, 110주 팝니다.
>
> **친구** : 오키. 완료

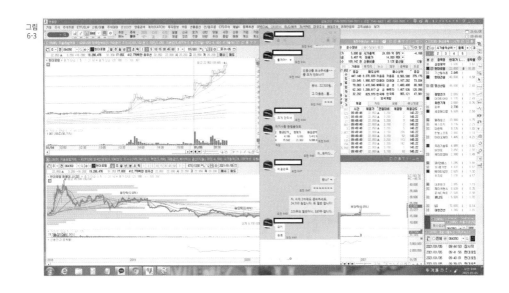

그림
6-3

복기	그럼, 현대로템을 평균단가 15,932원에 442주를 가지고 있다는 결론인 것 같다. 아마 순서의 전략은? 442주 → 1차매도 50% 22,500원(221주) → 2차매도 50% 24,500원 (110주) → 이런 형태를 기획 했을 것.

그런데, 21년 1월 5일 현대로템의 최고가는? 순서의 예측에 도달하지 못했다. 즉, 예측이 실패한 것이다. 문제는 가격을 못 맞춘 것이 팩트라는 것이다. 250원

이 부족한 24,250원이 1월 5일의 최고가이다. 이로써, 순서의 실력은 입증이 된 것이다! 최고가를 맞추지 못했다. 아마, 12년간 공부를 못해서 일까? 왜? 순서는? 당일 최고가를 못 맞췄을까? 순서는, 최저가, 최고가, 시가, 종가를 기획했던 기획자인데… 도대체? 무슨 이유로 순서는 현대로템 당일 최고가를 맞추지 못했을까? **이게 순서의 주식 실력이다.**

> **각성** 순서위의 세력이 있다는 결론에 도달하는 순간이다.
> 순서의 스승이 있다던데…

　순서의 스승은 도대체 어떤 사람일까? 순서는 왜? 그의 스승을 통해 무엇을 얻고자 했을까? 왜? 순서는 변수를 고려하지 못하고 친구에게 이런 카톡의 대화를 나누었을까? 이 사람 도대체 뭐지?? 진짜. 시가, 고가, 저가, 종가를 모두 기획했던 사람일까? 그럼, 캔들과 이평선도 모두 디자인하는 사람이라는 거야? 말도 안 돼!! 이건 사기다!! 이걸 어떻게 알아? 실시간 카톡? 이거 모두가 사기 아니야? 이 글을 작성하면서도 믿기지 않는다.

그림 6-4

🏴 **참고해 주세요!**
참고 이미지. 코인론은 소설이며
독자의 이해를 돕기 위해
100% 창작되었습니다.

코인론

21년 1월5일 최고가는 24,250원. 순서는 정말로 최고가를 맞추지 못했다. 자존심이 허락하지 않는 그는? 이 상황을 어떻게 생각하고 있을까? 순서는 늘 그랬다. 게임에서 자신과 겨뤄 이길 생각하지 말라고 늘 그랬다. 게임에서는 타의 추종을 불허한다? 뭐~ 그런 맥락으로 이해하면 좋을 것 같다. 어릴 적 오락실을 다니면서 밥도 안 먹고, 부모님 속을 썩인 그 아이가 지금~ 주식과 코인판에서 무슨 일을 하는지…. 도대체 이 사람 뭐지?

그림
6-5

🐢 참고해 주세요! 참고 이미지, 코인론은 소설이며 독자의 이해를 돕기 위해 100% 창작되었습니다.

이 자료를 믿어야 하는 건가? 말도 안돼!! 시간과 날짜가 모두 일치한다! 삼성제약, 현대로템 모두 그 날짜 그 시간이 맞다. 삼성제약은 갑자기 어떻게 나온거야? 매집한거야? 이거 지금 다 믿어야 되는거야? 순서의 스승은 도대체? 누구이고? 얼마를 운영하고? 계좌가 몇 개지?

◑ 2021년 1월 7일

순서가 세력이 아니라는 걸 깨닫는 시간.

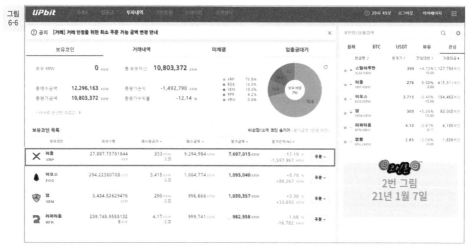

위에서 이야기 했던 21년 1월 6일 [그림 6-2]의 '1번 그림' 부분을 다시 보고 오길 바란다. 지금 [그림 6-4]의 '2번 그림'도 기억해두자! 1월 6일 리플 코인의 매수 평균가는 339원에 829만원이었다. 그리고, 보유 코인에도 변화가 생겼다. 왜 그랬을까?

아참, 순서는 2020년 12월 29일. 업비트 기준 최저점인 198원을 못 맞췄다고 했다. 그래서 마지막 매수 가격이 200원까지 였다고 한 이야기를 들었던 기억이 있다. 왜 그랬을까? 그 당시 리플은 SEC 문제로 상장폐지? 가까운 최악의 상황을 가고 있었는데. 어떻게 그 가격에 매수를 했을까? 그때 친구에게 그 이야기를 했다고 말했다.

친구와 순서의 **과거의 대화의 시간**을 살펴보자!

코인론

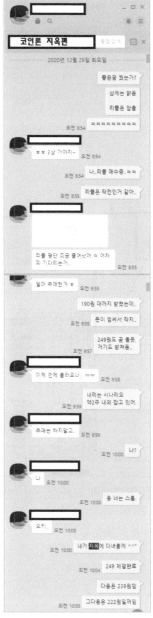

그림 6-7

코인론 지옥편

2020년 12월 29일 화요일

참고해 주세요!
참고 이미지, 코인론은 소설이며
독자의 이해를 돕기 위해
100% 창작되었습니다.

◐ **2020년 12월 29일 화요일 카톡 대화**

순서 : 좋은 꿈 꿨는가?
삼제는 맑음 (삼성제약이란 뜻)
리플은 암울 (순서가 코인에 들어왔다)   A

친구 : ㅎㅎ 3상 가야지~(<< 상한가 3번째라는 뜻)

순서 : 나.. 리플 매수중.. ㅋㅋ
리플은 작전인거 같아..

친구 : 리플 평단 조금 줄여났어 ㅋ
어차피 기다리는 거..

친구 : 얼마 추매한겨 ㅎ

순서 : 190원 대까지 받쳤는데..
돈이 엄써서 작지..
249원도 곧 올 듯. 거기도 받쳐둠..

친구 : 이제 언제 올라오나… ㅠㅠ

순서 : 내리는 시나리오 약2주 내외 잡고 있어.

친구 : 추매는 하지 말고…

순서 : 나?

친구 : 나

순서 : 응 너는 스톱. (<< 매매금지라는 뜻)

친구 : 오키…

순서 : 내가 지옥에 다녀올께 ^^"
249 체결완료
다음은 239원임
그 다음은 222원일꺼임…

자. 이쯤 되면? 상상력이 좀더 가속화 되어야 할 것이다. 왜냐하면? 이 둘의 대화에서 보듯이 **리플 코인에 대해 "지옥에 다녀올께"** 이렇게 말한 순서와 친구의 마음은 어떠할까? 도대체 무슨 사이일까?

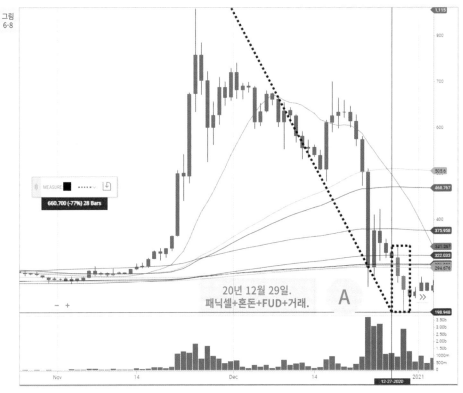

위의, 우측 하단 검정 점선 부분이 바로 카톡 대화의 리플 일봉 캔들의 모습이다.
전 고점 터치 이후 마이너스 −77%지점이 20년 12월 29일의 최저점이다.
이게 100% 이해가 되나? 여러분은 카톡으로 이런 대화를 본적이 있던가?
훗날, 순서는 이야기했다. 이 모든 건 기획자와 디자이너의 대화라고 했다.

🗒 참고해 주세요! 참고 이미지, 코인론은 소설이며 독자의 이해를 돕기 위해 100% 창작되었습니다.

현대로템과 삼성제약으로 수익을 봤기 때문에 신뢰가 형성된 것일까? 그렇다 해도 순서와 이 둘의 대화로 미루어 별 내용이 아니라고 생각했다면? 큰 착각이다.

친구는 지금 순서의 스승을 모른다. 순서는 이야기를 한 적이 없다. 그럼, 순서는 스승과 대화를 했을 것이다. "운영자산이 수 조원에 이르지 않을까?" 라는 순서의 상상으로 이야기한 것이 떠올랐다. 이 후 수조원이 수백~수천 그룹이라는 이야기도 듣게 되었다. 뭐 지? 이걸 믿어야 하나? 이거 참… 설명하기 어렵다. 남들이 들으면? 미×거 아니냐고 할 것이다. 이거 실화야? 소설이야? 나 참… 내가 지금 무슨 소설을 쓰는건지….

아… 잠시 쉬고 와야겠다. 다음 이미지를 보면? 더 어이가 없기 때문이다. 이건 도대체 어떻게 써야 할까? 믿어야 하나? 계좌가 수천~수 만개… 천문학적 숫자… 순서도 그 계좌를 본적은 없다고 했다. 수십억~ 수백억 까지만 얼핏 보았을 뿐이라는 것이다. 이건 진짜 코인론!! 소설이다!!

다음 이미지를 보기 전에 핵심내용은 이렇다. 21년 1월5일 기준이며, 삼성제약 96% 마무리. 그리고 세력분에게 감사인사와 하직인사를 하는 날이라 했다. 왜냐하면? 호가창에 200만주를 가지고 넣었다 뺏다에 "시그널+나가라 =힌트" 라고 표현했기 때문이다. 쉽게 표현하자면? **홀짝 게임으로 500억 정도 하는 분들이니, 사이즈가 되는 분이라 판단**했다는 뜻이다.

그러면? 순서의 스승에 준하는 분들의 영역이라는 걸 짐작케 하는 대목이다. 몇 백만주를 몇 분~몇시간 동안 호가창에 넣었다 뺏다를 한 모습을 본 투자자라면? 온전히 버틸 투자자는 매우 소수에 불과하기 때문이다. 그래서, 순서는 적당한 수익을 내고 나와야 한다는 뜻으로 이야기했는지 모르겠다. 순서도 세력과 친분이 있지 않는 한 절대 목표가를 100% 맞출 수는 없다고 이야기를 했다.

이 이야기를 다시 한번 잘 생각해 보면? 순서는 목표가를 30%, 50%, 70%, 90%는 맞출 수도 있다는 뜻일까?

그림
6-9

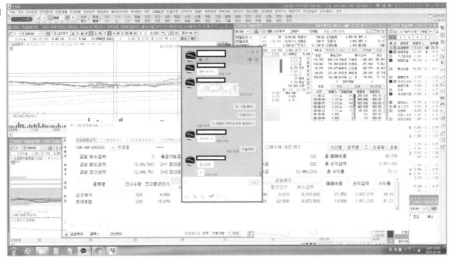

위의 카톡 대화에 "순서" : 기분어때? 라고 물어본다. "친구" : 정신없음.

친구는 계좌가 200개 정도 된다고 했다. 물론 순서도 훗날 알게 되었다고 했다.

아래 대화를 보면 "순서"가 친구에게 100% 못채워서 미안하고 했다.

📌 참고해 주세요! 참고 이미지, 코인론은 소설이며 독자의 이해를 돕기 위해 100% 창작되었습니다.

이게 지금 정상인의 대화가 맞는가?

왜? 미안하고? 현대는 오늘 정리? … 잠시만… 어??

그림
6-10

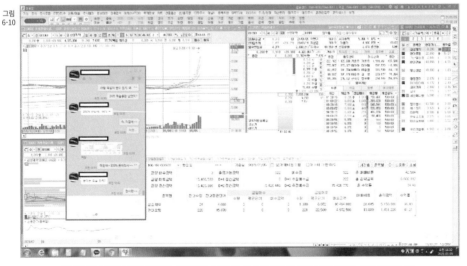

📌 참고해 주세요! 참고 이미지, 코인론은 소설이며 독자의 이해를 돕기 위해 100% 창작되었습니다.

코인론

아… 삼성제약 마치, 상한가를 몇 번 갈꺼를 미리 예상한거야? 말도 안되잖아…. 이게 뭐야?! **좋다. 이 정도면?** 주식 쫌 하는 사람으로 인정해보자!! 소설이든. **뭐든 좋다!!**

2021년 1월 순서는 주식과 코인 2가지 게임을 하고 있는 것 같다. 주식으로도 일정의 수익을 보고 있을테고. 코인도 마찬가지로 상승하고 있을까?

자!! **업비트 계좌 1번 이미지와 2번 이미지를 기억하고 있는가?** 기억이 안나면? 다시 뒷장을 가서 보아야 한다! 반드시!! 순서를 추적해서 내가 얻을 것이 무엇인지 철저하게 공부해야 한다는 뜻이다!! 주식이든, 부동산이든, 코인이든… 그 무엇이든 간에 타이밍이 중요하다 했다!! 어떤 전문가도 다 필요 없다!! 그들이 그 위치에 오르기위해 어떤 고난과 역경을 거치든지 일단 순서부터 잡아야겠다!! 순서는 수상한 점이 한두개가 아니다!!

왜? 내가 **비인기 유튜버인 순서를 내가 쫓고 있을까?** 휴… 잠시 쉬어야 겠다…. 피를 말린다는 표현이 이때가 아닌가?

그림
6-11

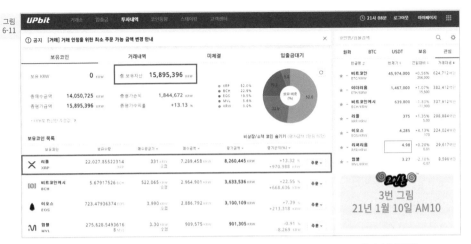

🛡️ **참고해 주세요!** 참고 이미지, 코인론은 소설이며 독자의 이해를 돕기 위해 100% 창작되었습니다.

4일동안 무슨 일이 있었던 걸까? 훗날, 매매내역을 본 필자는 거의 완벽히 이해가 되는 것 같다. 분명, 리플을 3일전 2번 이미지에서 331원에 929만원대까지 보유하고 있었는데. 비트코인캐시, 이오스, 엠블로 보유코인의 변화가 있었다. 지금 3번 이미지를 보면, 21년 1월 10일에는 리플 매수금액이 약, 729만원. 200만원을 팔고 안보이던 비트코인캐시가 매수되어져 있는 모습이다. 수익도 22% 구간이다. 주식의 현대로템, 삼성제약은 안 봐도 어차피 수익으로 마무리가 된 모양인 것 같다. **총 보유자산도 1번 그림**(그림 6-2) → **2번 그림**(그림 6-6) → **3번 그림**(그림 6-11) 순서대로 점차 늘어나고 있다. 주식이든 코인으로 수익을 낸 것은 분명하다! 어쨌든 총 보유자산이 증가했다. 4일만에 도대체 무슨 일이 일어나는 걸까? 필자가 왜? 이렇게 흥분해서 쓰는지 다 읽으면 알게 될 것이다.

나는 100억도 아니고, 천억도 아닌 **수백~수천만원 계좌에 흥분하는 것이 아니다.** 이 사람이 도대체 어디까지 보고 있는지를 계속 의심하고 있는 중이기 때문이다. **100% 상상이지만 "순서"는 지금 게임을 하고 있다!! 거대세력과 함께 말이다.** 미친 상상이라고 해도 좋다. 그렇게 밖에 안보인다.

나는 코인론을 쓰면서 많이 성장하고 있다는 것을 느끼곤 한다. 순서가 그랬다. 1편 영상에서… 2021년 2월 17일. 첫 영상에서 그랬다. "어디까지 성장할지 모르겠다." 라고 말이다. 나는 지금 그 순서를 따라잡고 있다. 순서가 어느 날 그랬다. 내가 자신을 따라잡은 것 같다고 말이다.

순서는 알고 있었다. 내가 관찰자(관리자)가 될 것을 이미 예상했던 것 같다. 하지만, 순서는 매우 정교하다!!

왜냐하면? 희생을 하고 있기 때문이다. 누구보다 먼저 매수하고 손절한다. 누구보다 최저가에 매수한다고 했다.

이걸 순서는 본인의 자존감이라 했다. 게임에서 지는 건 용납이 안된다고 말이다. 그의 무모함에 필자가 베팅을….

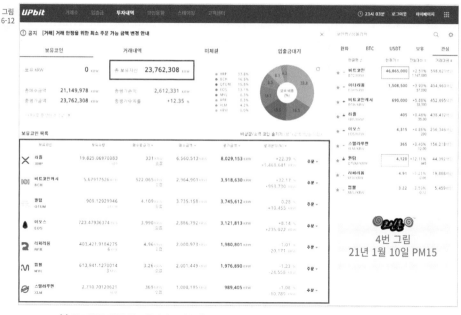

🔖 참고해 주세요! 참고 이미지, 코인론은 소설이며 독자의 이해를 돕기 위해 100% 창작되었습니다.

21년 1월 10일 오후 3시47분경 스샷이다. 이제부터 "순서"의 계좌가 돈복사의 시작인지? 돈삭제의 시작인지? 그런데, 순서의 핸드폰이 바쁘게 움직인다. 카톡은 정신이 없다. 훗날 순서가 특정 카톡 방에 있었는데 자신의 코인정보와 내용이 일치하는 문구가 나와서 확인했을 때 놀랐었다고 이야기해줬다. **정보는 실시간으**

로 움직인다고. 정보는 빠르게 확산되니 세력의 입장이라면? 수천~수만 명까지 컨트롤이 가능할 수 있다는 계산이다.

그림 6-13

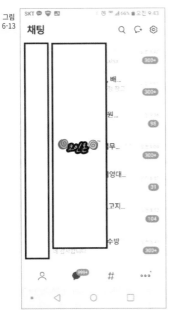

그림 6-14

이건, 99.9% 농담이다. ^^ 좀 쉬라는 뜻이다.

점점 흥미진진 해진다!! 잠깐 진정해 보자. 21년 1월 19일 이미지가 도착했다. 나는 지금 "순서"를 기록하고 있는 중이다. 지옥의 가이드 역할을 "순서"가 하고 있다. 이를 '선행 매매'라고 한다. 그럼 후행 매매를 한단 말인가?

역시, 순서는 정교하다. 업O트 공지사항 유튜버 선행매매 피해신고를 피해갔기 때문이다. 이걸 미리 알았다고? 아… 이런, 기억났다. 십이간지 중에서 '토끼+쥐+호랑이+소'의 행동과 요령을 가지고 게임을 한다는 말이 어느정도 이해가 되는 것 같다. 최적의 장점을 두루두루 쓴다는 뜻이다. 흐흐… 이제 슬슬 역학의 기운이…. ^^;

아참, 깜빡하고 이야기를 안 할 뻔했다. 순서는 역학을 약 10년 공부했다고 했다. 그건 N사가 이미 증명했다.

잠시 미래로 가보자. 훗날 순서로 인하여 업O트 공지사항이 나오게 된다. 그 뿐만이 아니다. 프로젝트 공시까지 막히게 된다. 그 이후로 순서는 바이낸스로 계좌를 옮긴다. 강제청산을 당하게 된 것이다. 아 맞다,, 순서는? **코린이 였다.** OO코인이 업O트에서 상폐되면서? 코린이의 쓴맛을 보게 되었다는 뜻이다. "중이 제 머리 못 깎는다" 라는 말이 바로 여기 이 지점에서 필요한 것 같다. 순서가 그랬다. 업0트를 사랑한다고! 애증의 관계라고 할까? 그쪽의 수장들의 방향에 올라타면 된다는 뜻이다!

그림 6-15

공지사항

[안내] 유튜브 방송 및 기타 미디어를 통한 선동 및 선행매매 관련 신고 채널 개설 안내

안녕하세요. 가장 신뢰받는 글로벌 표준 디지털 자산 거래스 업비트입니다.

최근 유튜브 방송/ 단톡방/ 텔레그램 및 기타 미디어를 이용하여 투자자들을 선동하고, 특정 디지털 자산의 매수를 부추겨 부당한 이익을 취한다는 제보가 잇따르고 있습니다.

업비트는 이러한 부당행위에 대한 적절한 조치를 취하기에 앞서 [유튜브 방송 및 기타 미디어를 이용한 선동 및 선행매매 관련 신고 채널]을 개설하였습니다.

선행매매란 사전에 입수한 정보를 통해 미리 자산을 매수하고 매도하여 그 차액을 취득하는 행위를 일컫습니다.

유튜브 방송 및 기타 미디어를 이용하여 투자자들을 현혹하고, 부당한 이익을 취하는 사례를 발견하신 경우 아래 절차에 따라 신고하여 주시기 바랍니다.
자세한 사항은 아래 내용을 참고 바랍니다.

[신고 채널 관련 안내 사항]

- 신고 대상 : 유튜브 등 미디어를 통한 투자자 선동 및 선행매매를 통해 불공정한 이익을 편취하는 사례
- 신고 방법
  . PC 웹 : 업비트 웹페이지 접속 > 고객센터 > 1:1 문의 > 금융사고 > 미디어를 통한 선동 및 선행매매 관련 신고
  . 모바일 APP : 업비트 APP 접속 > 내정보 > 고객센터 > 1:1 문의 > 금융사고 > 미디어를 통한 선동 및 선행매매 관련 신고
  *신고 대상은 업비트 자체 검토 결과에 따라 업비트 이용약관에 의거하여 이용제한 조치될 수 있습니다.

업비트는 보다 공정한 거래 환경 조성을 위하여 최선을 다하겠습니다.
감사합니다.

🗨 **참고해 주세요!** 참고 이미지. 코인론은 소설이며 독자의 이해를 돕기 위해 100% 창작되었습니다.

그런데, 순서는 이야기했다. 사전에 입수한 정보가 없었고, 친구 1명에게만 이야기했다는 것이다. 아차차 친구가 바로 수조원대 세력이란 말인가? 아니면? 친구의 지인이 세력이란 말인가? 이거 참… 순서는 위에서 보듯이 단톡방이 상당하다. 친구는 순서보다 커뮤니티 채널이 10배쯤 더 많다고 했다. 수천~수십억까지 다양한 인증 톡방이 있다고 했다. 이거 분위기 막장으로 들어가는 것 같다. 세상이 참…

순서는 직장다니다 그만두고 프리랜서 일을 하고 있다고 했다. 프리랜서 일을 하면서, 매일 5~10시간씩 1년째 공부하고 있다고 했다. 그래서, 늘 부모님의 말씀처럼 "공부해야 한다" 라는 말을 깊이 공감한다고 했다. 어린 시절은 누구에게

나 공부하기가 싫었던 것처럼, 순서도 지극히 매우 평범한 사람이란 뜻이다.

그리고, 위에 의미지처럼, 업O트에서 선행매매 관련 공지사항을 보면 알 수 있 듯이 투자자 선동 및 선행매매를 통해 불공정한 이익을 편취하는 사례→신고대상 →신고방법 처럼 이런, 유튜버를 보거나 본다면? 고민하지말고 즉시, 행동으로 옮 겨야 할 것이다. 이는, 코인 시장의 범죄자이며, 개미 투자자들의 매우 치명적인 문제로 이어지기 때문이라 생각한다. 이런, 측면에서 "코인론"은 소설이며, 작가 의 상상에 의해 100% 창작 되었다는 점에 대해 과히, 칭찬을 아니 할 수 없다는 뜻으로 해석하면 좋을 것 같다. 역시, 소설은 창작의 뿌리가 되어 깊이 오래오래 코인론이 시리즈로 발행 되길 바란다. 이는, 오징어게임 시즌2가 나올 것과 맥을 함께 한다는 뜻이다.

그리고 얼마의 시간이 지나 이미지가 다시 도착하기 시작했다.

참고해 주세요! 참고 이미지, 코인론은 소설이며 독자의 이해를 돕기 위해 100% 창작되었습니다.

2021년 1월 19일 그의 계좌 이미지가 도착했다. 안보이던 엔진코인이 보인 다. 왜? 잡코인에 목을 메고 매매를 하고 있을까? 비트코인, 이더리움, 리플 등 시 가총액 상위 코인이 아닌 왜? 잡코인만 매매를 하는 것일까? 도대체….

코인론

그는 지금 왜? 이런 도박을 하고 있는 걸일까? 소문에 사는 것일까? 아니면? 무엇 때문일까? [그림 6-16]의 빨간색 우측 박스 지점을 보면? **엔진코인 당일 시가**(=저가) **지점**에 들어온 게 분명하다! 한 번에 500을 태워서 단타로 약 46%수익을 내고 있다는 뜻이기 때문이다. 주식으로 치면? 'D-day 상한가 급등주 따라따기'라는 건데. 이걸 어찌 알고 매매를 했단 말인가? 진짜 타짜인가? 겁이 없는 건가? 아니면? 무모한 건가? 분명히, 20년 10월경에 업O트 계좌 개설하고 매매를 시험 삼아 했을 텐데 아참, 그리고 기억이 났다. 처음에 매매한 게 리플이 맞지만 동시에 공부하고 매매했던 코인들이 엠블과 리퍼리움 코인도 있었다고 했다. 아. 그리고 보라 코인이 눈에 들어온다. 보라코인 매수 평균가 37.85원. 21년 1월 19일에. 이런… 말도 안되는… 가격에 500만원을 태우다니…. 아… 결과를 알고 있는 걸까? 순서는? 21년 2월 18일 그날을…. 순서에게 어떤 일이 일어날까? 그를 추적하는 필자는 이제 걱정이 앞선다.

순서는 100% "코린이"다. 승률 100%가 될 수 없기 때문이다. 코인론 소설을 통해서 필자에게 무엇을 알려 주려 하는 것일까? 순서가 게임을 그만했으면 좋겠다. 왜냐하면? 그의 아픔을 어루만져 줄 수 있는 사람이 있기를 바랄 뿐이다.

그리고, 필자의 욕심도 한몫했다. 코인 공부는 만만치 않은 영역이다. 누군가의 재산에 관여해서도 할 수도 없기 때문이다. 이로 인해 그가 받을 타격이 만만치 않을 것이며 어쩌면 그가 성공한다 해도 더 많은 피해자가 나온다는 건 자명한 일이기 때문이다. 이 책이 나오기까지 얼마나 많은 과정이 있었는지 독자분들은 상상하기 힘들 것이다. 누군가의 희생으로 또 다른 희생자가 나오기 때문이다. 마치 넷O릭스의 "무궁화꽃이 피었습니다" 처럼 말이다.

순서는 단톡방 추천으로 매매를 했을까? 아니면? 본인 실력으로 매매를 했을까? 궁금하다.

훗날 순서에게 직접 듣게 되었다. 비트코인을 모으기 위해 어쩔 수 없는 도전과 선택이었다고 말이다.

그런데, 순서는 단톡방을 개설하지도, 참여하지도 않았다고 했다. 단 한 개도 없다. 라고 분명히 했다. 이런 이걸 어떻게 믿어야 할까? 그렇다. "순서"는 그것까지 모두 상상했다고 했다. 역시!! 코인론은 소설이다!

코린이 순서의 1월은 끝나지 않았다.

순서는 환희가 고통으로 바뀌는 지옥을 경험하게 되었다고 했다. 그 지옥은 상상할 수 없는 고통이라 전했다.

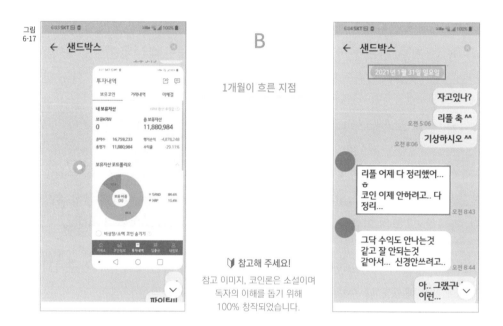

그림
6-17

B

1개월이 흐른 지점

🛡 참고해 주세요!

참고 이미지, 코인론은 소설이며
독자의 이해를 돕기 위해
100% 창작되었습니다.

기억하고 싶지도 않았을 텐데…. 순서는 용기를 낸 것 같다. 지금까지 수익 낸 일부? 50%? 이상을 샌드박스 신규상장 코인에 손실을 냈다고 했다. 일도 손에 잡히지 않고, 매일 매일을 거의 지옥의 마음으로 살았다고 이야기해줬다.

코린이인지라 신규 코인의 특성도 모르고 섣부르게 뇌동매매를 하면서 그는 마치 12년 전이 떠올랐다고 했다. 그때도 방심으로 인해서 주식투자를 엉망으로 만들었다고 했다. 주변에서 잘한다 하면? 가끔, 사람이 이렇게 말도 안 되는 실수? 아니. '실력'이라고 순서는 정확히 언급했다. 상&하 변동 폭이 심한 코인 시장에서 어떤 변수도 예측하지 못한 본인의 100% 실력이자 코린이 스러운 경험이라고 했다. 순서는 과연 그 이후. 어떻게 했을까? 지옥의 그 단계를 어떻게 버티고 이겨냈을까? 누구나 경험하는 코인판에서 관찰자가 되는 것도 쉬운 일은 아닌 것 같다.

그림
6-18

A

B

630,310 (317%) 30 Bars

20. 12. 29 시점

🛡 **참고해 주세요!** 참고 이미지, 코인론은 소설이며 독자의 이해를 돕기 위해 100% 창작되었습니다.

위의 **동그라미 A지점**이 기억나야 할 것이다. 다시 책을 뒤로 돌려서 재확인하고 이 지점의 시간을 기억해야 한다. 순서는 지금 본인의 닉네임인 "시간의 순서"를 기록하고 있는 중이다. 이걸 어떻게 계산하고 어떻게 1개월이 지난 21년 1월 31일에 다시 카톡을 보내왔을까? 이걸 2달 내내 기다렸다는 뜻인가? 그 시간을 못 버틴 친구와 순서의 운명의 갈림길이 시작되는 순간이다.

과거에 주식으로 수익을 내던 좋았던 사이는 어디가고.
냉정함이 감돈다.

친구: 리플 다 정리했어. 코인 이제 안하려고. 다 정리.

이게 정상의 사람이다.
"순서"는 지옥을 다녀온다더니. 2달 버틴 후 친구에게 카톡을 보낸 이유는 무엇일까?

이제부터, 순서의 뇌 구조를 생각해 볼 시간이다.

순서는 이야기했다. 좌뇌+우뇌를 모두 써야 이 코인판의 전체가 조금이나마 보이게 될 것이라고 말이다. 가끔, 순서의 유튜브 영상을 보면? 필기도구+프린터+차트를 외워라. 이런 영상을 종종 보게 된다. 그리고, 자신이 도움을 받았던 유명한 코인 유튜버, OOO, OOO… 등을 소개해주고 그곳에서 공부하라고 한다. 또한, 영상에 노래를 넣어서 저작권 위반으로 유튜브 광고수익도 포기하고 있다고 했다. 도대체? 왜?

댓글도 안 받으려 했으나, 많은 고민 끝에 댓글을 조금 받는다고 했다. 이 코인론을 읽는 독자분에게는 섭섭할 수 있으나, 그럴 시간이 없다고 했다. 왜냐하면? 우리가 잘 알듯이. 순서는 코린이이기 때문이다.

시간의 순서를 모두 뛰어넘어야 하는 **순서 입장에서는?**

모든 규칙을 무시하고, 반칙하고, 지금 8차선 고속도로를 만들고 내달리고 있다고 했다. "시간의 속도"

미국, 캐나다, 일본 등 코인회사, 실제개발 및 사업, 마켓분석 등 해당 회사가 존재하는지 순서의 지인 찬스 등을 통해서 하나씩 알아보고 또 알아보고 분석하고 자료를 찾고, 재확인하고 하는 과정을 반복하고 있다고 했다. 거기에 국내 정부기관 및 산하기관 사이트+공문서류 모두 확인하는 과정까지…. 거기에 언론의 뉴스+방송을 비롯하여 유명 유튜버의 견해까지 종합적으로 판단하여, 차트 시나리오 1, 2번 예측.

"급히 먹는 밥이 체한다 했다". 순서의 패착은 예정된 수순.

2021년 2월 1일 첫번째 이미지가 도착했다. 순서의 예정된 폭탄 장치는 점차 그의 심장을 조여왔다. 왜냐하면? 순서는 막다른 길목을 스스로 찾았기 때문이다. 즉, **순서의 폭주(코린이)로 자충수&패닉셀까지…**

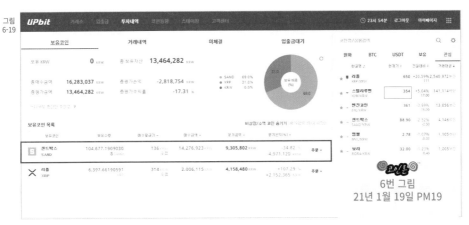

샌드박스 라는 코인이 상장을 했는데. 코린이인 순서는 어쩔 도리가 없었을 것이다. 누적 손실액이 500만원을 넘어서 천만원에 이른다고 했다. 심리적으로 압박이 상당할 것이다. 리플코인의 107% 수익이 부끄러울 정도이다. 여기서, 분할매수와 분할매도의 중요성을 깨달아야 한다. '인생 한방이다!!'라는 개념으로 코인판에 들어온다면? 결과는 뻔하기 때문이다. 가슴 애린 사연의 주인공이 되고 싶다면 말리지 않겠다.

코인판에서 지옥에도 레벨이 있다. 총Lev(레벨)은 9단계이다. 절대 그 늪에 빠지지 않기를 바라며, 이 코인론의 책을 통해 작가의 상상과 합을 맞춰 공부한다면? 시장을 바라보는 눈과 마음이 조금은 개선되어 현명하고 똑똑한 '**공명정대한 관찰자**'가 되길 바랄 뿐이다. 지금 독자분이 읽는 코인론의 필자인 저도 코린이이며, 비인기 유튜버 순서를 만나면서 코인론 1편의 메인 작가가 되었다. 지금 나이 19세, 고등학교 3학년. 내년에 20살이 되며 대학생이 된다. 그와 지금 필자는 2편을 이미 작성 중이다. 2편은 오로지 실전 뿐이다.

이곳은 주식판이 아니다. 순서의 패착은 당연한 수순이며 그 누구의 말도 믿지 않던 순서의 계좌가 이렇게 산산조각으로 부서지는 건 어쩌면 당연한 결과였다. 살펴보니 빗썸에 이미 상장된 샌드박스 차트 바이낸스 등 다양한 해외 거래소 차트를 모두 확인하고 대응했어야 한다. 또한 BTC 마켓은 필수로 확인하고 소위

상장빨로 급등(펌핑) 시키는 작전(?)을 조심히 피해 가야 한다는 뜻이다. 향후, 신세 틱스에서도 언급되겠지만 100% 이상 급등 코인에 따라 탈 때에는? 돈 복사와 돈 삭제 2가지를 기본 명심하고 매매에 나서야 할 것이다.

즉, 윷놀이에서 도 아니면 모라는 뜻으로 이해하면 좋을 것 같다. 그럼, 신규상 장 하는 코인은 모두 오픈이벤트처럼, 급등락을 주고 정해진 수순(시간)처럼 불꽃놀 이의 끝이 올 거라는 걸 미리 예측해야 한다는 뜻이다.

그래서, **공명정대한 관찰자가 되어야 한다**는 순서의 유튜브 영상이 떠오 르는 대목이다!! 필자도 성장하고 있지만, 순서는 선방에서 온 몸으로 부딪혀서 깨 닫고 느끼고 매매를 하는 모습이 가엾기 짝이 없다. 왜? 이 사람은 이러고 있을까? 돈이 많아서 그럴까? 훗날 알게 되었지만, 순서는 돈이 없다고 했다. **돈 보다** 소 중한 행복**만 있다고 했다.** 이건 또 무슨 말인가? 차후에 순서와 만나거나 대 화를 할 기회가 생긴다면? 직접 물어보길 바란다. 필자는 알고 있다. 그가 왜? 이 런 선택을 했는지 말이다. 필자라면 할 수 있었을까?

흠…. 이 말을 쓸까 고민한지 며칠째. 순서가 보면 나중에 뭐라 할지 모르겠 다!! 순서는 세력이 좋아하는 최 선봉의 선발대 포지션이라 했다. A급은 아니지만 B~C급의 트레이더라고 했다. 이 매매 데이터가 모두 기록이 되어 AI 프로그램 매 매에 기초 데이터로 활용된다고 했다. 역시 순서는 소설가다.

주식 프로그램 매매처럼 30년 넘는 통계가 AI화 되어져서, 글로벌 "오징어게 임"이란 표현을 했던 기억이 난다.

행동감지 시스템을 통해서 "무궁화 꽃이 피었습니다." 라고 AI가 이야기하면? 그 이후 움직임이 포착된 '게임에 참여한 유저들을 대상으로 계좌 초토화. 즉, 상하 -30%~-99% 구간의 함정을 판다.'고 했다.

여기에 데이터(트랜잭션)가 쌓인다고 했다. 그 지점이 바로 주식으로 비유하자면, 저점, 고점, 시가, 종가, 매물대, 전고점, 신저점, 신고가 등의 데이터로 변환된다. 거기에 수많은 SNS와 정치, 경제, 사회, 언론, 방송 등의 양념을 통해 우리의 매매는 완전한 통제가 되고 있다. 라는 이야기를 들은 것 같다. 어쩌면? 주식, 부동산, 금, 선물, 옵션 그리고 코인까지 우리의 삶에 이미 선 반영된 사회에 살고 있다고 했다. 역시!! 코인론!! 소설로서 참 존경한다!!

··· 순서가 전해왔다.

··· 딴 돈 모두 수업료로 천만원 냈다고 (손절했다는 뜻이다)

··· 그는 세력도 아니고 단순한 일반인이었다.

··· 얼마나 아팠을까?
나의 경험상 부모님과의 불화로 인해 그 마음 충분히 알고 있다.

··· 순서의 피눈물을 잊지 말아야 한다.
이걸 토대로 더 강해지거나 이 게임을 관찰하는 사람이 되어야 한다.

··· 여기서 보통, 사람들이 수천 만원~ 수억 원대를 손실 중이거나,
손절해서 큰 손실이 발생되면?

··· 그 다음부터는 뇌동매매의 수순을 밟게 되어 있다.
→ 그래서 보통 게임이 끝나곤 한다.

··· 순서에게 오징어 게임은 코인론 지옥편으로 비유하면?
Lev3~4단계 수준으로 보통단계라 이야기해줬다.

··· 가령, 매운 음식이 9단계가 있다면?
중간 약간 매운맛 정도로 이해하면 쉬울 것이다.

그런데, 순서는 경험이 많다. 이미 수십년 전부터 주식으로 수억 원대 손실을 보면서 깨달은 경험 말이다!! 그건, 돈 주고 살 수도 없을 뿐더러, 거기서 깨달음을 얻기는 쉽지 않은 과정인 걸 알고 있다. 그런데, **순서는 그 게임에서 반드시 얻어야 할 게 있다고 했다.** 바로 "통계" 라는 것이다. 맞다. 순서는 **마케터 다.** 그는 지금 기업과 프리랜서 일을 하고 있다고 했다. 순서는 이미지를 기억하면? 그걸 통째로 외워 버린다고 했다. 일도 마찬가지이고 코인이든, 주식이든 모두 통계(데이터)로 보인다고 했다.

다만, 사람인지라 탐욕과 이기심으로 실수가 종종 있다고 했다. 아. 이제 조금씩 무언가 알 것 같다.

순서는 지금 공명정대한 관찰자 게임을 하고 있다는 것을….

계좌를 모두 분산 시킨다고 연락이 왔다. 공격과 수비를 바꾼다는 뜻. (=투자 안하고 관리자 한다는 뜻) 본인 계좌는 운영을 안하고 전체 계좌를 주변인으로 확대해서 그들의 계좌와 거래내역을 관찰한다고 한다!!

무슨 소리인가? 갑자기 무슨 이야기 인지 모르겠다. 계좌와 거래내역? 말도 안될 뿐더러. 통계를 어떻게 관찰한다는 뜻인지 도무지 이해가 안 되었다. **<< 물어봤다. 어떻게 아는지? 게임 데이터로 확인한다고 했다.>>**

순서와 전화 통화를 통해 깨달았다. 대한민국 모든 SNS 계정, 텔O그램, 카카O톡, 네O버밴드, 트O터, 구글트렌드, 네O버, 키O드스테이션, 유O버 구독자수, 조회수, 좋아요 수, 언급된 코인들. 싹 통계를 확인하기 시작했다는 것.

거기에 맞춰 날씨, 주말, 시간대, 매물대, 뉴스, FOMO, FUD, 지표, SEC, 기업인, 정부, 산하기관까지 모조리 파밍했다! 그리고, 차트에 맞춰 악보를 달듯이 차트 디자인을 그리기 시작했다고 한다. 승률은 3할에서~최대8할까지…

상승 또 상승한다고 전해왔다. 이제 나는 순서를 안 믿을 수가 없다. 왜냐하면? 나도 경험한 내용이기 때문이다.

그가 코인공부 할 때 "트레이딩 뷰"를 주식으로 치면 HTS 프로그램이라고 했다. 즉, 개인의 무기중에 하나이자 세력과 싸우기 위한 도구 중의 하나라고 했다. 3개월 내에 마스터 하라고 했다. 이제 나는 그 무기를 장착하고 다양한 파밍을 조립하고 있다. 즉, 실전 투자 공부를 위한 과정의 시간을 밟고 있다는 뜻이다.

필자의 20대는 조만간 시작될 것이다! 순서는 2031년까지 함께 한다고 했다. 순서도 연구원. 나도 연구원으로 출발할 것이다. 순서가 말했다. 20대 CEO를 축하한다고! 그리고 수십~수백억을 벌면 무엇을 할 것이냐고 물었다.

나는 대답했다. 사회적 기업이라고! 순서는 자기와 생각이 같아서 다행이라고 했다. 아참, 주변에서 아마 이간질하는 사람들이 생겨 날 거라고 예상 해줬다. 그것도 몇 차례에 걸쳐서, 누가, 언제, 어디서, 어떻게, 무엇을, 왜 이야 기할지를 말이다. 순서는 미래에 겪을 혼선을 미리 이야기해 준 것이다. 맞다. 친 구들이 벌써 지분관계에 대해 이야기를 했기 때문이다.

이제 "순서"가 게임 참여자가 아닌, 관리자 입장에서 바라보자! 계좌 인증만 가지고 안될 거라 순서가 알려왔다. 그래서 받은 추가 이미지를 살펴보도 록 하자!! 21년 2월10일 비트코인캐시 매수 장면의 이미지이다.

보유 종목 모두 상승이다. 리플 코인 재매수 가격이 369원이다. 아마 369게임을 의식한 것 같다. 나중에 물어보니 진짜라고 했다. 테조스, 엠블, 리퍼리움, 이더리움, 이오스, 비트코인캐시, 퀀텀, 트론 모두 보유중이다. 비캐(비트코인캐시)는 상승할 때 참 잘 따라 탄 것 같다. 차트를 좀더 길게 공부해 보길 권유한다.

상단 우측 매수P 부분은? 전고점이 부딪히던 자리이다. 즉, 뚫지 못하는 저항대 역할이다. 우측, 매물대를 돌파하면? 상승 시나리오를 예상하고 매매한 자리인 것 같다. 그런데? 왜 하필 그 날짜를 정확히 짚은 것일까? 마치 무언가 알고 있는 것 같다.

도대체 무얼 알아야 저 위치에 상승할 때 같이 따라 탈 수 있다는 말인가? 운일까? 에이 설마? 그런 게 어디 있어~.

샌드박스에서 천만원 손절하고 각성을 했단 말인가? 설마…이걸 깨달아?

■ **참고해 주세요!** 참고 이미지, 코인론은 소설이며 독자의 이해를 돕기 위해 100% 창작되었습니다.

매수와 매도… 전투가 상상이 된다.

순서는 이야기 했다. 이건 미친 전쟁터라고!!

손절을 유도해야 하는 관리자 입장이라 매우 마음이 안타깝지만, 어쩔 도리가 없다는 이야기… 대다수가 죽어야 하는 게임이라고 말했다. 특히, 오를 때와 떨어질 때 분위기는 극명하다!!

한쪽에서는 악재가 조금씩 나타나고 호재에 만발이다. 축제가 남발한다는 뜻이다. 거기에 FOMO와 FUD가 꽃을 피울 무렵! 진정한 "무궁화 꽃이 피었습니다"가 시작된다고 보면 된다!

순서는 지금 제 정신일까? 이걸 내가 써야 하는게 맞을까?

그림
6-22

참고해 주세요! 참고 이미지, 코인론은 소설이며 독자의 이해를 돕기 위해 100% 창작되었습니다.

매트릭스 영화 1편. 마지막에 레오가 총알을 막는 장면이 있다. 그가 바로 레오이자 순서가 아닐까? 지금, 그는 모든 숫자를 데이터로 환산하고 있다. 이제, 필자는 순서의 코인론으로 점점 빠져가고 있다. 얼마에서 가장 매매가 일어나는지. 개미들이 사탕 값을 얼마를 받고 나가는지 모조리 기억하고 외우고 있다. 그걸 버텨 가면서 찍은 스크린샷이라고 한다.

순서는 지금 매트릭스 1편 마지막 장면에서 총알을 막고, 하늘을 날 준비를 하고 있다는 것을 나는 직감적으로 느낄 수 있다. **순서는 난독증이다.** 태어나 **책 1권을 읽어본 적 없다는 말**에서 그는 모든 걸 그림으로 이해하고 일을 하고 설명을 했다는 것이다.

"설마? 그럴리가?"라는 생각보다 그가 진짜 그림으로만 30년의 삶을 살았다면? 그에게 배울 게 하나 딱 있다!

모든 차트를 다 외웠다는 것이다. 살면서 이런 **모자란 사람을 만날 확률은 그리 많지 않다.** 어떻게 대기업에서 근무하고 수백~수천명의 개발자들 속에서 살아 남았을까? 이런 의문은 일단 접어두고, 다시 집중해보자. 나는 이런 상상을 해보겠다.

만약, 순서가 차트를 다 외우고, 인간지표를 모두 통계화 시켜서, **뉴스, FUD, FOMO, 유튜브, 지표, 통계, 언론, 방송, 기업, 트위터 등 모든 SNS 값들을 차트에 대입하여 훈련하고 거기에 날씨 및 자연환경까지 통계화 시켜서** 차트에 모든 기록을 해서 외웠다면? 이는, 우연이 아닐 가능성이 있다. 왜냐하면? 주말에 비가 오거나? 태풍, 장마 등 기상 이변이 오면? 사람들이 집에 있을 확률이 높아서 계좌에 로그인 횟수가 늘어나며 그때 상하로 흔들어서 모자란 데이터를 보충하거나 손절 시킬 확률이 높다는 그의 생각에 동의하기 때문이다. **이걸 모두 예측해서 매매를 한다고?** 참… 보통 일은 아닌 거 같다. 왜? 이런 무식한 방법으로 공부를 했을까?

순서에게 전화가 왔다. 코인이란 게임은 처음에는 **보글보글, 테트리스 레벨 1단계**라고 했다. 단계가 올라 갈수록 게임 난이도가 점차 높아져서 주의단계 →심각단계→위험단계처럼 말이다. 상승에도 지옥 같은 9단계의 레벨이 있고, 하락에도 지옥의 레벨 9단계가 존재한다고 했다. 레벨이 오를 때 마다. 투자금

코인론

은 점점 높아질 가능성이 높다고 했다. 왜? 그게 바로 게임의 중독이라고 했다.

그 말이 무엇인지 알고 있다. 주식으로 비유하자면, 가격조정과 기간조정이다. 여기에 거래량을 통해 리디자인 하는 개념과 같다! 리플이 폭락해서 198원을 찍을 때 친구에게 카톡으로 "지옥에 다녀올게."라고 했던 그 장면을 하O우 주연의 PMC 더벙커 라는 영화의 결말 부분과 비교해보면서 거기에 나오는 OST "마지막선택" 노래를 듣고 깨달았다고 했다. 배우 하O우가 낙하산을 타고 내려올 때. 킹을 살리고, 북O을 살리고 하는 장면에서, 미사일이 교차하며 Grap it. 킹을 반드시 잡으라는 마지막 명령에 **순서는 그 장면을 모두 차트에 대입하는 훈련을 했다는 것이다.** 그것도 리플에 190원까지 매수를 걸어 둔 그의 모험이 과연? 이해가 되는가? 이걸 어떻게 설명해야 할지 나도 너무나 난감하다.

한 가지 확실한 것은? 그 영화 PMC 더 벙커 마지막 씬을 본 구독자가 있다면? 최악의 상황을 하나씩 헤쳐 나가는 배우의 열연에 순서는 차트에 감정을 이입하여 우리가 손절하는 모든 물량을 하나씩 체크해 가며 누가 손절하는지 누가 매수하는지 모두 체크하여 AI 통계를 통해서 트랜잭션 값을 도출하고 있었을 것이다. 거기에 순서는 베팅한 것이라고 했다. 그 영화의 마지막 씬과 OST가 순서가 리플을 매집한 이유가 "하나와 같다."라고 했다.

이제 조금 이해했다. 순서는 미친 사람이 아니라, 희생자라는 것을…

그림 6-23

이미지 출처: 나무위키.
사격. 산탄총으로 클레이를 사격하는 선수

즉, 쉽게 설명하자면? 순서는 현물 (KRW)에 숏을 친다고 했다! 그 뜻을 해석하자면? 손절하는 물량에 칼날같이 매수한다는 뜻이다. 어디까지 떨어질지를 미리 계산해 놓고 말이다. 실화인가? **순서가 만든 주식이론 "플라잉 사격" 매매 이론이라고 있다.** 나 역시, 그 부분에서 순서와 맥을 함께 한다. 만약, 진짜로 그게 가능하다면? 나 역시 플라잉 사격을 통해 그 지점에서 매매에 임할 것이다.

무척 이론도 쉽다. **날아갈 위치를 예상해서 미리 쏘는 사격을 뜻한다.** 왜? 2009년에 주식책으로 출간했어도 대박 났을 책을 왜 안 했을까? 그리고, 왜 2021년 12년 만에 이 내용이 나로 하여금 나오게 되는 것일까?

> 🔖 참고해 주세요!
> 본 내용은 픽션이며, 등장하는 인물.배경.기업.내용.이미지 등 일체는 허구이며, 작가의 상상에 의해 100% 만들어진 허구임을 지속적으로 안내 드립니다. 코인론은 향후 소설, 웹툰, 드라마, 방송 등 컨텐츠 제작 예정입니다.

잠시. 과거의 2009년 순서의 시간으로 가보자.

그림
6-24

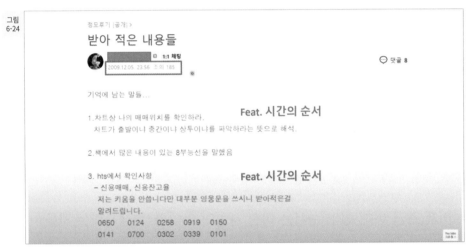

🔖 참고해 주세요! 참고 이미지. 코인론은 소설이며 독자의 이해를 돕기 위해 100% 창작되었습니다.

순서의 말을 그대로 인용해 보도록 하자. 2021년 7월 14일 영상이다. 이곳 영상의 53초 지점이다. **2009년 12월 5일 게시글**을 통해 순서는 해당 채널의 운영자로 예측이 된다. 운영자 팩트 체크 완료했다.

그림
6-25

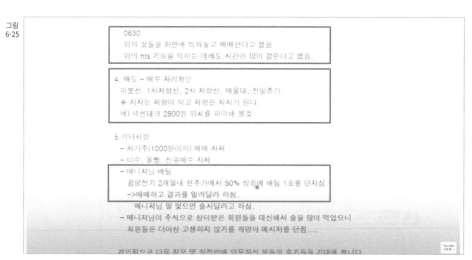

🍃 참고해 주세요! 참고 이미지. 코인론은 소설이며 독자의 이해를 돕기 위해 100% 창작되었습니다.

12년 전이면? 아… 나는 7살 아닌가? 이거 참…. ^^

[그림 6-25]의 광명전기 2개월 내 현주가에서 50% 상승에 배팅 1표를 던지심.
(2개월 "내외" 라고 강연회에서) 2010년 2월 광명전기 차트를 보고 오면 된다. 그러면 순서
가 어떤 사람인지 조금 이해가 될 것이다.

그림
6-26

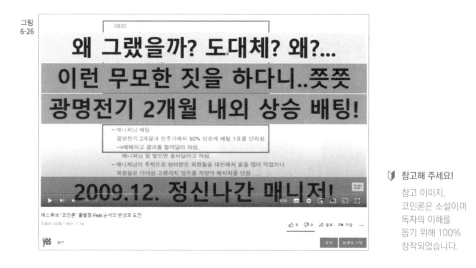

🍃 **참고해 주세요!**
참고 이미지,
코인론은 소설이며
독자의 이해를
돕기 위해 100%
창작되었습니다.

12년전 순서의 플라잉사격 주식이론을 살펴보자 의심이 될 수 있으니,

그 당시 그의 강연회에 참석했던 분의 강연회 후기와 댓글을 체크해보자! 2009년 12월에 도대체 무슨 일이 있었던 것일까? 순서의 강연회는? 김연아의 연기였단 말인가? 나는 그 당시 7살이니 전혀 알 수가 없지만, 강연회 참석자의 댓글로 보아 무슨 일이 있었다는 정도만 예측이 들 뿐이다. **미래를 가보지 않고서 어떻게 저런 댓글을 달았을까?** 라는 의심을 할 수밖에 없다. 2009년 12월에 무슨 일이 있었던거야? 시점을 잘 기억해야 한다!!

그림
6-27

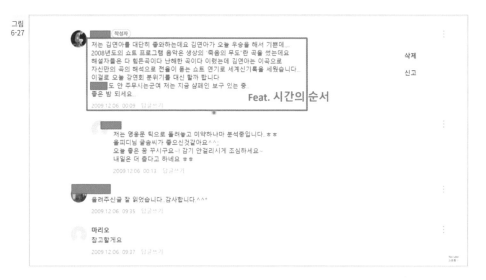

그림
6-28

주식 6개월 독학으로 공부한 순서의 강연회에 전국에서 사람들이 몰려든다? 이건 말이 안 된다. 순서도 말이 안 된 다는 걸 알고 있을 것이다. 하지만, 그의 **탁월한 게임 능력에 광명전기 종목의 미래를 예측까지 했으니, 이제 그의 도박이 시작된 것이다.** 내일 일도 모르는 우리들에게 순서는 어쩌면 말이 안되는 지금의 비인기 유튜버와 매우 흡사한 느낌이라 해야 할까? 아직 무언가 다듬어지지 않은 그런 느낌 말이다.

그림
6-29

위의 영상 자료를 보면서 2009년~2010년 광명전기 차트를 체크해 보았다. 어떻게 2달 이후의 상황을 예측해서 수익율 50% 이상 지점까지 예측을 할 수 있었는지 말이다. 선명하게 빨간색 박스를 보면 순서는 카페 매니저에 날짜와 광명전기 2009년 12월 내내 매수할 예정이라고 분명히 언급되어져 있다. 이걸 어떻게 설명해야 할까?

나는 지금 순서 그에게 낯선 느낌이 들 정도이다.

이걸 맞추면? 순서는 강력한 모티브(동기부여)가 되어져 사람들로 하여금 인기있는 주식 강사가 될 것이다. 반대로, 이걸 틀리게 되면 강연회 참석했던 사람들. 강연회 후기+댓글+조회수까지 빼박이기 때문이다. 즉, **한마디로 망하고! 사기꾼**

으로 바뀌는 건 시간 문제라는 뜻이다. 왜? 이런 무모한 도박을 했을까?

　이래도 후회, 저래도 후회일 텐데… 살면서 누구나 선택의 기로에 놓일 것이다. 6개월 독학으로 주식 공부한 순서를 믿고 전국에서 강연회를 참석한 사람들에게 이런 도박을 하다니…. 19세 인생으로는 도저히 이해도 안되고 납득도 불가하다. 그냥 이상한 사람이다!

　순서는 유튜버를 시작하게 된 동기가 그의 1편 영상에서처럼, 코인 공부에 도움을 준 유튜버에게 보답하기 위해서 홍보한다고 했다. 그가 바라보는 유튜버의 심성, 배려, 자세, 겸손, 노력, 열정… 등을 통해서 선별⑺한다고 했다. 혼자 독학하기 어려웠던 코인 공부를 지속적으로 해오면서, 순서에게도 많은 깨달음의 과정이 지나왔을 것이다.

　어찌 보면? 필자인 저와 순서는 코인 입문 동기에 속할 것이다. 그런데, 순서가 코인론을 쓰자고 했을 때 설마 이게 가능할 지는 나 역시 알지 못했다. 그는 무언가를 기획하는 사람은 분명히 맞는 것 같다. 자, 광명전기 2009년 12월부터 2010년 2월까지 아래 차트를 보면 이해가 될 것이다. 순서의 영상 21년 7월 14일에 올렸으니, 직접 가서 확인하길 바란다. 더 이상 설명은 필요 없을 것 같다.

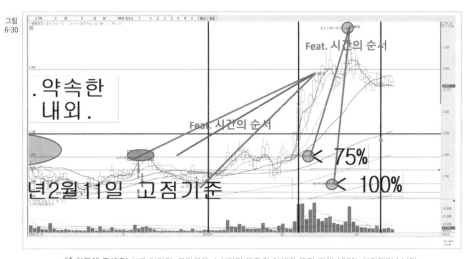

그림 6-30

　🛡️ **참고해 주세요!** 참고 이미지, 코인론은 소설이며 독자의 이해를 돕기 위해 100% 창작되었습니다.

이제, 순서가 진짜이든, 가짜이든 다 필요 없다! 일단, 순서의 모든 걸 흡수해서 내 것으로 만들면 된다!! 순서를 잘 활용하자!! **이건 순서가 그렇게 하라고 이야기까지 해줬다.** 물론, 나의 생각도 마찬가지이다!! 이 책을 읽는 구독자는 이제 "주진"이를 기억해 주길 바란다. 순서가 각성의 시간을 보냈듯이 나 역시 지금, 코인론을 쓰면서 수십 번 책을 읽고 또 읽고 있다. 독자분이 예상한 19세 소년이 곧, 20대를 앞두고 있다.

그림
6-31

🛡 **참고해 주세요!** 참고 이미지, 코인론은 소설이며 독자의 이해를 돕기 위해 100% 창작되었습니다.

2009년 12월 위의 빨간색 선 **아래지점**이 강연회 날짜이다. 그리고 2010년 2월 위의 빨간색 선 **우측 위쪽지점**이 2달 내외로 경과한 위치의 차트이다.

✍ **순서의 퀴즈**

지금까지 코인론을 읽었다면? 269쪽 [그림 6-18] 리플 A, B 지점이 생각나는 독자분이 있다면? 당장 연필을 들고 생각나는 리플의 전 차트를 그대로 그려 보아라! 이게 안 떠오르면? 이 책은 가치는 0원이다. 이 책의 가치는 독자가 스스로 만들어 내는 것이다. 머릿속에 차트의 그림을 그려라! 두려워 말고!

순서는 저 차트를 보고 기억하면서, 12년 아니 그 이상의 차트까지 기억한다. 그걸 코인에 대입하는 것이다!

순서는 약, 1,700개 가량의 코스피, 코스닥 차트를 외우고 공부했다고 했다. 6개월도 넘게 걸린 시간이었다고 한다.

12년 전 공부하던 차트를 지금 코인 차트에 모두 대입해서 공부하고 있다면? 이 말이 진짜라면? 앞으로 코인시장의 차트가 어떻게 돌아갈지 분명 예측하고 있을 것이다.

순서와 공부하면서 내가 예측한 비트코인 미래 차트를 직접 공부하면서 그려본 적이 있다. 물론 순서도 미리 그려 놓고, 나도 함께 그려서 과제물을 제출을 했다.

그걸 순서는 유튜브 영상에 보란듯이 올렸다. 앗… 그 과제물이 유튜브 영상에 올라갈 줄은 몰랐다.

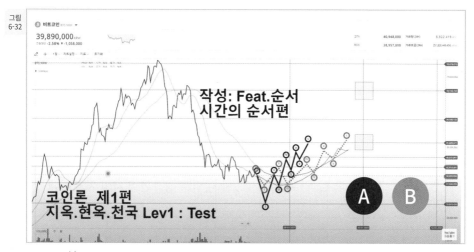

❤ 참고해 주세요! 참고 이미지, 코인론은 소설이며 독자의 이해를 돕기 위해 100% 창작되었습니다.

2021년 7월 7일 순서 그가 예측한 비트코인 차트이다. 검은색 실선과 빨간색 실선이다. 이건 해외 유명 차티스트 들이 예상하는 예상 차트 중에 하나 일 것이다. 그런데, 순서는 2021년 8월 경에 트위터를 처음 접했다. 유명 차티스트를 본 적이 없다. 그냥 그가 예상하고 그리는 것이다. 그리고 그에 맞게 공부를 하는 것이다. 모든 통계와 데이터, 뉴스, 정치 등 각종 경제지표를 통해서 말이다. 그걸 차

코인론

트에 대입해서 어떤 뉴스가 나올지를 예상해 본 다는 것이다. 순서는 유명 국내 유튜버만 본다고 했다. 그 중에서 인성, 겸손, 자세, 배려, 사랑, 희생, 노력 등의 순서만의 기준으로 유튜버를 고른다고 했다.

이제 7월7일자 미래를 예측한 "주진"이의 비트코인 예상 차트를 볼 차례이다. 앞에서 순서가 "가이드" 역할을 해 줬으니, 나도 공부한 내용을 올려 보도록 하겠다.

2021년9월11일(토). 순서와 필자는 2차 코인론 미팅을 했다. 일명 코인론 "행담도써밋"이다. 순서가 뜬금없이 나에게 물었다. 7월7일 비트코인 예상한 차트는 몇 점이냐고? 그리고 순서의 차트는 몇 점이냐고? 행담도 휴게소 2차 코인론 미팅때의 일이다. 나는 순서의 기습 질문에 당황했다.

그런데, 생각할 겨를 없이, 순서는 카운터를 세고 있었다. 10초. 9초. 8초. 빨리 대답을 재촉했다. 그래서, 생각할 겨를 없이, 90점이라고 했다. 순서가 그랬다. 나는 47점. 주진이는 보고했으니 46점이라고…

실제로 90% 2개월 치가 정말 똑같이 오르고 내려서 똑같더라도 절대, 방심하지 말라는 뜻으로 이해했다. **실제로, 2개월이 흐른 비트코인 차트는 말도 안 되게, 예상한 결과와 거의 비슷하게 흘러갔기 때문이다.**

이로써, 순서는 나에게 무엇을 알려 주려 했는지, 그리고 위에서 언급했던 광명 전기를 얼마나 공부해서 사람들에게 스스로 선발에 서서 매매를 했는지를 알려 주려 한 것을 알게 된 것이다.

살다 보면? 이런 일은 흔히 일어나지 않는다. 왜냐하면? 이 모든 게 우연이라고 하기엔 너무나 많은 일들이 일어나고 있기 때문이다. 내가 19살. 10대의 마지막에 비인기 유튜버인 순서의 채널을 구독하고 왜? 이를 통해서 지금 이렇게 책을 쓰고 있다는 것이 어쩌면? '우연의 연속이지 않을까?'라는 생각에서 말이다.

그림 6-33

19세 소년의 "BTC" 예측 모델

🛡 **참고해 주세요!** 참고 이미지, 코인론은 소설이며 독자의 이해를 돕기 위해 100% 창작되었습니다.

날짜가 정확히 일치하지는 않지만, 전체 비트코인 상승과 하락을 지지와 저항을 통해 예측해 본 모델이다. 누구의 도움없이 말이다. 순서는 내가 하루하루 성장한 다는 걸 느끼고 있는 것일까? 그러니, 나에게 비트코인 차트 예상 그림을 과제로 내지 않았을까? 잠시, 쉬었다 책을 이어 나가야 할 것 같다.

올 해 대학 입시를 위해 공부해야 하는 나는 경제경영 학과로 진로를 선택했다. 순서도 좋다고 했다. 20대가 될 나에게 순서는 그랬다. 블록체인 및 컴퓨터관련학 과 및 문예창작 관련 학과 선 후배와 친하게 지내라고 말이다. 그러면, 많은 도움 을 받게 될 것이라고 말이다. 아무리 생각해도 19세 나이에 이렇게 코인을 접하게 되다니 훗날 참 10대 인생에서 가장 큰 기억에 남을 일 같다. 이 책을 지금 읽는 독자의 나이가 더 많다면? 반드시 자녀 또는 가족과 함께 보길 추천한다.

고3인 나는 현재, 학교에서 친구들이 책에 대해서 자주 물어본다. 내가 이런 상 황으로 이렇게 해서 저렇게 되었는데 "순서"와 코인론을 쓴다고 했더니 말이다. 부모님도 순서와 함께 만나면서 나의 학업과 대학 진학에 도움이 될 것을 알기에 흔쾌히 승낙해 주셨다.

자!! 코인론 2편도 순서는 구상 중이다. 만약, 코인론에 합류할 뜻이 있는 독자분이 계시거나 자녀가 있다면? 언제든 환영한다. 순서가 그랬다. 제2의 나와 같은 주진이가 올 것을 말이다. 순서는 코인론이 2편에 이어 3편… 도지처럼 무한대로 만들어질 것이라 예상했다. 왜냐하면? 제2의 순서, 주진이가 나올 수 밖에 없는 릴레이 소설이기 때문이라고 했다. 그리고 순서는 3편까지 그림을 그려 놓았다고 했다. 2편은 나와 순서의 실력대결이 불가피하게 다뤄 질 것이다. 내가 수익률 대회에서 순서를 이길 수도 있고, 질 수도 있다. 하지만, 그로 인하여 순서는 이미 모든 상황을 기획하고 있다.

어느 증권사 OO수익률 대회처럼. 다양한 이벤트를 통해 드래곤볼의 천하무술 대회처럼 대회를 연다고 했다. 지금 이 책은 코인론 1편의 순서와 주진의 만남으로 전반적으로 구성되며, 순서가 어떻게 코인을 바라보고 필자가 코인을 어떻게 공부하는지 전 과정을 지켜보고 있기 때문이다. 코인론의 2편은 독자의 상상과 응원으로 집필 될 거라는 예측이 가능해지는 것이다. 2022년 대폭락장이 올지, 대상승장이 올지 모르지만 순서는 분명 그에 따른 시나리오를 통해서 공부하며 준비될 것이다.

그림
6-34

위의 영상 이미지 제목을 보면? 많은 분들에게 어쩌면 희망이 되어줄 사람이 아닐까? 조심스럽게 생각해 본다. 순서 그의 영상 "신세틱스" 영상을 보면, 많은 사람들이 실수하는 지점에서 똑 같은 실수를 반복하지 않기 위해 복기하고 그 당시 상황을 재현해서 다시 일깨워 주는 영상이 있다.

지금, 코인론을 마무리 작성 중이다. 현재 날짜는 21년 9월 27일 월요일 19시가 넘는 시간이다. 추석 명절 때 폭락장이 오기전 순서의 영상이 떠오른다. 제목은 알고랜드 관련 영상인줄 알았으나 많은 코인들이 하락할 것을 대비한 영상이었다. 10개 정도의 코인을 언급했는데, 10에 8개 이상 예상한 지점까지 코인 가격이 하락을 예상한 영상이다. 지금, 그는 손실과 희생을 하면서 코인론 자료를 만들고 있다고 했다. 맞다! 우리는 관찰자가 되면 되는 것이다! 아래, 순서의 영상처럼 이렇게 말이다.

✍ **순서메모**

리플 차트와 비트코인 차트를 보고, 연도/월별/주별/일별. 전체 캔들의 차트를 프린트하세요. 그리고, 똑같이 그림을 그려 보시기 바랍니다. 그곳에 중요 뉴스도 적으면서요. 그리고 눈을 감고 본인이 살면서 가장 큰 실패와 가장 큰 성공을 나눠서 상상해 보시기 바랍니다. 파이팅!

21년 7월7일 신세틱스 매수평균 차트를 보면? BTC마켓 0.00023070이다. 전 고점 위치에 다다르니 매도 할 걸 미리 알려주는 포지션이라 볼 수 있다. 그의 영상 한 컷 한 컷이 금세 지나갈 때 마다 힌트가 있다고 했다. 왜냐하면? 알려주고 싶지 않기 때문이라고 했다. 왜? 자신이 공부한 걸 남에게 가르쳐 줘야 하는지 이유를 모르겠다고 했다는 말도 생각이 난다. 나도 마찬가지 일 것이다. 왜? 남들에게 힘들게 터득한 매매원리를 아무 이유 없이 가르쳐 준단 말인가? 처음엔 나도 그런 생각을 가지고 공부를 했는지 모르겠지만 말이다.

그림 6-35

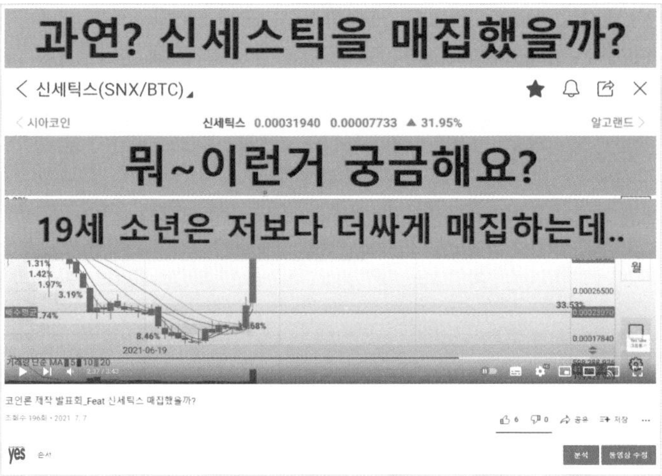

참고해 주세요!
참고 이미지,
코인론은 소설이며
독자의 이해를
돕기 위해 100%
창작되었습니다.

그리고, 나는 일찍이 순서에게 PPT(유튜브 영상에 올린 프리젠테이션 파일)를 모두 받았다. 이제부터 순서의 생각을 모두 "주진"이의 생각으로 바꾸고 연습하고 공부하면 될 뿐이다. 어쩌면? 순서는 그 모든 파일을 주기 위해서 만남이 이뤄졌다고 생각한 것일까? 왜 그랬을까? 여러 번 순서는 주진이를 테스트했을 것이다. 그걸 이제 느낄 수 있다. 순서는 사람을 믿지 않는다고 했던 말처럼….

자. 이제 순서가 매매했던 종목들을 집중적으로 파헤쳐 볼 시간이다!! 독자들은 이제부터 "순서"의 말 그대로 좌뇌와 우뇌 그리고 필기도구, 프린터(무한공급)을 준비하고 메모하고 코인론을 읽고 유튜브 영상으로 예습, 복습하고 뉴스를 찾아보고 하는 여정을 떠날 준비를 해야 한다.

다음 장부터… 그가 왜? 하필 유명 유튜버 그 누구도 매매하지 말라고 했던 그 김치코인을 매매했는지 알아보는 시간을 갖자!! 왜? 순서는 보라 코인을 첫 영상으로 올리게 된 것일까? 어떻게? 21년 1월 19일 최종 매도가가 570원이 되었을까? 공시를 언제, 어떻게, 왜 나올지를 기다리면서 영상을 준비하고 있었을까? 다음 내용으로 넘어갈 준비가 되었다면? GO!

과거의 "순서"가 보라코인 2차전을 어떻게 매매했는지 살펴보자!!

2021년 3월 11일 오전 11시 59분 24초 지점의 이미지가 도착했다. 다가올 미래를 순서는 이미 기획을 하고 있었다. 보라코인 2차전을….

참고해 주세요! 참고 이미지. 코인론은 소설이며 독자의 이해를 돕기 위해 100% 창작되었습니다.

그럼, 지금 작성하고 있는 시간이 2021년 9월 27일 현재 시간은 저녁 8시 15분이다. 올해 11월에 있을 대학교 면접시험을 준비하는 시간에 이렇게 짬을 내어 코인론을 완성해 나가고 있는 중이다.

자! 이제 위의 차트와 현재의 차트를 비교해 보고

순서가 어디까지 그림을 그리고 있는지 팩트 체크를 해 보도록 하자!

순서는 코린이다! 21년 3월 11일이면?

순서가 코인입문 3~4개월이 전부일 것이다!!

([그림 6-36]와, [그림 6-37]의 이미지를 직접 PC버전으로 찾아보길 바란다)

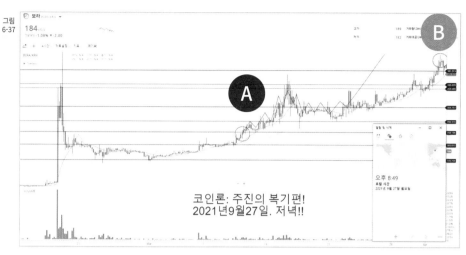

그림
6-37

코인론: 주진의 복기편!
2021년9월27일. 저녁!!

🔰 **참고해 주세요!** 참고 이미지, 코인론은 소설이며 독자의 이해를 돕기 위해 100% 창작되었습니다.

이건, 순서의 보라코인 예상 시나리오를 기반으로 **현재 시점에서 똑같이 순서의 과거를 재현**해본 것이다. **4시간 차트를 기준으로 최대한 똑같이 연출**해 보았다. 전 페이지와 함께 비교해 보길 바랍니다. 설마 진짜… 이렇게 될지 알고 순서는 기획을 했을까? 아니면? 만약, 이렇게 된다면? 이걸 버틸 각오로 시나리오를 계속 준비하고 또 준비하고 고통받고 희생하고 버티고 잠 못자고 그랬을까? 알아도 못 버티는 이 시장에서 순서는 왜 이렇게 까지 힘들게 자신을 희생하고 있는 것일까? 불쌍하다 못해 안쓰럽기 까지 하다.

무엇 때문에… 이리 고생을 사서 한 것일까? 훗날 여름쯤 순서가 그랬다. 보라코인 때문에 보름 넘게 잠을 못 잤다고 말이다. 맞다. 순서는 신이 아니다. 코린이 반년 차에 불과하다. 아… 이걸 어떻게 이해해야 할까? 돈이 무엇이길래…. 이제 순서가 애처롭기까지 하다. 이렇게 까지 해서 코인에서 건강까지 헤쳐가며 이 시장에 남아 있는지 말이다.

이걸 관찰하는 나의 입장에서는 감격을 넘어 존경의 마음이 들 정도이다. 왜냐하면? 이 고통은 경험해보지 않은 이상 그렇게 쉽게 버틸 수 있는 구간이 아니기 때문이다. 모든 상황이 맞아야 가능한 지점이기 때문이다. 단타 및 스캘핑에 잘못 습관이 들여져 있거나, 주식을 조금 경험해 본 사람이라면 이 구간을 버틴다는건? 아마 자살 행위와도 같기 때문이다. 2009년 광명전기를 2개월 미래를 예상한 지점의 내용이 머리를 스쳐간다. 그때도 순서는 2개월 동안 매집을 했다 생각하니…. 사고 팔기를 반복하면서, 세력 평단가를 낮춰서 최저점에 사고 평균 단가를 맞춰가면서 애썼던 장면이 스쳐간다. 그냥 이게 우연이라기엔 나도 단타를 하면서 무척 힘들었다는 생각을 하니 말이다. 순서가 이야기 해줬다. 자신이 관찰하는 유튜버를 그런 마음으로 바라보고 있다는 것이다!!

순서의 스승과도 같은 먼저 진입한 유명한 코인 유튜버를 보는 마음이 이제 조금 이해가 가는 것 같다. 무언가를 하나 얻으려는 마음 보다는 그들이 먼저 시장에 들어와서 어떤 마음과 자세로 코인 시장에서 버티면서 고생하고 희생했는지를 이해하는 마음이 먼저라는 뜻으로 이해했기 때문이다. '나에게 수익을 내주는 유튜버는 착한 유튜버이고, 유튜버가 틀려서 내가 손실이 나면 그 유튜버는 나쁜 사람이다'라는 공식을 깼기 때문이다.

이런 지점을 **순서는 레이어 1 단계** 라고 이야기 했다. **Layer 1. 즉, 게임 레벨 1단계**(초보구간) 라는 것이다. 쿼린이 초보인 순서가 이 표현을 할때에는 전 게임업계 종사자로서 이야기 하는 지점인 것이다.

즉, '사물을 관찰하여 어떤 행동에 대한 결과가 나왔을 때 사람들은 마치, 종교처럼 누군가를 의지하는 경향이 생길 수 있다.'라는 점과 반대로 '패닉셀 (하락장)을 만나 해당 유튜버 즉, 손실의 원인이 그 유튜버에게 있다.'라는 욕심이라 표현을 해준 적이 있는 것 같다.

순서는 그랬다. 의지 하지 말고, 스스로 공부하는 법을 터득하라고 말이다! 순서가 혼자 있는 공간이 있다고 말해 준적이 있다.

아래 조회수가 "0"인 것을 보니 순서는 지금껏 거짓말을 한 적이 없다! 아래, 21년 3월 16일 새벽 1시 38분 지점. 차트를 찾아보니 그 위치가 맞다! 이런… 그냥 우연이 아니다.

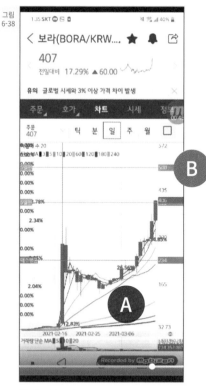

그림
6-38

참고해 주세요!
참고 이미지, 코인론은 소설이며
독자의 이해를 돕기 위해
100% 창작되었습니다.

이걸 동영상으로 기록까지 해놓다니!! 코인론을 쓰려고? 이미 코인을 공부하면서 준비를 한 건가?

순서가 그랬다. 이때 당시 가슴이 아파서 병원에 갔다고…. 잠을 하두 못자서 그랬다고 했다. 절대, 나와 같은 우를 범하지 말라고 했다!! 그래서 이 자료가 훗날 어떻게 쓰일지는 자신도 몰랐다고 했다.

다만, 스스로 공부하는데 이때 감정과 순간들을 기록하고 복기해야 훗날 있을 상황에서도 어떻게 대응할지를 고민하기 위한 과정을 기록하기 위함이라고 했던 기억이 머리를 스친다.

보라 코인으로 2차전이 아니던가?

잠깐! 지금 이게 아닌데 라는 생각이 머리를 스친다!! 순서는 이미, 21년 2월18일에 보라코인으로 수익을 낸 걸 영상을 통해서 기억하고 있다. 매수 평균가가 70원대였고, 최고 매도가가 570원이다. 그런데 이 보라코인을 또 매집했다고?

이 사람 뭐지? 보라 코인 관계자인가? 아니면? 어떻게 2번이나 큰 수익을 낼 수 있단 말인가? 한 번은 보통 우연이라고 하지만 2번째 부터는 우연이 아니다. 진짜 회사 관계자가 아닐까?

순서가 나중에 이야기해줬다. **"뼈 속까지 발라 먹는다"**라고 비장함 마저 느껴진다. 이 얼마나 고통스러웠을까?

혹시, 지금 설마라는 생각을 하고 있는 독자분이 있다면? 지금 당장, 순서의 유튜브에 1편 영상을 보고 오자. '카카오게임즈에서 **투자한 보라**(BORA)**코인**을 **공부해보자!**'라는 제목을 검색해서 시청하면 된다!

1편 영상을 시청하고 온 독자 분이라면? 아래? 영상의 지점이 기억이 날 것이다.

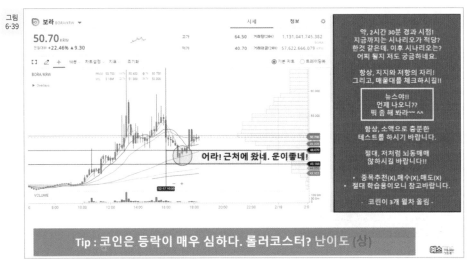

참고해 주세요! 참고 이미지, 코인론은 소설이며 독자의 이해를 돕기 위해 100% 창작되었습니다.

2월 17일 페이코인이 급등한 터라… 첫 영상을 보라코인을 기획했다고 순서가 이야기 해줬다. 이때 당시 유명 유튜버 분들을 소개하기 위해서 유튜버를 시작했다고 했다.

직접 확인해 보자.

뉴스야! 언제 나오니? 뭐 좀 해 봐라~~(QR코드를 입력해서 직접 영상으로 확인해보면 된다)

이 표현이 가장 인상적이었다!! 보라 코인이 다음날 2월 18일에 오후 5시 30분을 어떻게 예측하고 기다리고 있었단 말인가? 이건 도무지 이해가 되지 않는다!!

그림
6-40

그런데, 순서에게 첫번째 기회가 왔다!!

바로, 프로젝트 공시의 파일을 저장해 두었다고 훗날 이야기 해줬다.

아차차… 순서는 보라의 공시를 차트에 대입하고 때를 기다리고 있었다는 뜻이다!!

지금은, 그 공시 전체를 찾을수 없는데…. 어떻게 공시가 사라질 것 까지 예측을 한단 말인가?

잔인하고 혹독한 1월을 버텨내고…
21년 2월은 순서의 작은 승리다!
하지만 절대, 방심하면 안된다.

🏳️ 참고해 주세요!

참고 이미지, 코인론은 소설이며
독자의 이해를 돕기 위해 100% 창작되었습니다.

✍️ **순서메모**

지금까지 코인론의 책을 읽었다면? 당장 책을 덮고 실행을 해야 할 시간입니다. 당장 실행하세요!

리플, 비트코인, 이더리움, 도지코인, 비트코인캐시, 최소 5개 코인중 1~2개 차트의 미래를 일·주·월·연도별 차트로 그려 놓기를 바랍니다. 2031년까지 그림을 A타입, B타입으로 설정해서 그려 놓으세요! 그리고 매주/매월/매년 그 그림을 색상 있는 펜으로 그 지점을 이어 놓으시기 바랍니다.

그리고 수정&보완 계속 이어 그리세요. 차트를 통째로 외우시고, 뉴스를 대입하세요. 코인론 Lev1 단계입니다!

◑ 코인론 Lev2 단계 : 순서의 파밍!

그림 6-41

그림 6-42

🔖 참고해 주세요!
참고 이미지, 코인론은 소설이며
독자의 이해를 돕기 위해
100% 창작되었습니다.

순서는 이제 Lev1 단계에서 이제 Lev2 단계로 상승중이다. 왜냐하면? 반칙에 반칙을 거듭해서 누구나 쉽게 도달하기 힘든 다음 단계로 올라가고 있기 때문이다. 단계가 올라가면 올라갈수록? 난이도가 어려워 지기 때문에, 순서는 이미 그걸 간파하고 대비하고 있다면 쉽게 이해할 수 있을 것이다. 그런데, **돌발 악재가 발생**이 되었다. 도박 하는 사람의 가장 큰 문제. 바로 중독!! 순서는 **최종수업료 3천 지불!!**

순서가 시스코인 수업료로 3천 이상을 날렸다고 전해왔다. 훗날 순서가 그랬다. 주진이의 어머니가 "관찰자"라고! 팔아라!!

21년 3월. 꽃피는 봄처럼….
코인 시장에도 봄 바람이 불기 시작했던 시절이다. 언제 그 고난이 있었냐는 듯…. 이제 순서의 각성이 시작되었다! 왜냐하면? 순서는 지금, 타짜 영화에 빠져있기 때문이다.

낯선자의 친절을 조심하라!
= 코인의 수익을 조심하라!
= 순서는 의심한다고 했다!

아래, 날짜를 체크하라. 이제 순서는 도지코인의 세력과 대화를 위한 여정을 떠나는 출정식이 시작 된 것이다. 아니. 무슨 정신으로 시스코인 3~4천을 날리고? 또 도전을 하는 걸까?

보라
(BORA)

평가손익 2,845,760
수익률 19.64%

50,537.37989004 **BORA**
보유수량

287 **KRW**
매수평균가

17,334,321 **KRW**
평가금액

14,488,562 **KRW**
매수금액

도지코인
(DOGE)

평가손익 -17,883
수익률 -0.46%

57,686.18191706 **DOGE**
보유수량

68.01 **KRW**
매수평균가

3,905,354 **KRW**
평가금액

3,923,238 **KRW**
매수금액

*매수평균가, 평가손익, 수익률은 모두 KRW로 환산함

📗 **참고해 주세요!**
참고 이미지, 코인론은 소설이며
독자의 이해를 돕기 위해
100% 창작되었습니다.

FED 연방준비은행에서 계속 돈을 찍어서 순서한테 보내는 것도 아닐텐데…. 미스터리다!!

순서는 알고 있다. 그는 자신을 완벽하게 아니? 어떤 사람인지 스스로를 알고 있다. 탐욕과 자만심이 매우 강해지고 있음을 찰나 깨닫게 되었다는 뜻이다. 이건, 개인 한 명이 알고 모르고의 차이가 아니다. 매우 단순하지만, 아무나 쉽게 깨닫고 행동으로 옮기기는 절대 쉽지 않기 때문이다.

다시, 순서의 시간으로 집중해 보자!! 지금 순서는 보라 코인 2~3번의 승리가 가득하다. 무엇을 해도 이길 것이라는? 상상과 착각으로 말이다. 여기서 코인론의 핵심이론을 깨달았다고 **순서는 나에게 훗날 이야기를 해주었다.**

자신은, 이제 게임에 참여 할 수 없다고 말이다.
왜냐하면? 자신은 탐욕과 이기심으로 가득찬 한 명의 인간 이기에, 더 이상 게임에 탑승 할 수 없다고 했기 때문이다. **이게 무슨 말 같지도 않은 말이더냐. 아차!! 공격과 수비를 바꿔야 한다는 뜻이었다.**

넷O릭스 "오징어 게임"으로 비유하자면? 공·수 교대를 해야 한다는 뜻이다. **이제 세력이냐? 코인유저이냐?** 순서는 기획·디자인을 하는 세력으로 포지션 게임을 해야 한다고 했다. **그리고, 자신의 계좌는?** 버리고 다른 사람의 계좌를 이용해서 그들의 게임을 관찰하고 그들의 통계로 게임을 해야한다고 했다.

☑ **즉, 순서는 이제부터 도지코인의 세력이다.**(예시. 오징어게임의 "줄다리기" 게임이란 뜻이다)
2021년 3월~5월은 정말, 코인 역사에 획을 긋는 사건(Event) 들이 줄이어 나와졌다. 지금 시간은 21년 9월 30일 목요일. 넷O릭스 오징어게임이 전 세계 1위가 된 시점과도 매우 유사하다.

모두가 오징어게임=도지코인을 외치던, 그때를 꼭 기억해야 한다.

2017년 12월 28일 국내 3대 거래소(빗썸250, 업비트120, 코인네스트.) 약 400만명의 가입자 수. 그리고 4년이 지난 2021년 08월 31일 국내 4대 거래소(업비트829, 빗썸310, 코인원100, 코빗17) 약 1,257만명의 가입자 수이다.

그럼, 주식시장은 어땠을까?

2021년 9월 주식투자 인구를 검색하면? 여러 뉴스가 나온다.

주식계좌는 5천만 계좌수이며, 국내 주식 투자자는 약 1,000만명의 인구이다. 코인과 마찬가지로 주식인구가 한국거래소(KRX) 기준 2009년 주식투자 인구는 약 467만명이다. 12년 사이에 거의 더블이 넘게 되었다는 뜻이다.

자! 비교해서 그림을 그려 보면 된다. 순서가 이 데이터를 머리속에서 수치화 시키고, 모두 그림으로 이해하고 기억해 두어야 한다고 했다.

이 정도 가지고 과연? 코인론 책 값을 뽑을 수 있겠냐라는 생각이 들 수도 있다. 순서가 여기서 이야기를 안하고 넘어가는 부분이 있다. 순서는? 모두가 성공할 수 없다고 했다. 이 책으로도 마찬가지 이다. 이 책 코인론을 가지고 응용을 하던지. 발전을 시키던지. 아니면? 이 책을 이해하고 던져 버리고 자신만의 개념으로 승화 시키던지. 수단과 방법을 가리지 말라고 했다. 훗날 이 책을 라면 받침대로 사용하라고 까지 조언을 했다. 왜냐하면? 그 만큼 뭔가 강하게 스치는 뇌 구조를 가지고 훈련 하라는 뜻으로 받아 들이면 좋을 것 같다.

✍ 순서메모

주진이와 여러 구독자 분을 만난 시간이 벌써 이렇게 지나왔네요. 반갑습니다. ^^ '즉 순서는 이제부터 도지코인의 세력이다'라는 파란색 글 내용을 한 줄로 요약해 보겠습니다. **코인이 주식보다 최소 4~5배 빠르다!** 끝입니다.

✋ 순서의 잔소리

시간, 돈 = 속도를 뜻하는 거라 생각합니다. 생각도 4배 높이시고, 공부도 4배로 높이세요. 그러면? 나중에 차트와 뉴스, 언론, 방송, 유튜버, 경제지표, FOMO, FUD … 모든 걸 미리 예상하고 그림을 그리게 되 실겁니다. 뭐, 저는 주식이든. 코인이든. 뭐든 농담하지 않습니다. **그게 농담이 아니라는 걸 증명하면? 믿고 도전하실건가요?**

저는, 반대입니다. 독자님은 관찰자가 되거나 조력자가 되십시요. 가족 또는 지인중에 가장 똑똑하고 게임을 잘하는 사람을 공부 시키시기 바랍니다. **본인은 하지 마세요.** 이책 코인론은 100% 고등학교 3학년인 주진이가 쓰고 있습니다. 저는, 주진이를 유튜버 하면서 알게 되었습니다. 어느날 제가 저의 공부를 위해서 유튜브에 영상을 올리고 있었습니다. 그런데 용감한 구독자 한분이? 그냥 우연히 시청하던 분들 중 몇 분이 영상에 댓글을 남기면서 인연이 시작되었습니다. 그래서, 유튜버 영상에다 그 몇 몇 분들에게 숙제(?)를 내줬더니, 이분들이 하나씩 숙제를 하고 있는게 아니겠습니까. 아차차… 싶어서…. **코린이인 저로서는 함께 공부하자는 취지로 바로 "코인론"의 시작이였습니다.**

지금까지 지구상에 존재하는 주식 책, 전문가, 분들에게 이 책을 추천하면 인정하지 않을 것이다. 왜냐하면? 이 책을 혼자 읽어야 하기 때문이다. 기존 이론과 경험이 모두 파괴되는 상황이 될 것이기 때문이다. **나는 지금부터 순서의 이야기를 전달하는 역할이다. 순서는? 소위 "전문가"를 교육했던 시절이 있다고 했다.** OO증권, OO파이낸션, OO투자회사 등 국내 TOP 5 금융맨들의 증권 **디자인 교육**을 했다고 한다. 흠, 진짜일까?

그 안에서 데이터를 통한 수치를 통해서 이익을 극대화하는 놀이를 가르쳤다고 했다. 이는 순서가 게임회사 시절 마치, 캐릭터 테이블(능력치)과 아이템 스탯(능력치)

을 조합해서 회사 매출로 연결하는 유료화템을 기획한 이치와 같다고 했다. 회사 재직 시절, 아이템 셋트와 개별 아이템 상위 매출 1~10위까지 뽑아보면? 통계는 아래와 같이 나온다고 했다. '아… 게임 회사가 돈을 버는게 참 당연한 이치구나' 라는 생각처럼 말이다. 2020년부터 본격적으로 구독 서비스 시점으로 바뀌는 세 상이라 구독 서비스 시장으로 가야 한다고 했다.

누구나 알고 있는 호재는 호재가 아닐 수도 있다. 하필이면? 그곳이 전고점 부근일수록 그렇다. 여기서 최대한 팔고, 공매도를 위한 과정이 필요 하기 때문이다. 이때 개미들의 매수세를 받기 위해 오랜기간 고가권에서 호재를 연속적 올리고, 거래량 조절과 가격 상승까지 준비했다면? 이건 작전이 99% 라는 이야기다.

주식을 공부하는 사람이 가장 빠지기 쉬운 함정이 있다고 했다. 누군가 가 예상하고 예측했을 때 하나, 둘, 셋, 넷, 다섯. 모두 맞을 때 그가 전문가라고 하 는 부분이다. 전문가는 맞다. 당신이 맞다라고 생각이 드는 순간? 그게 바로 함정이라는 뜻이다. 순서가 그랬다. 전문가 또는 친절한 자를 조심하라고 했다.

그들은 당신의 돈을 위해서 그 어려운 게임을 준비한 것이다. 그래서 스텝들을 통해서 온/오프 라인을 도배하고 진실성과 겸손함의 무기를 내밀며 당신의 선 택. 즉, 당신의 돈을 당신이 스스로 내기 위한 준비와 기획. 디자인. 시뮬레이션 까지 모두 마쳤다고 생각하면 된다.

2021년 9월 순서가 지금 도지코인을 디자인 하고 있다는 연락이 왔 다. '위의 게임이니, 뭐니, 예측이니, 도박이니, 전문가라던지… 뭐든지… 도대체 도지코인이랑 무슨 상관이야?'라는 독자분이 계시다면? 당장 책을 덮고, 일터로 나가길 바란다.

그리고 당장 이 책 "코인론"을 버려라!!
이 책이 라면 받침대로 "코인론" 1편이 쓰여지길 바란다고 순서가

그랬다. 이걸 어떻게 받아 들여야 할지…. 나도 지금 이 글을 쓰는게 맞는지 모르 겠다.

어느 날 순서가 그랬다. 주진이가 삼촌을 뛰어 넘은 것 같다고. 이 말이 순서의 진실이든 거짓이든 상관없다! 도지코인의 국내 알바는 바로 순서였구나!!

왜냐하면? 순서는? 수백조를 직접 보유하고 있지는 않기 때문이다. 그래서 도지 코인 이벤트 때 단순 스텝에 불과했다는 결론이다.

다음 이미지부터는?
2,000% 작가의 상상력에 의존하고 코인론을 읽으셔야 합니다.
즉, 소설의 장르를 이해하고 다양한 관점에서 살펴야 하기 때문입니다.

자! 준비되셨다면?
전국민 게임 2021년 뜨거운 봄의(도지코인) 시간으로 떠나보도록 하겠습니다.

그림 6-44

🏷️ 참고해 주세요!
참고 이미지, 코인론은 소설이며
독자의 이해를 돕기 위해
100% 창작되었습니다.

그 당시 순서가 그랬다.
도지코인을 매집한다고 했다.

메인세력은 아니라고 했다.
글로벌과 별개로 연합 세력이 있다고 들었다.
거기에 여러 스타가 함께 한다고 했다.
과연? 이 욕망의 게임의 끝은 어떻게 될까?
사실, 필자는 훗날 순서의 매매 체결 내역을 거의 다 봤다.
비트코인, 비트코인캐시, 리플, 도지코인, 엠 블, 메타디움, 리퍼리움… 많이 살펴 보았다.

위의 이미지 스크린샷을 보면? 날짜에 주목 하기 바란다. 이때 이 가격이 맞다. 차트를 직접

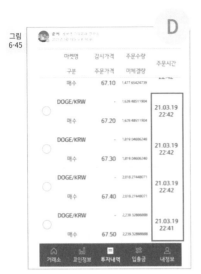

그림
6-45

참고해 주세요!
참고 이미지, 코인론은 소설이며
독자의 이해를 돕기 위해
100% 창작되었습니다.

보고 살펴야 한다. 지금까지 나열된 코인의 매수금액을 모두 찾아보고 복기 하라고 "순서"가 이야기 해줬다. 그때 시장과 뉴스는 어땠는지도 함께 말이다.

그러면? 힌트를 하나씩 하나씩 쌓아가게 될 것이라고 말이다.

그리고, 기존 공부에 합쳐서 순서를 추적하기 시작한 것이다. 왜? 이 정신나간 유튜버가 왜? 도지코인에 미쳐 있을까? 그리고 왜? 김치코인 이였던 보라 코인에 미쳐 있었던 걸까?

순서의 스타일을 보면 알게 될 것이다. **그는 답이 매우 간결하고 명료하다.**

미쳤으니깐! 미치지 않고 어떻게 이 미친 세상을 살아갈 수 있냐고? 되물어 왔다. 처절하게 공부했다는 뜻이다.

오리가 물위에 그냥 떠있는 착각을 하지 말라는 뜻이었다. 하지만, 그의 깊은 마음속 따뜻함을 나는 알고 있다. 그가 이렇게 까지 할 수 밖에 없는 이유는? 바로 게임이기 때문이다.

여름이 지날 무렵 내가 코인론을 중간쯤 쓰고 있을 때 일이다. 8월 지나 순서에게 전화가 왔다. 순서가 물었다. "코인론을 얼마에 팔고 싶니?" 나는 대답했다. 뭐라고 대답했는지 기억이 안난다. 순서는 나의 대답을 듣고 10만원에 팔자고 했다. 왜냐하면? 가치 있는 책이라면? 10만원은 아깝지 않기 때문이라고 했다. **순서는 과거 20만원 짜리 책을 1만권을 팔았다고했다.** 그런데 그 책은 진짜였다. 책과 컨텐츠로 200억을 벌었다고 했다. 딱 2년 걸렸다고 했다. 훗날 순서가 그랬다. 그걸 지켜보던 1만명 중 한명이 자신에게 기회를 주었다고….

그 사람은 자신이 1,000억이 있는데. 10배로 늘려달라는 요구를 했다. 단, 순이익으로 10배의 조건이었다. 연봉은 착수금과 함께 50억을 선불받았다. 성공시 수익금 20%를 받는 조건이다. 기간은 3년 정도 준다고 했다. 그래서, 결국 순서는 해냈다. **그런데, 계약서가 없어 순서는 그대로 나왔다고 한다.**

그리고, 2020년 10월경 우연히 코인을 알게 되었다고…. 스스로 공부를 위해 유튜버를 하게 되었고… 그 우연한 유튜버를 통해 지금의 나를 만나게 되었다고 했다. 이 책 코인론을 12년을 기다려왔다고 했다.

그 동안 순서가 경험한 12년 간의 이야기를 결론을 이야기 할 차례이다. 순서는 미국, 캐나다, 중국, 일본 등… 자신과 철저하게 비즈니스 관계인 5명에게 연락을 했다고 한다. 기존에 큰 수익을 냈던 해외투자자들이다. 300~500억원대 / 5~7천억 / 2~3조원대 자산가까지 이렇게 여러 개의 그룹에게 연락하고, 바이럴 마케팅을 필두로 도지코인의 찌라시가 하늘을 날을 것이다 라는 소문 + @ 일O머스크의 뉴스를 기획하게 된 것이다.

그림
6-46

참고해 주세요!
참고 이미지, 코인론은 소설이며
독자의 이해를 돕기 위해
100% 창작되었습니다.

"의도했던 의도하지 않았던… 이 코인론이 소설이기 망정이지. 정말 막장 소설, 드라마가 어떻게 나오는지 이해가 되는 부분이다."

이 사진이 전세계 SNS 를 타고 전 세계 세력에게 도달하기 까지….
단, 5~10분! 도지코인 기획&디자인&스토리가 공유되었다.
잠시, 기분전환으로 머리좀 식히고 오자!

순서가 2021년 4월 10일 영상에서 국내 게임 종목 하나를 예상한 내용이다.

웹O이라는 게임회사의 주식 차트이다. "주식시장에 마무리 투수가 나왔다?" 라는 말이 머리를 스친다.

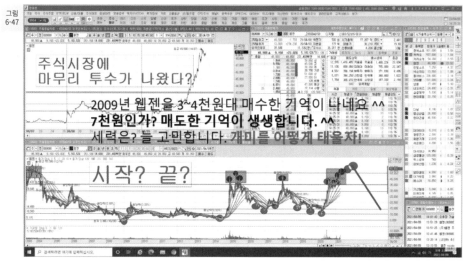

참고해 주세요! 참고 이미지, 코인론은 소설이며 독자의 이해를 돕기 위해 100% 창작되었습니다.

지금 기록하는 코인론 작성일자는 현재 2021년 9월 30일 오전 11시 56분이다. 어떻게 웹O 차트를 하루 오차도 없이 하방으로 떨어질 것을 예측을 한 것일까? 현재, 5~6개월 연속 하락이다. 이것 참… 이걸 어떻게 설명하지? 15,000원까지

참고해 주세요!

참고 이미지, 코인론은 소설이며 독자의 이해를 돕기 위해 100% 창작되었습니다.

하락은 아니지만, 계속 하방압력 중이다.

절대, 1등은 한명이다. 1등이 되려면? '최상위 그룹에 있어야 한다.'라고 순서는 이야기했다. 집중하자!! 그 최상의 그룹의 리더의 말에 주목해야 한다는 뜻이다. 단, 그가 팔라고 할 때. 팔아야 한다. 그래서, 진짜 패닉셀이 나오기 시작한다면? 그때부터 몇 개월~ 몇 년 매수 포인트라고 생각하면 된다. 누가 팔아라! 사라! 라고 했을 때 따라서 하게 된다면…

- **이 지점이 바로 "코인론"핵심 지점이다.** 그 말을 곧이곧대로 믿고 결과에 대한 책임이 바로
- 본인에게 책임이 있다는 **뜻에서 힌트를 찾아야 한다**는 것이다. 코**인론 역시 책임은 본인에게 있다.**
- 그렇다면? **누구를 원망하고 비난 할 것인가?** 이 코인판에서 말이다. 돈 벌면? 그 사람이 최고이다.
- 반대로? 돈을 잃으면 그 사람을 비난 할 것임을 누구나 알고 있듯이 말이다. 그래서 코인론은?
- 그 지점. 그 **시간의 지점에 주목하고자 하는 것이다!!** 그걸 반대로 해낼 수 있는 능력

(시야.통찰.의지…)

그림
6-49

🔖 참고해 주세요!
참고 이미지.
코인론은 소설이며
독자의 이해를
돕기 위해 100%
창작되었습니다.

순서가 2~3개월 만에 AI 봇 시스템과 싸워 게임에서 1등을 한 장면이다.
그러면? AI와 코인에서 싸워서 당신이 1등할 확률을 계산해 보라.
코인론의 핵심은? 당신의 플레이를 관찰하는 것이 핵심이다!

도지코인을 향후 구매할 사람이 많다는 걸 알았다면?
도지코인을 미리 선점하지 않았을까?
솔직히, 더 올라갈 것 같아서 사는 사람이 대다수 일 것이다.

우리는 그 상황+조건을 이용해서 미리 저가에 매수를 하는 것이다. BTC 마켓에 가서 도지코인의 과거 2014년부터 차트를 보길 바란다. 아무런 이유가 없다. 단지 갑자기 우연히 번개처럼 강력한 잽이 날려지더니 갑자기 일O머스크의 도지코인이 되어 버린 것처럼 말이다.

고가권에서 물린 독자분이 계시다면?
매월 도지를 꾸준히 적금처럼 사 모으길 바랄 뿐이다. 왜? 코인은 적금이니까! 왜냐하면? 미국은 도지코인을 결제수단으로 많이 넣을 거 같기 때문이다. 라고 순서가 그랬다고 치자!! 그럼, 순서는 거기에 팔 것이다!! 왜? 심심하니까~ (이제야, 넷O릭스의 오징어 게임이 이해가 가는 것 같다. '속임수'라는 걸 말이다.)

이렇게 펌핑(대상승) 이후 급락시킨 이유를 곰곰이 생각해 보아야 할 것이다.
독자는? 늘 경계하고 경계해야 한다!!
우리는 당신을 속이기 위해 최선을 다한다!!
즉, 낯선자의 친절을 조심해야 한다는 것이다.
다들, 자신이 최고라고 할 것이다.
그리고, 그에 따른 증명을 할 것이다.

"매매일지. 계좌인증이든. 사람들로 하여금
구전효과=마케팅, 책 후기, 서평, SNS 홍보, 리얼후기, 참여후기,
강연회, 발표회, 수익률대회, 뉴스, 언론, 방송 전문가 출연 등…"

모두 사기라고 보면 된다!
왜냐하면? 순서가 그랬다.
그건 매우 난이도가 낮은 사기라고 했다.

코인론

과거~현재까지. 수백~수천억대 자산가를 10명 정도 만들어 주었기 때문에
더 이상 언급은 하지 않겠다고 했다. 왜냐하면?
본인이 노출되는 건 또 다른 시간을 빼앗길 우려가 크기 때문이라 했다.

코인론은 소설이기에 작가의 창작과 상상력의 의해 만들어진다.
그래서, 이 소설을 통해 독자는 작가의 상상력을 엿보는 기회가 되길 바란다.

"순서가 그랬다"
오징어 게임에 참가자 전원에게
그 누구도 게임에 참여하라고 강요한 적 없다고 말이다.

코인을 하라고 누가 등떠밀었나?
매주 로또 당첨자가 나오는 숫자는 주단위 10명 내외이다.
지난 달에 17억이 당첨된 사람이 순서의 선배라고 했다.
그리고, 코인도 20억 당첨된 사람이 순서의 절친에서 나왔다고 했다.
순서님. 그게 사실인가요? 이 이야기를 믿는 순간!! 당신은 호구가 되는 것이다!!
라고 순서가 전했다. 아직도 그렇게 순진해서 무얼 하겠냐고 말이다!!

진심은 절대 통하지 말라고 했다.
진심을 전하는 순간. 그 사람은 호구가 되는 것이라 했다. 진심과 겸손을 가장
한 그들이 당신의 데이터(정보)를 노리고 있다고 했다. 그리고, 마음이 통해서 순수
하게 수업료를 내고 수천~수억을 교육비를 내곤 한다는 것이다. 거기에는 철저한
계산이 들어가 있다. 왜냐하면? 위에서 **게임의 통계**를 다시 기억해 내면 된다.
**수백만명이 게임을 하는데, 결제는 하루에 평균 5만명 / 일 평균 결제
액은 1만원, 순이익은 8할이라고⋯. 과거, 도지코인을 순서가 얼마에
매집하고 있다고?? 3초. 2초. 1초. 당장 말해라!!** 머뭇하지마라!! 차트
를 그리고 있는거 맞는가? 머릿속에서. 프린트해서. 차트 따위는 씹어 먹어야 한
다. 70원 밑에서 사야, 누구보다 싸게 산다는 걸 순서는 알고 있다. 그리고 상승을
할 것이다. (P.S: 정신없죠? 도지코인 깜짝퀴즈에 놀라셨나요? 당장, 차트 프린프 하세요! 여백필수.)

누구의 예상대로 말이다. 그때 30~50% 정도 출렁일 때 그때 **최저점을 잡아**
야 하는 것이다. 차트가 머리속에서 돌아가야 한다. **순서가 미리 기획**
했기 때문에 가능한 것이다. 그걸 놓치거나, 익절, 손절하는 순간!! 당
장 코인판에서 떠나라!! 그리고, 반년이든 1년이든 스스로 공부를 하길 바란다.
이 책이 라면 받침대로 쓰일 그날까지 말이다!! 아니라면? **이 책에서 뼈**
속 깊은 반성을 하고 울어라!! 라고 순서는 이야기를 해줬다. 나도 참… 생각
해 보니 내가 순서를 만나지 않았더라면? 트레이더로 끝나지 않았을까?

자. 이제!! 코인론게임을 시작해 보자!! 지금까지, 코인론이 소설이라는 생각에
동의하고, 시간의 순서를 정확하게 인지하고 공부를 충분히 했다는 전제로 이야기
를 이어나가야 한다는 뜻이다. 지금, 독자 분들은 머리속에 차트가 수십개의 이미
지가 떠올라야 하며? 위에서 지금까지 이야기한 종목들의 그때 시간의 지점에서
계속 차트를 돌려야 할 것이다. "수십개의 종목과 수십개의 매수 포인트가 모두
나열 되어야 한다는 뜻이라고" 순서가 그랬다.

자! 이제 과거, 현재, 미래의 도지코인을 잡으러 가보자!!

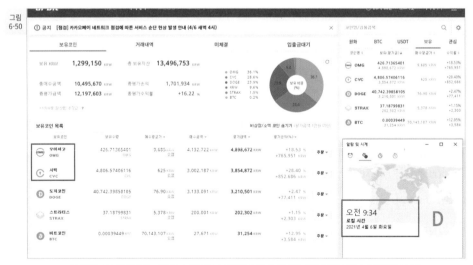

🛡 **참고해 주세요!** 참고 이미지. 코인론은 소설이며 독자의 이해를 돕기 위해 100% 창작되었습니다.

- **1번 테스트계좌**

오미세고, 시빅 팀에서 도지팀으로 합류한다고 연락이 왔다. 20만명 / 2조 셋팅 끝.

(이게 도대체 무슨 말인가? 지금, 순서는 관리자이다. 코인 유저가 아니라는 뜻이다.)

- **2번 테스트계좌**

비캐팀, 시빅, 퀀텀팀에서 도지팀 합류한다고 2차 연락이왔다. 15만명 / 1조 셋팅 끝.

🛡 **참고해 주세요!** 참고 이미지, 코인론은 소설이며 독자의 이해를 돕기 위해 100% 창작되었습니다.

이 테스트 계좌는? 찌라시 용이다. 수백~수천개 만드는건 일도 아니라고 순서가 그랬다. 아. 이거 다 가능한 것 이구나!! 왜? 나는 몰랐지? 이런 것도 모르고, 코인 투자를 했으니 말이다. 이제 모든지 의심해야 할 것 같다. 양재동 300억 자산가가 연락이 왔다고 했다. 담보로 200억 넣을 테니, 멤버들 참여 시켜 달라고 말이다. 수수료는 전과 같이 8 : 2 라는 조건으로 말이다. 그런데, 순서는 그 사람이 싫다고 했다. 한 사람에게 교육비를 1~2천만원 씩 받고, 양재동 저택 100억짜리에서 살고 있다고 했기 때문이다. 그리고, 2년전 도움을 요청했을 때 거절을 했기 때문에, 팀에 합류 시키지 않는다고 했다.

코인론을 정말, 소설로 쓰길 잘한거 같다. 나도 이제 이게 현실인지 소설인지 구별이 안갈 정도이다. 정신 바짝 차려야 겠다. 다음장은 뭐~ 이야기 안해도 알것 같다. 분명 3번, 4번, 5번… 테스트 계좌가 계속 나올 것이기 때문이다.

작전이 늘 성공하는 건 아니라고했다. 열 번중에 보통 성공 확률은 3할 정도면 훌륭하다고 했다. 보통 작전의 기간이 짧으면? 돈이 그만큼 더 필요하고, 작전이 길다면? 경쟁이 심하다는 뜻이기 때문이다. 즉, 대주주의 지분과 결탁 없이는? 어떤 작전도 쉽게 성공 할 수 없다는 뜻과 같다. 시대가 도와주고 정치 경제 사회가 하나가 되어 그 상황이 현실이 될 때 그때가 바로 작전의 하이라이트 지점이란 뜻 같다.

무엇이든, 꾸준한 준비 없이는 쉽게 이뤄지지 않는다와 같은 결론이며, 급등주를 따라타는 원리와 같다고 했다. **그 누구나 원하는 급등주의 원리가 거기에 숨어 있는 것이다.** 주식이나 코인이나 급등 직전의 차트, 뉴스, 개미들을 죽인 흔적, 쩐주능력, 결탁, 액면이슈, 대주주이슈를 비롯하여 공시자료를 논문수준으로 공부하게 될 것이다. 거기에서 차트와 연계해서 작전의 개요를 파악하여 Test 봇 트레이딩 성능을 시험하게 된다. 여기에 수석 디자이너의 역할이 매우 크다. 그 수석 디자이너의 분봉 종가선, 캔들, 이평선, 매물대 등을 고도의 AI와 디자인을 사전 설계하여 A타입, B타입, A+B랜덤 타입등 원하는 디자인을 최종 컨펌을 받아야 하기 때문이다. 거기에 총괄 담당자를 보통, 순서가 배출했다고 보면 된다.

물론, 순서도 초보부터 배우던 시절이 있었기 때문에 어느정도 서로의 업무를 공유하지 않으며 매우 적은 사람들만 이 프로젝트에 참여하고 비공개로 일을 진행한다고 했다. 왜냐하면? 서로 알면 안되는 사이. 비밀유지 관계 때문이지 않을까?

주식에서 공시는? 주가를 띄우고 내리는 매우 기본 과정이라고 했다. 정기공시 10 / 주요사항보고 10 / 지분 및 자산 공시 10 / 거래소 및 공정위 공시 10 / 기타 허위 공시 10 이렇게 **공시 50개를 가지고 퍼즐 맞추듯이 일, 주, 월, 연별로 달력을 만들고 업무를 시작한다**고 했다. 인원은 5명 내외로 팀을 이

뭐서, 회사의 사이즈에 맞게 작전을 준비한다고 했다. 이 곳에서는 선수들이 보통, 선발에 서서 스케쥴에 맞춰 외국인과 기관을 참여하면서 개인의 매도를 받는 구간과 매수를 받는 지점을 1년 이전에 기획을 하고 시나리오를 잡는다고 했다. 역시, 보통 머리들이 있는게 아니라 했다.

순서는 막내 작가의 역할정도이니…. 실로 놀라운 일이 아닐 수 없다. 완전 신세계 아닌가? 그곳에서도 배신과 음모는 난무 하다고 했다. 왜냐하면? 작전의 실패는? 쩐주 1명으로 끝나지 않는다. 도미노 처럼 연결되어 있는 혈관의 피처럼 매우 정교하며 위험하게 연결되어 있기 때문이다.

이 곳에서도 **바이럴마케팅은 매우 중요하고 유용한 일**이라고 했다. 왜냐하면? 쉽게, 돈 안들이고, 개인들 수조원을 한 번에 매수세에 태울 수 있다고 했기 때문이다. 그래서, 위에서 각각의 테스트 계좌 팀들이 소위, 찌라시 계좌 수 천개를 동원해서 각 SNS로 나르게 된다. 시나리오는 수 만개 이며, 계정도 수십만개 이미 짜여져 있다.

이런 비용을 '**재료**준비 비용=셋팅 **비용**'이라고 한다. 50억이면 중소형주 셋팅은 매우 쉽다고 했다. 100억 부터는 중·대형주로 셋팅비가 그만큼 비싸다고 했다.

🍵 잠시 쉬는 시간을 갖자. 티타임 말이다. ^^

자. 잠시 쉬는 시간이니!! 위의 QR 코드를 찍어서 순서의 첫번째 유튜브 영상으로 소풍을 가보자. 21년 2월 18일 순서는? 보라코인을 70원대 매수해서, 최종 570원까지 분할 매매도 했다고 했다. 순서의 1편 유튜브 영상을 보았다면? 추가로 **2021년 4월8일 영상 1분 : 45초 지점**을 가서 보길 바란다. 그곳에 **순서가 보라 코인의 거래내역. 체결내역. 미체결. 매수평균가 모두가 나와져 있다. 순서는 잘 숨겨 놓는다.**

어느덧, 마무리할 시간이 다가왔다. 지금까지 코인론의 매수 평균가를 차트에 대입하고 왜? 그 지점이 어떤 지점인지 스스로 공부하길 바란다. 이건, 매매 전략을 구사하는 가장 기본이 되어 줄 것이다.

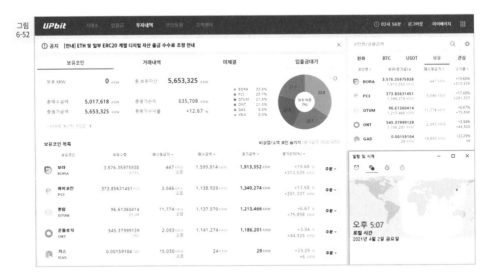

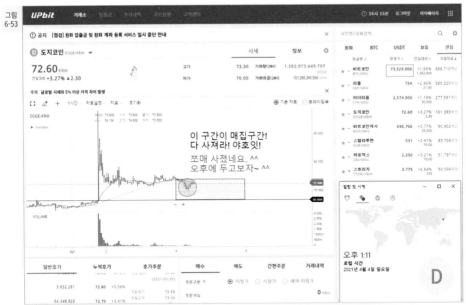

🛡 **참고해 주세요!** 참고 이미지, 코인론은 소설이며 독자의 이해를 돕기 위해 100% 창작되었습니다.

왜? 그 가격에서 사서… 홀딩해서 수익과 손실을 반복했는지를 말이다.

그러면? 어릴 적 학교 다닐 때처럼 예습·복습으로 꾸준히 시장을 공부해야 할 것이다.

코인론 독자 여러분은?

절대 이 코인론 게임에 속으시면 안됩니다.

어떤 전문가도 가족도 믿으시면 안됩니다.

참고해 주세요! 참고 이미지, 코인론은 소설이며 독자의 이해를 돕기 위해 100% 창작되었습니다.

순서의 4월 보라 디자인, 그들에게 퇴짜를 맞았다. 왜냐하면? 이제 그가 필요 없어 졌기 때문이다. … (중략) … 그럼, 이렇게 소모품 처럼 버려지지 않을 것이다. 순서는? 지금 소중한 행복을 준비하고 있다고 했다.

☑ **21년 7월 23일. 순서의 유튜브 영상이다.**

조회수 1,478명 / 좋아요 22건이다. 직접 보고 판단하길
바란다. 그리고 순서는 이날 **트위터를 처음했다**고 한다. 외
계인이다!

■ **3번 테스트계좌** : SNS 150만명 활동_팀원 250명

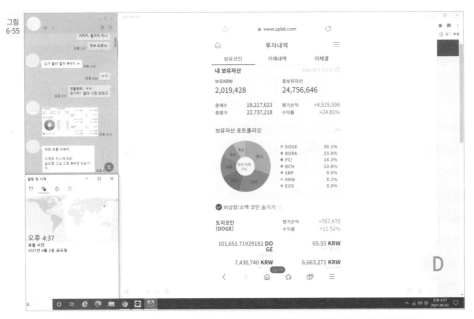

🛡 **참고해 주세요!** 참고 이미지, 코인론은 소설이며 독자의 이해를 돕기 위해 100% 창작되었습니다.

본인이 관찰자가 되고!! 본인이 기획자가 되고 본인이 디자이너가 되어야 합니
다. 그리고 본인이 뉴스를 내보내시면 됩니다.

얼마나 돈이 되는지 말입니다. 그리고 게임을 통제 하시기 바랍니다. 왜 ?? 왜 ??
오징어 게임에 출전 하는지 말입니다. 만약, 반드시 게임에 참여를 한다면?? 한 가
지만 명심하시기 바랍니다. 생존자는 매우 적다는 뜻입니다.

순서의 지인 및 친구가 17억, 20억을 벌었거나 당첨 되었다는 것은? 과연? 진
실일까요? 거짓일까요? 여러분은 지금 무엇을 보고 생각하고 계신가요?

코인론

순서가 그랬다. 녹취 파일 들려주면 믿을꺼냐고?

■ **4번 테스트계좌**

SNS 150만명 / 부동산 커뮤니티 70만 / 필O테스, 방O댄스… 50만 / 지인, 전국 COO연합회 VIP 멤버십 15만명…

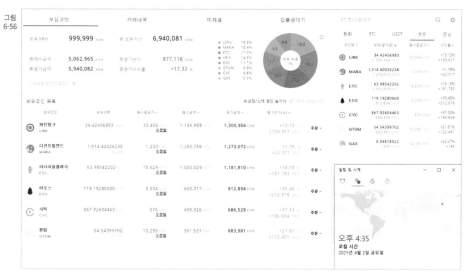

그림 6-56

🐚 **참고해 주세요!** 참고 이미지. 코인론은 소설이며 독자의 이해를 돕기 위해 100% 창작되었습니다.

그림 6-57

🐚 **참고해 주세요!**
참고 이미지, 코인론은 소설이며
독자의 이해를 돕기 위해
100% 창작되었습니다.

SNS 국내 TOP5 미모의 필O테스 강사가 묻는다!! 도지코인 사면 좋냐고? 말이다. 훗날 이계좌는 필O테스 강사의 인물과 인지도에 의해 조회수가 30, 50만건이 각각 넘는다. 왜냐하면? 시드가 바뀌기 때문이다. 그리고 필O테스 강사의 사진은 신뢰가 된 것일까?

위에서 다룬 모든 이미지는 단지 찌라시 용도의 돈일 뿐이다. 순서는 C급이라 100만원~1억 미만 계좌만 사용한다고 했다. 원하는 수량만큼 받게 된다고 했다.

B급으로 올라서게 되면? 억단위가 찌라시 1억~20억의 계좌와 영상 100~200장을 받게 된다고 했다. 최종 A급으로 올라서게 되면? 인증샷과 SNS 용도로 50~100장 정도를 받게 되다고 했다. 물론, 인증까지 다 완료 가능하며 동영상까지도 확인이 가능하다. 원하면? 차량넘버에 집주소까지 가능하다고 했다. 한마디로 순서는? 마이너그리 3부 리그 정도의 수준이라고 했다.

휴~ 여기까지. 코인론을 쓸수 있어서 다행이다. 코인론이 소설이어서 너무 다행이다!! 순서이야기만 듣고… 빈 볼을 너무 많이 발사 한게 아닌지 잘 모르겠다. 앞으로, 유튜브 영상에서 코인론에 대한 영상을 독자에게 쉽게 풀수 있도록 많은 컨텐츠로 만나게 되길 바란다.

⚓ 참고해 주세요!
본 내용은 픽션이며, 등장하는 인물.배경.기업.내용.이미지 등 일체는 허구이며, 작가의 상상에 의해 100% 만들어진 허구임을 지속적으로 안내 드립니다. 코인론은 향후 소설, 웹툰, 드라마, 방송 등 컨텐츠 제작 예정입니다.

코인론 1편을 마치며… 순서가 그랬다. 어서 코인론 2편을 쓰자고. 벌써 다른 사람이 코인론 쓰자고 연락이 온다고 했다. 고민해 보겠다고 한다. 에이 설마!!

순서가 나에게 까지… 구라를 치는건 아니겠지?^^ 그런데, 순서는 그러지 않을 것이다. 나와 구두상 계약을 했기 때문이다. 이 책에 다루면 빼박이다! **이게 바로 블록체인의 핵심이며, 원장기술이라는 뜻이다.** 그 기술의 가치를 내년 2022년부터 함께 보게 될지 궁금하다.

이 책을 보게된 날짜와 시간을 기억해서 차트를 그리고, 디자인하길 바란다. **순서는 양손잡이다.** 우뇌로 차트를 그린다. 좌뇌로 손절을 유도시킨다고 했다. 그걸 차트에 미리 디자인 설계해서 뉴스,언론 보내고 스탠바이 시킨다고 했다. 코인론 2편은 실전편이며, 순서 VS 주진의 매매대결이 펼쳐질 예정이다. 순서가 그랬다. 반드시 뛰어넘으라고, 실력으로 말이다!!

마지막으로 순서가 보내준 이미지를 살펴보자!! 진짜 수익률이라고 해도 믿을 거 같다. 와~ 찌라시 어마 어마하네…. 순서가 그랬다. 이 모든게 진실인지 상상인지? 맞춰 보라고 말이다!! 순서는 시스코인 1타 유튜버?

참고해 주세요!

참고 이미지,
코인론은 소설이며
독자의 이해를
돕기 위해 100%
창작되었습니다.

나는 알고 있다. 이 계좌는 진실이라는 것을 말이다! 왜냐하면? 순서는 시스코인 1타 유튜버 이기 때문이다.

🛡 참고해 주세요! 참고 이미지. 코인론은 소설이며 독자의 이해를 돕기 위해 100% 창작되었습니다.

순서가 그랬다. 2021년 4분기 준비중이라고. 강아지를 사랑한다고!!

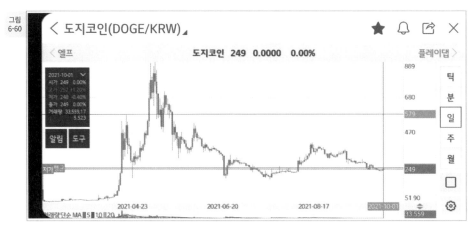

참고해 주세요! 참고 이미지. 코인론은 소설이며 독자의 이해를 돕기 위해 100% 창작되었습니다.

과연? 코인론 2편이 나올 수 있을까? 나도 열심히 공부해야 할 것 같다. 순서
는?이미 코인론 2편의 시간으로 진입 했다고 했다.

참고해 주세요! 참고 이미지. 코인론은 소설이며
독자의 이해를 돕기 위해 100% 창작되었습니다.

21년 봄이 뜨거웠던 그 찌라시들~ 말이다!! 믿으면 안된다! [그림 6-61] 이건 모두 찌라시다!! [그림 6-62] 이것도 찌라시다. 믿으면 안된다!! 절대. 속지 말아야 한다!!

더 이상 넘기자 마라!! 이제 세뇌 당하고 코인론 책을 사게 될 것이다. 그리고, 순서 유튜버를 찾고 구독하게 될 것이다. 더 이상 넘기지 마라!! 이건, 모두 스캠 (사기)이다!!

라고, 순서가 써달라고 했다. ^^

종이 낭비다. 더 이상 넘기지 마라!! 이건 모두 순서의 고도의 심리전이자! 모두 속임수이다. 절대, 현혹되지 말아야 한다.

그림
6-63

투자내역		
보유코인	거래내역	미체결
도지코인 (DOGE)	평가손익 +8,186,991 수익률 +442.53%	
25,670.18305515 DOGE		72.07 KRW
10,037,041 KRW		1,850,051 KRW
이더리움클래식 (ETC)	평가손익 +1,501,802 수익률 +150.18%	
63.98542202 ETC		15,629 KRW
2,501,830 KRW		1,000,029 KRW
네오 (NEO)	평가손익 +785,379 수익률 +58.48%	
21.00000000 NEO		63,951 KRW
2,128,350 KRW		1,342,971 KRW

이런, 찌라시는? 수백~수천개를 찍어 내듯이 만들수 있고 조작이 언제든 가능하다.

이건 사실이 아니다!!

당장 일상으로 돌아가서
돈을 벌어야 하는 이유이다!! 휴~

순서는 이런 자료
수백~수천개 더 가지고 있을 것이다!!

🗨 참고해 주세요!
참고 이미지. 코인론은 소설이며
독자의 이해를 돕기 위해
100% 창작되었습니다.

코인+"론"
= 생각하다, 알고자하다

빨강사탕

양봉, 캔들, 출구, 탈출,
익절, 수익, 사탕값,
그림자, 세력,
FOMO, FUD, SNS
…

파랑사탕

음봉, 캔들, 출구, 탈출,
손절, 손실, 사탕값,
그림자, 세력,
FOMO, FUD, SNS
…

이 내용은 작가의 상상과 창작으로 100% 만들어진 소설입니다.

첫 Page에 나온 내용이죠?

위의 2번(빨강사탕)으로 보통 돈을 넣고 코인을 사시죠? 저는? 3번(파랑사탕)으로 나올 방법부터 찾고 있습니다. 순서가 바뀌겠죠? 여러분이 돈을 넣을 때, 저는 '어떻게 나올까?'를 연구합니다. 왜냐하면? 여러분 탑승 시키는 건? 매우 쉬운 일이잖아요.

여러분은 저를 구독할테니까요.

왜? 구독하러 오시냐면? 이 상황을 12년전에도 저는 똑같이 경험했으니까요.
더 재미있는 건, 지금으로부터 12년 후에도 똑같은 경험을 하게 되실 겁니다.

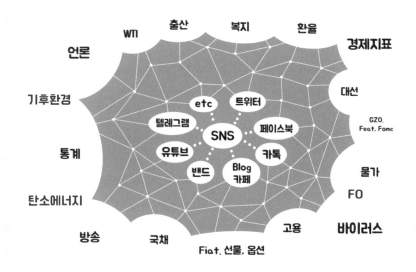

☑ TIP

좋아하는 유튜버, 트위터, 전문가, 지인이 계신가요?
334쪽으로 가서 그 분들에 대해 본인의 생각을 적어 보세요.

장점 / 단점 / 특징 / 패턴 / 자세 / 통찰 / 배려 / 사랑 ….

그리고, 본인이 무엇을 모르는지 무엇을 잘 아는지 체크해 두세요.

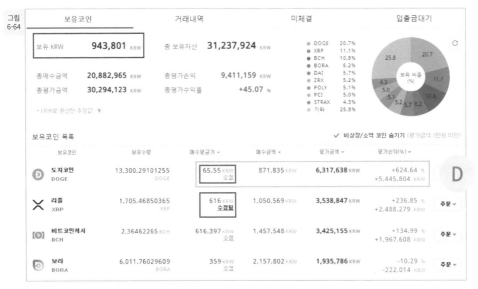

그림 6-64

| 보유코인 | 거래내역 | 미체결 | 입출금대기 |

보유 KRW	**943,801** KRW
총매수금액	**20,882,965** KRW
총평가금액	**30,294,123** KRW

총 보유자산 **31,237,924** KRW
총평가손익 **9,411,159** KRW
총평가수익률 **+45.07** %

• KRW로 환산한 추정값 ?

DOGE	20.7%
XRP	11.1%
BCH	10.8%
BORA	6.2%
DAI	5.7%
ZRX	5.2%
POLY	5.1%
PCI	5.0%
STRAX	4.3%
기타	25.8%

보유 비중 (%)

보유코인 목록

✓ 비상장/소액 코인 숨기기 (평가금액 1만원 미만)

보유코인	보유수량	매수평균가 ▾	매수금액 ▾	평가금액 ▾	평가손익(%) ▾	
도지코인 DOGE	13,300.29101255 DOGE	65.55 KRW 소절	871,835 KRW	**6,317,638** KRW	+624.64 % +5,445,804 KRW	D
리플 XRP	1,705.46850365 XRP	616 KRW 소절됨	1,050.569 KRW	**3,538,847** KRW	+236.85 % +2,488,279 KRW	주문 ▾
비트코인캐시 BCH	2.36462265 BCH	616,397 KRW 소절	1,457,548 KRW	**3,425,155** KRW	+134.99 % +1,967,608 KRW	주문 ▾
보라 BORA	6,011.76029609 BORA	359 KRW 소절	2,157,802 KRW	**1,935,786** KRW	-10.29 % -222,014 KRW	주문 ▾

❗ 참고해 주세요! 참고 이미지. 코인론은 소설이며 독자의 이해를 돕기 위해 100% 창작되었습니다.

그림 6-65

❗ 참고해 주세요!
참고 이미지. 코인론은 소설이며 독자의 이해를 돕기 위해 100% 창작되었습니다.

아. 근데 이건 좀… 진짜 도지코인을 87만원 어치 사서?? 624% 실화인가? 찌라시라 하더라도!! 이건 정말, 굿굿~~ 인정이다!! 찌라시가 이렇게 실력이 좋아도 되는걸까? 아! 그래서, 이걸 가지고. SNS 인증하면? 사람들이 어떻게 될까? 참, 어찌 이런 실력 좋은 찌라시 팀을 가지고 있는거지??

찌라시 마지막 한 장을 앞두고…. 아~ 갈증이 난다. 찌라시가 진짜이길 바라는 건 나만의 생각일까? 2편에서 순서와의 실전매매에서 이길 수 있을까?

이런… 이거 믿으면 안되는데…. **리플, 도지코인 전 이미지의 매수평균가가 같다. 1,000% 수익률 지점에서 매도하고 있는**

것이다. 87만원으로 최소 1,000만원을 넘게 벌다니…. 이런 말도 안 되는…. **왜냐하면? 보유자산이 변했기 때문이다.** [그림 6-65]는 인증샷이다. PC버전과 모바일 버전이다. [그림 6-64]과 [그림 6-65]는 같은거다!! 이런!!

"순서". 당신 이거 찌라시 맞아? 이거 **진짜를 찌라시라고 한거 아니야?**

✋ **순서메모**

진짜이든, 가짜이든 중요한가요? 저는, 대한민국 NO.1 코린이! 초보 유튜버입니다. 함께 코인론에 합류하셔서, 책, 회사, 행복도 함께 만들어 가실래요? 독자가 주인공이 되는 코인론!

여러분의 사연을 보내주시면? 채택되신 분에 한하여 코인론 시리즈 소설의 저자가 되는 기회! 꼭 응모하시기 바랍니다. (코인론채널 → 구독+좋아요+알림)

그림 6-66

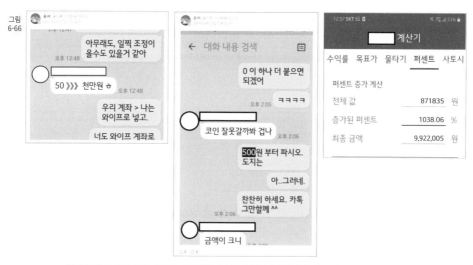

🔖 **참고해 주세요!** 참고 이미지, 코인론은 소설이며 독자의 이해를 돕기 위해 100% 창작되었습니다.

이 책을 한 번 정독 하셨다면? 얼마나 깨달으셨는지? 저도 참 궁금합니다. 어느 날, 무언가 머리속을 강하게 내리치는 경험을 하게 되시겠죠? 아니면? 아직도, 게임에 참여해서 무언가를 찾고 계시겠죠? 2031년까지 코인론과 함께 공부해 가시길 진심으로 기원합니다.

이 책 "코인론"은 코인론 책+소설 유튜브 영상이 두가지가 하나가 되어져서 앞으로 독자님과 만나게 될 것입니다. 그 내용은 책+소설 유튜브 영상이 나아가 다음편으로 이어지는 초석이 되길 바랍니다.

☑ **TIP**

위의 이미지에 동그라미D 라는 마크를 해 놨습니다. 도지의 이니셜 "D" 이겠죠? 위의 계산기처럼 계산해 보세요. "D"의 지점을 하나로 연결해서 공부해 보시기 바랍니다. 프린터를 통해서 도지코인 차트를 10장을 출력합니다. 일·주·월·4시간봉. 코인론 책과 크로스 체크! 거기에, 유튜브 영상도 함께 병행해서 공부해 주시기 바랍니다. '왜? 도지는 그랬을까?'라고 말이죠. 그러면? 모든 코인이 하나의 그림으로 보이는 경험을 하시게 될 겁니다. **항상, 관찰자가 되시기 바랍니다.** 도지코인 87만 원이 천만 원이 되고, 이더리움클래식 98만 원이 천만 원이 되고… 이런 경험을 말이죠.

그래야. 여러분이. 그 천만원을 벌었다는 소문이 나면? 그 다음 코인론 신규 플레이어가 수백~수천~수억~을 들고 코인판에 들어오게 될 테니 말이죠.

그걸 계산하고 **순서는 늘 여러분의 탐욕과 이기심의 선택을 기다리고 있겠습니다.** 왜? 아무도 코인을 하라고 등 떠 밀지 않았습니다. 선택은 여러분이 한 것이죠. 남들과 같은 생각으로 이 곳에서 생존하시려면? 지옥

9단계는 필수 코스라는 걸 명심하세요.

여러분의 탐욕과 이기심이 존재하는 한. 바로 이곳!!
코인판에서 "코인론"은 멈추지 않고 계속 출간이 될 겁니다.
이기심+자만심+탐욕= A셋트메뉴(짜장면+짬뽕용+탕슉=A셋트메뉴)

독자분의 코인론 OO"셋트메뉴"를 기다리며…

새로운 시작

지금까지 코인론 제1부였다. 1부는 대체적으로 코인 시장에 들어오면 무엇을 알아야 하고 어떤 자세를 취해야 하는지, 어떻게 공부해야 하는지 준비를 하는 과정이었다고 생각한다.

코인론을 보는 사람들 중 그냥 매수타점 매도 타점을 알려주기만 하면 되지 뭐하러 스스로 공부해야 하는지에 대해 궁금한 사람들이 있을 수도 있을 것 같다. 그들의 상황도 이해가 된다. 안 그래도 먹고 살기 바쁜데 이걸 또 공부할 시간이 부족할 수도 있기 때문이다.

하지만 현재 세계의 돈의 양은 가만히 있어도 늘어나고 있다. 어쩌면 우리들은 가만히 있기만 해도 손해를 보는 것이 아닐까? 그래서 개인적으로 나는 이러한 이유로 인해서 투자를 배워야 한다고 생각한다. 돈을 버는 목적으로 투자할 수도 있겠지만 적어도 늘어나는 돈의 양 때문에 손해를 보는 자신의 재산을 지킬 수 있을 정도까지는 할 줄 알아야 한다고 생각한다. 꼭 비트코인이 아니더라도 어떠한 대체 자산이든 간에 투자를 하는 방법을 배우고 공부하는 것은 점점 필수가 되어갈 것 같다. 또한 매수 타점 매도 타점을 알려주는 사람들을 따라서 매매를 하면 지금 당장은 편하고 좋을 수 있겠지만 그 사람들이 독자들의 인생을 책임져주지는 않을

뿐더러 평생 함께할 수도 없다.

　2부에서는 실전 매매를 위한 실전 파밍을 집중적으로 다뤄보려고 한다. 내가 어떻게 매매를 했는지, 순서는 어떻게 매매를 했는지, 기사는 어떻게 활용했는지, 어떤 코인을 조사해봤는지, 어떤 유튜버를 조사해봤는지 등 대부분 그 다음단계로 넘어가신다고 보시면 될 것 같고, 그 과정을 '순서' vs '주진'의 대결로 한 번 풀어보려고 한다.사실, 이미 코인론 2편은 시작되었다. 순서가 그랬다. 이미, 200년에 걸친 난독증을 깨 부시고 책을 쓰고 있다고 말이다. 이 책을, 태어나 처음으로 읽었다고 했다. 필자가 지금 순서에게 무슨 짓을 한 것일까? 30년 넘은 난독증을 이 책 한권으로 깨부셨다는 뜻이다. 이제 순서는 책을 읽고 쓸 수 있다는 뜻이다. 태어나 처음 읽은 책…. 코인론이 순서의 인생책이 되는 순간이다. 하루에 독서량을 계산했다고 한다. 그런데, 다른 책은 안 읽는다고 한다. 앞으로 이 책만 10년을 읽을 생각이라 한다. 왜 그러냐고? 물었더니 이 코인론 책이 앞으로 최소 수십 년간 사람들이 읽어야 할 책이라고 했기 때문이다. 차후, 코인론의 판매부수를 보면 무슨 뜻 인지 알게 될 거라고 했다. 이메일도 마찬가지이다. 연락이 올꺼라고.

　… <<중략>>

이제 진짜 마무리를 해보도록 하자!!
이 모든 과정은 전부 코인론 1부를 기준으로 넘어가는 것이다.
그 말은 즉, 코인론 자세히 공부하고 경험을 쌓다 보면
이 시장에서 살아남을 수 있을 것이라 생각한다는 것이다.

　신기한 점은 필자도 이 책을 계속 본다는 점이다. 이 책은 필자가 수 없이 고민하면서 쓴 책이다. 그렇게 글을 쓰다 보면 엄청 고민하다가 갑자기 머릿속이 뻥 뚫리면서 글이 막 써질 때가 있는데, 필자는 그 부분이 필자의 머릿속에 있는 무의식 속에서 나온 글이라고 생각한다.

　성공한 사람들을 보더라도 그들을 또 나눌 수가 있다. 바로 '무의식을 의식화 한 사람'과 그 반대인 경우이다. 대게 성공한 사람들은 자신이 왜 성공했는지 아는 사

람이 있겠지만 모르는 사람들이 있다. 그 사람들은 몸속에 무의식적으로 스스로 성공할 수 있는 습관이 몸에 베어 있기 때문에 성공할 수 있었다. 하지만 스스로가 왜 스스로 성공할 수 있었는지 의식하게 된다면 그보다 더 성장할 수 있을 것이다.

그 반대도 마찬가지이다. 스스로가 인생에 권태기가 오거나 무엇이 풀리지 않는 다면 스스로 무의식적으로 무언가 잘못 되어있다는 것일 수도 있다. 스스로의 무의식을 의식하다 보면 그것을 고치거나 더욱 다듬을 수 있는 기회가 생겨 스스로를 발전시킬 수 있는 계기가 될 수 있을 것이라 생각한다. 때문에 필자는 필자가 쓴 책임에도 불구하고 계속 이 책을 읽는다는 것이었다.

이 책을 읽는 독자들은 노력이라는 단어에 집착하는 것에 그치지 않았으면 좋겠다. 노력이라는 말은 좋은 말이라 생각한다. 하지만 필자는 그 말 때문에 놓치는 것이 너무 많았다.

필자는 학업에 매진하는데 있어서 노력을 많이 했냐고 물어본다면 당당하게 많이 했다고 할 수 있다. 하지만 성적은 노력에 비해선 그리 크게 보답해주지 않았다. 왜 그랬을까? 그건 바로 나와 같이 노력을 하는 애들이 있었기 때문인 것 같다. 나와 비슷한 성적을 가진 친구들을 보면 그 친구들도 나와 같이 노력했다. 하지만 그보다 더 높은 성적을 가진 친구들이 항상 존재했다. 물론 머리가 훨씬 좋은 친구가 있었겠지만 아닌 친구들도 있었다. 그 때 깨달았다. 노력은 기본적으로 해야 하는 것이고 그 다음 단계로 가기 위해선 노력을 더 하는 것이 아니라 구체적인 목표가 필요하다는 것이다.

그래서 이루고 싶은 것을 이루기 위해선 노력은 기본적으로 어느정도 해야 한다는 것이고 그 다음으로 중요한 것은 구체적인 목표인 것 같다. 하루에 적어도 3번 씩은 스스로의 목표를 생각하며 잘 이루고 있는지 스스로 판단하는 과정처럼 자기만의 루틴를 만들어 보는 것도 좋은 방법이다.

만약 이 책을 읽더라도 이해가 안 된다면 스스로를 자책하지 말자. 그건 아직 코인론이 부족한 것이다. 만약 이해가 안 돼는 부분이 있다면 그 부분이 왜 이해가 안 되는지 이야기해주시면 좋을 것 같다. 그 모든 과정이 코인론이 될 것이다. 궁금한 부분이 있다면 언제든지 이메일로 연락해주시길 바란다. 시간이 나는 대로 일괄적으로 질문을 모아서 유튜브 영상이나 이메일 등으로 소통하도록 준비하겠다. 코인론에 합류하고 싶은 분들이 계시다면 언제든지 환영이다.

코인론 시즌 2 예고

필자가 21년 11월 18일 수능을 보고….
순서와 카톡 대화 중에 순서가 이야기했다.
다음 게임은 알고랜드라고. 그리고 보내준 사진 하나!

투자내역		
보유코인	거래내역	미체결

✓ 비상장/소액 코인 숨기기 ⓘ

알고랜드 (ALGO)	평가손익	15,049,477
	수익률	538.14%

1,843.60047794 ALGO		1,517 KRW
보유수량		매수평균가

17,846,052 KRW		2,796,576 KRW
평가금액		매수금액

코인론 시즌 2에 합류하세요!
Feat 주진 & 순서

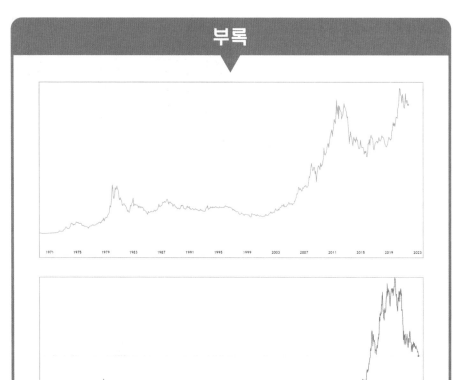

코인론 독자 사연접수

kjj040122@naver.com

코인론_순서

유튜브 QR코드

빨강사탕

FOMO, 총알받이 팀 합류

파랑사탕

FUD, 거짓뉴스 손절 합류

코인론 영상으로 독자분들을 기다리고 있겠습니다. 위드 코로나가 사라지고 다 함께 만날 그날을 기대하며…. 코인론 글로벌 코인 "소설" 프로젝트 파이팅!! 기운 내세요!!

순서의 마지막 메시지 : 부록의 이미지 2개는 무엇일까?
조금 생각하더니, 말했다. OO, OO이라고 굿!! 역시 2개 모두 맞췄다.
독자님께서도 왼쪽의 2개 차트가 무엇인지 맞춰 보시죠! ^^

"독자님의 생각이 코인론이 됩니다."

[사연응모 : kjj040122@naver.com]

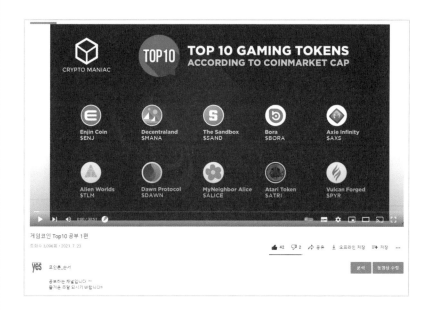

반갑습니다. 순서입니다.

미래를 본다는 건 매우 위험한 일이죠.

책과 유튜브 영상을 함께!
공부하시되 반드시 프린트!
꼭 공부하시기 바랍니다!

업오트 어플은 가급적 삭제!
PC 버전 + 듀얼모니터 추천!

위의 유튜브 영상은?
참고로만 활용 부탁드립니다.

※ 코인론은 소설이며 작가의 상상으로 100% 창작 되었음을 재안내 드립니다.

Feat 순서 올림

코인론

초판발행일 2021년 12월 15일

지은이 김주진
그 림 김예영
펴낸이 배수현
디자인 박수정
제 작 송재호
홍 보 배예영
물 류 이슬기
마케팅 디렉터 태윤호

펴낸곳 가나북스 www.gnbooks.co.kr
출판등록 제393-2009-000012호
전 화 031) 959-8833(代)
팩 스 031) 959-8834

ISBN 979-11-6446-045-8(93320)